Contemporánea

Nacido en Bruselas en 1914, durante una estancia temporal de sus padres en esa ciudad, **Julio Cortázar** es uno de los escritores argentinos más importantes de todos los tiempos. Realizó estudios de Letras y de Magisterio y trabajó como docente en varias ciudades del interior de Argentina. En 1951 fijó su residencia definitiva en París, desde donde desarrolló una obra literaria única dentro de la lengua castellana. Algunos de sus cuentos se encuentran entre los más perfectos del género. Su novela *Rayuela* conmocionó el panorama cultural de su tiempo y marcó un hito insoslayable dentro de la narrativa contemporánea. Cortázar murió en París en 1984.

Julio Cortázar

Clases de literatura
Berkeley, 1980

Edición a cargo de
Aurora Bernárdez y Carles Álvarez Garriga

DEBOLSILLO

Papel certificado por el Forest Stewardship Council®

MIXTO
Papel | Apoyando la
silvicultura responsable
FSC® C117695

Penguin
Random House
Grupo Editorial

Primera edición en Debolsillo: mayo de 2016
Undécima reimpresión: julio de 2023

© 2013, Julio Cortázar y Herederos de Julio Cortázar
© 2016, Penguin Random House Grupo Editorial, S.A.U.
Travessera de Gràcia, 47-49. 08021 Barcelona
Diseño de la cubierta: Penguin Random House Grupo Editorial
Fotografía de la cubierta: © Carol Dunlop / Col. Aurora Bernárdez, CGAI
Fotografía del autor: © Sara Facio

Printed in Spain – Impreso en España

ISBN: 978-84-663-3188-3
Depósito legal: B-21.688-2015

Impreso en Liberdúplex, S. L.U.

P 3 3 1 8 8 B

Índice

Nota de los editores   XI

PRIMERA CLASE
  Los caminos de un escritor   15

SEGUNDA CLASE
  El cuento fantástico I: el tiempo   43

TERCERA CLASE
  El cuento fantástico II: la fatalidad   71

CUARTA CLASE
  El cuento realista   107

QUINTA CLASE
  Musicalidad y humor en la literatura   149

SEXTA CLASE
  Lo lúdico en la literatura y la escritura de *Rayuela*   181

SÉPTIMA CLASE
  De *Rayuela*, *Libro de Manuel* y *Fantomas contra
    los vampiros multinacionales*   215

OCTAVA CLASE
  Erotismo y literatura   249

APÉNDICE
  La literatura latinoamericana de nuestro tiempo   279
  Realidad y literatura. Con algunas inversiones
    necesarias de valores   293

Índice de personas citadas   307

Índice de obras citadas   311

Nota de los editores

En octubre y noviembre de 1980, y a petición de su amigo Pepe Durand, Julio Cortázar impartió un curso de literatura en la University of California, Berkeley. Las clases se celebraban los jueves de dos a cuatro de la tarde y tenían dos partes separadas por un descanso breve: en la primera, el escritor daba una lección; en la segunda, departía con los alumnos, de literatura, de música, de política, de cine... Los lunes y viernes dedicaba toda la mañana a atender a sus alumnos en la oficina del Departamento de Español y Portugués.

En 2013, tanto a los herederos de Cortázar como a sus editores de Alfaguara les pareció oportuno publicar estas clases en forma de libro, para que todos los lectores pudieran asistir, indirectamente, a ellas y deleitarse con el Cortázar maestro, tan cercano a los alumnos como sabio; tan innovador en su manera de dar clase como en su escritura.

Aurora Bernárdez y Carles Álvarez Garriga transcribieron las trece horas de clase fieles al tono oral y con muy pocos ajustes: alguna muletilla o el orden de alguna frase. En ningún caso recurrieron a sinónimos, ni añadieron una sola palabra que no estuviera registrada en las grabaciones originales, a excepción de los títulos de los capítulos o clases. Las variantes entre los cuentos y fragmentos leídos respecto de lo publicado en volumen responden a la transcripción minuciosamente literal de las palabras pronunciadas.

CLASES DE LITERATURA

Primera clase
Los caminos de un escritor

Quisiera que quede bien claro que, aunque propongo primero los cuentos y en segundo lugar las novelas, esto no significa para mí una discriminación o un juicio de valor: soy autor y lector de cuentos y novelas con la misma dedicación y el mismo entusiasmo. Ustedes saben que son cosas muy diferentes, que trataremos de precisar mejor en algunos aspectos, pero el hecho de que haya propuesto que nos ocupemos primero de los cuentos es porque como tema —lo vamos a ver hoy mismo— son de un acceso más fácil; se dejan atrapar mejor, rodear mejor que una novela por razones obvias sobre las cuales no vale la pena que insista.

Tienen que saber que estos cursos los estoy improvisando muy poco antes de que ustedes vengan aquí: no soy sistemático, no soy ni un crítico ni un teórico, de modo que a medida que se me van planteando los problemas de trabajo, busco soluciones. Para empezar a hablar del cuento como género y de mis cuentos como una continuación, estuve pensando en estos días que para que entremos con más provecho en el cuento latinoamericano sería tal vez útil una breve reseña de lo que en alguna charla ya muy vieja llamé una vez "Los caminos de un escritor"; es decir, la forma en que me fui moviendo dentro de la actividad literaria a lo largo de... desgraciadamente treinta años. El escritor no conoce esos caminos mientras los está franqueando —puesto que vive en un presente como todos nosotros— pero pasado el tiempo llega un día en que de golpe, frente a muchos libros que ha publicado y muchas críticas que ha recibido, tiene la suficiente perspectiva y el suficiente espacio crítico para verse a sí mismo con alguna lucidez. Hace algunos años me planteé el problema de cuál había sido finalmente mi camino dentro

15

de la literatura (decir "literatura" y "vida" para mí es siempre lo mismo, pero en este caso nos estamos concentrando en la literatura). Puede ser útil que reseñe hoy brevemente ese camino o caminos de un escritor porque luego se verá que señalan algunas constantes, algunas tendencias que están marcando de una manera significativa y definitoria la literatura latinoamericana importante de nuestro tiempo.

Les pido que no se asusten por las tres palabras que voy a emplear a continuación porque en el fondo, una vez que se da a entender por qué se las está utilizando, son muy simples. Creo que a lo largo de mi camino de escritor he pasado por tres etapas bastante bien definidas: una primera etapa que llamaría estética (ésa es la primera palabra), una segunda etapa que llamaría metafísica y una tercera etapa, que llega hasta el día de hoy, que podría llamar histórica. En lo que voy a decir a continuación sobre esos tres momentos de mi trabajo de escritor va a surgir por qué utilizo estas palabras, que son para entendernos y que no hay que tomar con la gravedad que utiliza un filósofo cuando habla por ejemplo de metafísica.

Pertenezco a una generación de argentinos surgida casi en su totalidad de la clase media en Buenos Aires, la capital del país; una clase social que por estudios, orígenes y preferencias personales se entregó muy joven a una actividad literaria concentrada sobre todo en la literatura misma. Me acuerdo bien de las conversaciones con mis camaradas de estudios y con los que siguieron siendo amigos una vez que los terminé y todos comenzamos a escribir y algunos poco a poco también a publicar. Me acuerdo de mí mismo y de mis amigos, jóvenes argentinos (porteños, como les decimos a los de Buenos Aires) profundamente estetizantes, concentrados en la literatura por sus valores de tipo estético, poético, y por sus resonancias espirituales de todo tipo. No usábamos esas palabras y no sabíamos lo que eran, pero ahora me doy perfecta cuenta de que viví mis primeros años de lector y de escritor en una fase que tengo derecho a calificar de "estética", donde lo literario era fundamentalmente leer los mejores libros a los cuales tuviéramos acceso y escribir con los ojos fijos en algunos casos en modelos ilustres y en otros en un ideal de perfección estilística profundamente refinada. Era una época en la que los jóvenes de mi edad no nos dábamos cuenta hasta qué punto estábamos al margen y ausentes de una historia particularmente dramática que se estaba cumpliendo en torno de nosotros, porque esa historia también la captábamos desde un punto de vista de lejanía, con distanciamiento espiritual.

Viví en Buenos Aires, desde lejos por supuesto, el transcurso de la guerra civil en que el pueblo de España luchó y se defendió contra el avance del franquismo, que finalmente habría de aplastarlo. Viví la Segunda Guerra Mundial, entre el año 39 y el año 45, también en Buenos Aires. ¿Cómo vivimos mis amigos y yo esas guerras? En el primer caso éramos profundos partidarios de la República española, profundamente antifranquistas; en el segundo, estábamos plenamente con los aliados y absolutamente en contra del nazismo. Pero en qué se traducían esas tomas de posición: en la lectura de los periódicos, en estar muy bien informados sobre lo que sucedía en los frentes de batalla; se convertían en charlas de café en las que defendíamos nuestros puntos de vista contra eventuales antagonistas, eventuales adversarios. A ese pequeño grupo del que formaba parte pero que a su vez era parte de muchos otros grupos, nunca se nos ocurrió que la guerra de España nos concernía directamente como argentinos y como individuos; nunca se nos ocurrió que la Segunda Guerra Mundial nos concernía también aunque la Argentina fuera un país neutral. Nunca nos dimos cuenta de que la misión de un escritor que además es un hombre tenía que ir mucho más allá que el mero comentario o la mera simpatía por uno de los grupos combatientes. Esto, que supone una autocrítica muy cruel que soy capaz de hacerme a mí y a todos los de mi clase, determinó en gran medida la primera producción literaria de esa época: vivíamos en un mundo en el que la aparición de una novela o un libro de cuentos significativo de un autor europeo o argentino tenía una importancia capital para nosotros, un mundo en el que había que dar todo lo que se tuviera, todos los recursos y todos los conocimientos para tratar de alcanzar un nivel literario lo más alto posible. Era un planteo estético, una solución estética; la actividad literaria valía para nosotros por la literatura misma, por sus productos y de ninguna manera como uno de los muchos elementos que constituyen el contorno, como hubiera dicho Ortega y Gasset "la circunstancia", en que se mueve un ser humano, sea o no escritor.

De todas maneras, aun en ese momento en que mi participación y mi sentimiento histórico prácticamente no existían, algo me dijo muy tempranamente que la literatura —incluso la de tipo fantástico más imaginativa— no estaba únicamente en las lecturas, en las bibliotecas y en las charlas de café. Desde muy joven sentí en Buenos Aires el contacto con las cosas, con las calles, con todo lo que hace de una ciudad una especie de escenario continuo, variante y maravilloso para un escritor. Si por un lado las obras que en ese momento publicaba alguien como Jorge Luis Borges significaban para mí y para mis amigos una especie de cielo de la literatura, de máxima posibilidad en ese momento dentro de nuestra lengua, al mismo tiempo me había despertado ya muy temprano a otros escritores de los cuales citaré solamente uno, un novelista que se llamó Roberto Arlt y que desde luego es mucho menos conocido que Jorge Luis Borges porque murió muy joven y escribió una obra de difícil traducción y muy cerrada en el contorno de Buenos Aires. Al mismo tiempo que mi mundo estetizante me llevaba a la admiración por escritores como Borges, sabía abrir los ojos al lenguaje popular, al lunfardo de la calle que circula en los cuentos y las novelas de Roberto Arlt. Es por eso que, cuando hablo de etapas en mi camino, no hay que entenderlas nunca de una manera excesivamente compartimentada: me estaba moviendo en esa época en un mundo estético y estetizante pero creo que ya tenía en las manos o en la imaginación elementos que venían de otros lados y que todavía necesitarían tiempo para dar sus frutos. Eso lo sentí en mí mismo poco a poco, cuando empecé a vivir en Europa.

Siempre he escrito sin saber demasiado por qué lo hago, movido un poco por el azar, por una serie de casualidades: las cosas me llegan como un pájaro que puede pasar por la ventana. En Europa continué escribiendo cuentos de tipo estetizante y muy imaginativos, prácticamente todos de tema fantástico. Sin darme cuenta, empecé a tratar temas que se separaron de ese primer momento de mi trabajo. En esos años escribí un cuento muy largo, quizá el más largo que he escrito, "El perseguidor" —del que hablaremos más en detalle llegado el momento—, que en sí mismo no tiene nada de fantástico pero en cambio tiene algo que se convertía en importante para mí: una presencia humana, un personaje de carne y hueso, un músico de jazz que sufre, sueña, lucha por expresarse y sucumbe aplastado por una fatalidad que lo persiguió toda su vida. (Los que lo han leído saben que estoy hablando de Charlie Parker, que en el cuento se llama Johnny Carter.) Cuando terminé ese cuento y fui su primer lector, advertí que de alguna manera había salido de una órbita y estaba tratando de entrar en otra. Ahora el personaje se convertía en el centro de mi interés mientras que en los cuentos que había escrito en Buenos Aires los personajes estaban al servicio de lo fantástico como figuras para que lo fantástico pudiera irrumpir; aunque pudiera tener simpatía o cariño por determinados personajes de esos cuentos, era muy relativo: lo que verdaderamente me importaba era el mecanismo del cuento, sus elementos finalmente estéticos, su combinatoria literaria con todo lo que puede tener de hermoso, de maravilloso y de positivo. En la gran soledad en que vivía en París de golpe fue como estar empezando a descubrir a mi prójimo en la figura de Johnny Carter, ese músico negro perseguido por la desgracia cuyos balbuceos, monólogos y tentativas inventaba a lo largo de ese cuento.

Ese primer contacto con mi prójimo —creo que tengo derecho a utilizar el término—, ese primer puente tendido directamente de un hombre a otro, de un hombre a un conjunto de personajes, me llevó en esos años a interesarme cada vez más por los mecanismos psicológicos que se pueden dar en los cuentos y en las novelas, por explorar y avanzar en ese territorio —que es el más fascinante de la literatura al fin y al cabo— en que se combina la inteligencia con la sensibilidad de un ser humano y determina su conducta, todos sus juegos en la vida, todas sus relaciones y sus interrelaciones, sus dramas de vida, de amor, de muerte, su destino; su historia, en una palabra. Cada vez más deseoso de ahondar en ese campo de la psicología de los personajes que estaba imaginando, surgieron en mí una serie de preguntas que se tradujeron en dos novelas, porque los cuentos no son nunca o casi nunca problemáticos: para los problemas están las novelas, que los plantean y muchas veces intentan soluciones. La novela es ese gran combate que libra el escritor consigo mismo porque hay en ella todo un mundo, todo un universo en que se debaten juegos capitales del destino humano, y si uso el término destino humano es porque en ese momento me di cuenta de que yo no había nacido para escribir novelas psicológicas o cuentos psicológicos como los hay y por cierto tan buenos. El solo hecho de manejar elementos en la vida de algunos personajes no me satisfacía lo suficiente. Ya en "El perseguidor", con toda su torpeza y su ignorancia, Johnny Carter se plantea problemas que podríamos llamar "últimos". Él no entiende la vida y tampoco entiende la muerte, no entiende por qué es un músico, quisiera saber por qué toca como toca, por qué le suceden las cosas que le suceden. Por ese camino entré en eso que con un poco de pedantería he calificado de etapa metafísica, es decir una autoindagación lenta, difícil y muy primaria —porque yo no soy un filósofo ni estoy dotado para la filosofía— sobre el hombre, no como simple ser viviente y actuante sino como ser humano, como ser en el sentido filosófico, como destino, como camino dentro de un itinerario misterioso.

Esta etapa que llamo metafísica a falta de mejor nombre se fue cumpliendo sobre todo a lo largo de dos novelas. La primera, que se llama *Los premios,* es una especie de divertimento; la segunda quiso ser algo más que un divertimento y se llama *Rayuela.* En la primera intenté presentar, controlar, dirigir un grupo importante y variado de personajes. Tenía una preocupación técnica, porque un escritor de cuentos —como lectores de cuentos, ustedes lo saben bien— maneja un grupo de personajes lo más reducido posible por razones técnicas: no se puede escribir un cuento de ocho páginas en donde entren siete personas ya que llegamos al final de las ocho páginas sin saber nada de ninguna de las siete, y obligadamente hay una concentración de personajes como hay también una concentración de muchas otras cosas (eso lo veremos después). La novela en cambio es realmente el juego abierto, y en *Los premios* me pregunté si dentro de un libro de las dimensiones habituales de una novela sería capaz de presentar y tener un poco las riendas mentales y sentimentales de un número de personajes que al final, cuando los conté, resultaron ser dieciocho. ¡Ya es algo! Fue, si ustedes quieren, un ejercicio de estilo, una manera de demostrarme a mí mismo si podía o no pasar a la novela como género. Bueno, me aprobé; con una nota no muy alta pero me aprobé en ese examen. Pensé que la novela tenía los suficientes elementos como para darle atracción y sentido, y allí, en muy pequeña escala todavía, ejercité esa nueva sed que se había posesionado de mí, esa sed de no quedarme solamente en la psicología exterior de la gente y de los personajes de los libros sino ir a una indagación más profunda del hombre como ser humano, como ente, como destino. En *Los premios* eso se esboza apenas en algunas reflexiones de uno o dos personajes.

A lo largo de unos cuantos años escribí *Rayuela* y en esa novela puse directamente todo lo que en ese momento podía poner en ese campo de búsqueda e interrogación. El personaje central es un hombre como cualquiera de todos nosotros, realmente un hombre muy común, no mediocre pero sin nada que lo destaque especialmente; sin embargo, ese hombre tiene —como ya había tenido Johnny Carter en "El perseguidor"— una especie de angustia permanente que lo obliga a interrogarse sobre algo más que su vida cotidiana y sus problemas cotidianos. Horacio Oliveira, el personaje de *Rayuela*, es un hombre que está asistiendo a la historia que lo rodea, a los fenómenos cotidianos de luchas políticas, guerras, injusticias, opresiones y quisiera llegar a conocer lo que llama a veces "la clave central", el centro que ya no sólo es histórico sino filosófico, metafísico, y que ha llevado al ser humano por el camino de la historia que está atravesando, del cual nosotros somos el último y presente eslabón. Horacio Oliveira no tiene ninguna cultura filosófica —como su padre— y simplemente se hace las preguntas que nacen de lo más hondo de la angustia. Se pregunta muchas veces cómo es posible que el hombre como género, como especie, como conjunto de civilizaciones, haya llegado a los tiempos actuales siguiendo un camino que no le garantiza en absoluto el alcance definitivo de la paz, la justicia y la felicidad, por un camino lleno de azares, injusticias y catástrofes en que el hombre es el lobo del hombre, en que unos hombres atacan y destrozan a otros, en que justicia e injusticia se manejan muchas veces como cartas de póquer. Horacio Oliveira es el hombre preocupado por elementos ontológicos que tocan al ser profundo del hombre: ¿Por qué ese ser preparado teóricamente para crear sociedades positivas por su inteligencia, su capacidad, por todo lo que tiene de positivo, no lo consigue finalmente o lo consigue a medias, o avanza y luego retrocede? (Hay un momento en que la civilización progresa y luego cae bruscamente, y basta con hojear el Libro de la Historia para asistir a la decadencia y a la ruina de civilizaciones que fueron maravillosas en la Antigüedad.) Horacio Oliveira no se conforma con estar metido en un mundo que le ha sido dado prefabricado y condicionado; pone en tela de juicio cualquier cosa, no acepta las respuestas habitualmente dadas, las respuestas de la sociedad x o de la sociedad z, de la ideología a o de la ideología b.

Esa etapa histórica suponía romper el individualismo y el egoísmo que hay siempre en las investigaciones del tipo que hace Oliveira, ya que él se preocupa de pensar cuál es su propio destino en tanto destino del hombre pero todo se concentra en su propia persona, en su felicidad y su infelicidad. Había un paso que franquear: el de ver al prójimo no sólo como el individuo o los individuos que uno conoce sino verlo como sociedades enteras, pueblos, civilizaciones, conjuntos humanos. Debo decir que llegué a esa etapa por caminos curiosos, extraños y a la vez un poco predestinados. Había seguido de cerca con mucho más interés que en mi juventud todo lo que sucedía en el campo de la política internacional en aquella época: estaba en Francia cuando la guerra de liberación de Argelia y viví muy de cerca ese drama que era al mismo tiempo y por causas opuestas un drama para los argelinos y para los franceses. Luego, entre el año 59 y el 61, me interesó toda esa extraña gesta de un grupo de gente metida en las colinas de la isla de Cuba que estaban luchando para echar abajo un régimen dictatorial. (No tenía aún nombres precisos: a esa gente se los llamaba "los barbudos" y Batista era un nombre de dictador en un continente que ha tenido y tiene tantos.) Poco a poco, eso tomó para mí un sentido especial. Testimonios que recibí y textos que leí me llevaron a interesarme profundamente por ese proceso, y cuando la Revolución cubana triunfó a fines de 1959, sentí el deseo de ir. Pude ir —al principio no se podía— menos de dos años después. Fui a Cuba por primera vez en 1961 como miembro del jurado de la Casa de las Américas que se acababa de fundar. Fui a aportar la contribución del único tipo que podía dar, de tipo intelectual, y estuve allí dos meses viendo, viviendo, escuchando, aprobando y desaprobando según las circunstancias. Cuando volví a Francia traía conmigo una experiencia que me había sido totalmente ajena: durante casi dos meses no estuve metido con grupos de amigos o con cenáculos literarios; estuve mezclándome cotidianamente con un pueblo que en ese momento se debatía frente a las peores dificultades, al que le faltaba todo, que se veía preso en un bloqueo despiadado y sin embargo luchaba por llevar adelante esa autodefinición que se había dado a sí mismo por la vía de la revolución. Cuando volví a París eso hizo un lento pero seguro camino. Habían sido invitaciones de pasaporte para mí y nada más, señas de identidad y nada más. En ese momento, por una especie de brusca revelación —y la palabra no es exagerada—, sentí que no sólo era argentino: era latinoamericano, y ese fenómeno de tentativa de liberación y de conquista de una soberanía a la que acababa de asistir era el catalizador, lo que me había revelado y demostrado que no solamente yo era un latinoamericano que estaba viviendo eso de cerca sino que además me mostraba una obligación, un deber. Me di cuenta de que ser un escritor latinoamericano significaba fundamentalmente que había que ser un latinoamericano escritor: había que invertir los términos y la condición de latinoamericano, con todo lo que comportaba de responsabilidad y deber, había que ponerla también en el trabajo literario. Creo entonces que puedo utilizar el nombre de etapa histórica, o sea de ingreso en la historia, para describir este último jalón en mi camino de escritor.

Si han podido leer algunos libros míos que abarquen esos períodos, verán muy claramente reflejado lo que he tratado de explicar de una manera un poco primaria y autobiográfica, verán cómo se pasa del culto de la literatura por la literatura misma al culto de la literatura como indagación del destino humano y luego a la literatura como una de las muchas formas de participar en los procesos históricos que a cada uno de nosotros nos concierne en su país. Si les he contado esto —e insisto en que he hecho un poco de autobiografía, cosa que siempre me avergüenza— es porque creo que ese camino que seguí es extrapolable en gran medida al conjunto de la actual literatura latinoamericana que podemos considerar significativa. En el curso de las últimas tres décadas la literatura de tipo cerradamente individual que naturalmente se mantiene y se mantendrá y que da productos indudablemente hermosos e indiscutibles, esa literatura por el arte y la literatura misma ha cedido terreno frente a una nueva generación de escritores mucho más implicados en los procesos de combate, de lucha, de discusión, de crisis de su propio pueblo y de los pueblos en conjunto. La literatura que constituía una actividad fundamentalmente elitista y que se autoconsideraba privilegiada (todavía lo hacen muchos en muchos casos) fue cediendo terreno a una literatura que en sus mejores exponentes nunca ha bajado la puntería ni ha tratado de volverse popular o populachera llenándose con todo el contenido que nace de los procesos del pueblo de donde pertenece el autor. Estoy hablando de la literatura más alta de la que podemos hablar en estos momentos, la de Asturias, Vargas Llosa, García Márquez, cuyos libros han salido plenamente de ese criterio de trabajo solitario por el placer mismo del trabajo para intentar una búsqueda en profundidad en el destino, en la realidad, en la suerte de cada uno de sus pueblos. Por eso me parece que lo que me sucedió en el terreno individual y privado es un proceso que en conjunto se ha ido dando de la misma manera yendo de lo más (cómo decirlo, no me gusta la palabra elitista, pero en fin...), de lo más privilegiado, lo más refinado como actividad literaria, a una literatura que guardando todas sus calidades y todas sus fuerzas se dirige actualmente a un público de lectores que va mucho más allá que los lectores de la primera generación que eran sus propios grupos de clase, sus propias élites, aquellos que conocían los códigos y las claves y podían entrar en el secreto de esa literatura casi siempre admirable pero también casi siempre exquisita.

Lo que digo en estos minutos puede servir para cuando, hablando de cuentos y novelas míos o ajenos, hagamos referencias a sus contenidos y a sus propósitos; ahí vamos a poder ver con más claridad esto que he intentado decir. Me pregunto si ahora, dadas las condiciones de temperatura que se notan muy bien en la cara de Pepe Durand, quieren ustedes que hagamos un intervalo de cinco, diez minutos y seguimos después. Pienso que sí, ¿de acuerdo?

Vamos a ocuparnos ya más completamente de los cuentos latinoamericanos contemporáneos, centrados en los míos pero —como ya dijimos— con todas las bifurcaciones necesarias con las preguntas de ustedes primero y mis respuestas después.

Conviene hacer una cosa bastante elemental al principio que es preguntarse qué es un cuento, porque sucede que todos los leemos (es un género que creo que se vuelve cada día más popular; en algunos países lo ha sido siempre y en otros va ganando camino después de haber sido rechazado por motivos bastante misteriosos que los críticos buscan deslindar), pero en definitiva es muy difícil intentar una definición de cuento. Hay cosas que se niegan a la definición; creo, y en este sentido me gusta extremar ciertos caminos mentales, que en el fondo nada se puede definir. El diccionario tiene una definición para cada cosa; cuando son cosas muy concretas, la definición es tal vez aceptable, pero muchas veces a lo que tomamos por definición yo lo llamaría una aproximación. La inteligencia se maneja con aproximaciones y establece relaciones y todo funciona muy bien, pero frente a ciertas cosas la definición se vuelve verdaderamente muy difícil. Es el caso muy conocido de la poesía. ¿Quién ha podido definir la poesía hasta hoy? Nadie. Hay dos mil definiciones que vienen desde los griegos que ya se preocupaban por el problema, y Aristóteles tiene nada menos que toda una *Poética* para eso, pero no hay una definición de la poesía que a mí me convenza y sobre todo que convenza a un poeta. En el fondo el único que tiene razón es ese humorista español —creo— que dijo que la poesía es eso que se queda afuera cuando hemos terminado de definir la poesía: se escapa y no está dentro de la definición. Con el cuento no pasa exactamente lo mismo pero tampoco es un género fácilmente definible. Lo mejor es acercarnos muy rápida e imperfectamente desde un punto de vista cronológico.

La narrativa del cuento, tal como se lo imaginó en otros tiempos y tal y como lo leemos y lo escribimos en la actualidad, es tan antigua como la humanidad. Supongo que en las cavernas las madres y los padres les contaban cuentos a los niños (cuentos de bisontes, probablemente). El cuento oral se da en todos los folclores. África es un continente maravilloso para los cuentos orales, los antropólogos no se cansan de reunir enormes volúmenes con miles y miles, algunos de una fantasía y una invención extraordinarias que se transmiten de padres a hijos. La Antigüedad conoce el cuento como género literario y la Edad Media le da una categoría estética y literaria bien definida, a veces en forma de apólogos destinados a ilustrar elementos religiosos, otras veces morales. Las fábulas, por ejemplo, nos vienen desde los griegos y son un mecanismo de pequeño cuento, un relato que se basta a sí mismo, algo que sucede entre dos o tres animales, que empieza, tiene su fin y su reflexión moralista.

El cuento tal como lo entendemos ahora no aparece de hecho hasta el siglo XIX. Hay a lo largo de la historia elementos de cuentística verdaderamente maravillosos. Piensen ustedes en *Las mil y una noches,* una antología de cuentos, la mayoría de ellos anónimos, que un escriba persa recogió y les dio calidad estética; ahí hay cuentos con mecanismos sumamente complejos, muy modernos en ese sentido. En la Edad Media española hay un clásico, *El conde Lucanor* del Infante Juan Manuel, que contiene algunos de antología. En el siglo XVIII se escriben cuentos en general sumamente largos, que divagan un poco en un territorio más de novela que de cuento; pienso por ejemplo en los de Voltaire: *Zadig, Cándido,* ¿son cuentos o pequeñas novelas? Suceden muchas cosas, hay un desarrollo que casi se podría dividir en capítulos y finalmente son novelitas más que cuentos largos. Cuando nos metemos en el siglo XIX el cuento adquiere de golpe su carta de ciudadanía, más o menos paralelamente en el mundo anglosajón y en el francés. En el mundo anglosajón surgen en la segunda mitad del siglo XIX escritores para quienes el cuento es un instrumento literario de primera línea que atacan y llevan a cabo con un rigor extraordinario. En Francia bastaría citar a Mérimée, a Villiers de l'Isle-Adam y tal vez por encima de todos ellos a Maupassant, para ver cómo el cuento se ha convertido en un género moderno. En nuestro siglo entra ya con todos los elementos, las condiciones y las exigencias por parte del escritor y del lector. Vivimos hoy en una época en la que no aceptamos que "nos hagan el cuento", como dirían los argentinos: aceptamos que nos den buenos cuentos, que es una cosa muy diferente.

Si a través de este paseo a vuelo de pájaro andamos buscando una aproximación, si no una definición del cuento, lo que vamos viendo es en general una especie de reducción: el cuento es una cosa muy vaga, muy esfumada, que abarca elementos de un desarrollo no siempre muy ceñido que a lo largo del siglo XIX y ahora en nuestro siglo adopta sus características que podemos considerar definitivas (en la medida en que puede haber algo definitivo en literatura, porque el cuento tiene una elasticidad equiparable a la de la novela en cierto sentido y, en manos de nuevos cuentistas que pueden estar trabajando en este mismo momento, puede dar un viraje y mostrarse desde otro ángulo y con otras posibilidades. Mientras eso no suceda, tenemos delante de nosotros una cantidad enorme de cuentistas mundiales y, en el caso que nos interesa especialmente, una cantidad muy grande y muy importante de cuentistas latinoamericanos).

¿Cuáles son las características en general del cuento, ya que decimos que no vamos a poder definirlo exactamente? Si hacemos el enfoque primario —o sea el fondo del cuento, su razón de ser, el tema, y la forma—, por lo que se refiere al tema la variedad del cuento moderno es infinita: puede ocuparse de temas absolutamente realistas, psicológicos, históricos, costumbristas, sociales... Su campo es perfectamente apto para hacer frente a cualquiera de estos temas, y pensando en el camino de la imaginación pura, se abre con toda libertad para la ficción total en los cuentos que llamamos fantásticos, los cuentos de lo sobrenatural donde la imaginación modifica las leyes naturales, las transforma y presenta el mundo de otra manera y bajo otra luz. La gama es inmensa incluso si nos situamos únicamente en el sector del cuento realista típico, clásico: por un lado podemos tener un cuento de D. H. Lawrence o de Katherine Mansfield, con sus delicadas aproximaciones psicológicas al destino de sus personajes; por otro lado podemos tener un cuento del uruguayo Juan Carlos Onetti que puede describir un momento perfectamente real —diría incluso realista— de una vida y que, siendo en el fondo una temática equivalente a la de Lawrence o a la de Katherine Mansfield, es totalmente distinto. Se abre así el abanico de su riqueza de posibilidades. Ya se dan cuenta ustedes que por la temática no vamos a poder atrapar al cuento por la cola, porque cualquier cosa entra en el cuento: no hay temas buenos ni malos en el cuento. (No hay temas buenos ni malos en ninguna parte de la literatura, todo depende de quién y cómo lo trata. Alguien decía que se puede escribir sobre una piedra y hacer una cosa fascinante siempre que el que escriba se llame Kafka.)

Desde el punto de vista temático es difícil encontrar criterios para acercarnos a la noción de cuento, en cambio creo que vamos a estar más cerca porque ya se refiere un poco a nuestro trabajo futuro si buscamos por el lado de lo que se llama en general forma, aunque a mí me gustaría usar la palabra estructura, que no uso en el sentido del estructuralismo, o sea de ese sistema de crítica y de indagación con el cual tanto se trabaja en estos días y del cual yo no conozco nada. Hablo de estructura como podríamos decir la estructura de esta mesa o de esta taza; es una palabra que me parece un poco más rica y más amplia que la palabra forma porque estructura tiene además algo de intencional: la forma puede ser algo dado por la naturaleza y una estructura supone una inteligencia y una voluntad que organizan algo para articularlo y darle una estructura.

Por el lado de la estructura podemos acercarnos un poco más al cuento porque, si me permiten una comparación no demasiado brillante pero sumamente útil, podríamos establecer dos pares comparativos: por un lado tenemos la novela y por otro, el cuento. Grosso modo sabemos muy bien que la novela es un juego literario abierto que puede desarrollarse al infinito y que según las necesidades de la trama y la voluntad del escritor en un momento dado se termina, no tiene un límite preciso. Una novela puede ser muy corta o casi infinita, algunas novelas terminan y uno se queda con la impresión de que el autor podría haber continuado, y algunos continúan porque años después escriben una segunda parte. La novela es lo que Umberto Eco llama la "obra abierta": es realmente un juego abierto que deja entrar todo, lo admite, lo está llamando, está reclamando el juego abierto, los grandes espacios de la escritura y de la temática. El cuento es todo lo contrario: un orden cerrado.

Para que nos deje la sensación de haber leído un cuento que va a quedar en nuestra memoria, que valía la pena leer, ese cuento será siempre uno que se cierra sobre sí mismo de una manera fatal.

Alguna vez he comparado el cuento con la noción de la esfera, la forma geométrica más perfecta en el sentido de que está totalmente cerrada en sí misma y cada uno de los infinitos puntos de su superficie son equidistantes del invisible punto central. Esa maravilla de perfección que es la esfera como figura geométrica es una imagen que me viene también cuando pienso en un cuento que me parece perfectamente logrado. Una novela no me dará jamás la idea de una esfera; me puede dar la idea de un poliedro, de una enorme estructura. En cambio el cuento tiende por autodefinición a la esfericidad, a cerrarse, y es aquí donde podemos hacer una doble comparación pensando también en el cine y en la fotografía: el cine sería la novela y la fotografía, el cuento. Una película es como una novela, un orden abierto, un juego donde la acción y la trama podrían o no prolongarse; el director de la película podría multiplicar incidentes sin malograrla, incluso acaso mejorándola; en cambio, la fotografía me hace pensar siempre en el cuento. Alguna vez hablando con fotógrafos profesionales he sentido hasta qué punto esa imagen es válida porque el gran fotógrafo es el hombre que hace esas fotografías que nunca olvidaremos —fotos de Stieglitz, por ejemplo, o de Cartier-Bresson— en que el encuadre tiene algo de fatal: ese hombre sacó esa fotografía colocando dentro de los cuatro lados de la foto un contenido perfectamente equilibrado, perfectamente arquitectado, perfectamente suficiente, que se basta a sí mismo pero que además —y eso es la maravilla del cuento y de la fotografía— proyecta una especie de aura fuera de sí misma y deja la inquietud de imaginar lo que había más allá, a la izquierda o a la derecha. Para mí las fotografías más reveladoras son aquellas en que por ejemplo hay dos personajes, el fondo de una casa y luego quizá a la izquierda, donde termina la foto, la sombra de un pie o de una pierna. Esa sombra corresponde a alguien que no está en la foto y al mismo tiempo la foto está haciendo una indicación llena de sugestiones, apelando a nuestra imaginación para decirnos: "¿Qué había allí después?". Hay una atmósfera que partiendo de la fotografía se proyecta fuera de ella y creo que es eso lo que le da la gran fuerza a esas fotos que no son siempre técnicamente muy buenas ni más memorables que otras; las hay muy espectaculares que no tienen esa aureola, esa aura de misterio. Como el cuento, son al mismo tiempo un extraño orden cerrado que está lanzando indicaciones que nuestra imaginación de espectadores o de lectores puede recoger y convertir en un enriquecimiento de la foto.

Ahora, por el hecho de que el cuento tiene la obligación interna, arquitectónica, de no quedar abierto sino de cerrarse como la esfera y guardar al mismo tiempo una especie de vibración que proyecta cosas fuera de él, ese elemento que vamos a llamar fotográfico nace de otras características que me parecen indispensables para el logro de un cuento memorable o perdurable. Es muy difícil definir esos elementos. Podría hablar, y lo he hecho ya alguna vez ——en un texto que ustedes van a tener al alcance de la mano——, de intensidad y de tensión. Son elementos que parecen caracterizar el trabajo del buen cuentista y hacen que haya cuentos absolutamente inolvidables como los mejores de Edgar Allan Poe. "El tonel de amontillado" ("The Cask of Amontillado"), por ejemplo, es una pequeña historia de apariencia común, un cuento que tiene menos de cuatro páginas en el que no hay ningún preámbulo, ningún rodeo. En la primera frase estamos metidos en el drama de una venganza que se va a cumplir fatalmente, con una tensión y una intensidad simultáneas porque se siente el lenguaje de Poe tendido como un arco: cada palabra, cada frase ha sido minuciosamente cuidada para que nada sobre, para que solamente quede lo esencial, y al mismo tiempo hay una intensidad de otra naturaleza: está tocando zonas profundas de nuestra psiquis, no solamente nuestra inteligencia sino también nuestro subconsciente, nuestro inconsciente, nuestra libido, todo lo que ahora se da en llamar "subliminal", los resortes más profundos de nuestra personalidad.

Si tenemos en cuenta elementos como la noción de tensión y de intensidad y la noción de esfera, de orden cerrado, creo que podemos entrar con más confianza y más seguridad en el tema de los cuentos de América Latina porque, es verdad, no hemos definido al cuento. Yo no soy capaz y si alguien tuviera una definición que ofrecer, podríamos discutirla. Al cuento lo podemos intentar definir por sus características exteriores: obra literaria de corta duración, etcétera. Todo eso no tiene ninguna importancia. Creo que era más importante señalar su arquitectura interna, lo que yo llamaría también su dinámica: el hecho de que un cuento tiene no solamente el cuento en sí sino también —como en las fotos de que hablábamos— una especie de potencialidad, de proyección que hace que un gran cuento de Conrad, de Onetti o de cualquiera de los autores que ustedes prefieren, no solamente se fije en la memoria sino que despierte una serie de connotaciones, de aperturas mentales y psíquicas.

Después de esto tendría que empezar ya directamente a hablar del cuento en América Latina para llegar alguna vez a los míos y a los de mis colegas, pero no veo que ustedes lamenten —yo en mi caso no lo lamento— estos exordios porque me parece que nos ponen un poco más en materia y nos aproximan un poco más a mucho de lo que vamos a decir más tarde. Tenemos dos soluciones: o empiezo ahora mismo a hablar del cuento en América Latina o aprovechamos el tiempo que nos queda y ustedes me hacen preguntas —como creo que habíamos convenido hacer la otra vez— que espero siempre con mucho deseo de poder contestarles. Veo que son algo así como las tres y media; creo que si tenemos media hora para preguntas no está mal.*

---

* El turno de preguntas lo inició una alumna pero la calidad de la grabación no permite reconstruir sus palabras. Por lo que sigue, puede deducirse que hizo referencia a las tres etapas de Cortázar como escritor y al relato "Reunión".

Dije en algún momento que las tres etapas no estaban compartimentadas, aisladas, separadas, sino que hay una interfusión. No es que yo haya dejado de ser de una cierta manera para comenzar a ser de otra y luego de una tercera: sigo siendo el mismo pero he pasado por esas tres etapas que se han entremezclado y se siguen entremezclando con mucha frecuencia. En lo que escribo actualmente, en los últimos libros de cuentos, por ejemplo, hay cuentos que tienen una intención —puedo usar la palabra revolucionaria porque usted la usó, pero no es exactamente eso— de participación en los procesos históricos de nuestros pueblos y el tema del cuento se refiere a esas situaciones; pero en esos mismos libros donde hay cuentos de esa naturaleza, sigo publicando otros absolutamente literarios, cien por ciento fantásticos, sin la menor referencia al contexto político de nuestros días. Me alegro de la pregunta en la medida que me permite decir hoy algo que es mejor decir ahora que más tarde: si hay alguna cosa que defiendo por mí mismo, por la escritura, por la literatura, por todos los escritores y por todos los lectores, es la soberana libertad de un escritor de escribir lo que su conciencia y su dignidad personal lo llevan a escribir. Si ese escritor es un hombre que está comprometido en un campo de tipo ideológico y escribe sobre eso, como escritor está cumpliendo su deber, y si al mismo tiempo sigue paralelamente cumpliendo una tarea de literatura por la literatura misma —la de la primera etapa— es absolutamente su derecho y nadie puede juzgarlo por ello.

Ustedes saben muy bien que esto lleva a ese tema que se llama la literatura comprometida, que ha hecho correr tanta tinta y gastar tanto papel y sobre la cual nadie está todavía demasiado de acuerdo. Recuerdo que un humorista un poco cínico dijo: "Los escritores comprometidos harían mejor en casarse". Sin ser el autor de esa frase, que me parece un poco reaccionaria aunque muy divertida por cierto, creo que su pregunta —en la medida en que la comprendí— me permite afirmar una vez más el hecho de que un escritor que se considere comprometido, en el sentido de solamente escribir sobre su compromiso, o es un mal escritor o es un buen escritor que va a dejar de serlo porque se está limitando, está cerrando totalmente el campo de la inmensa realidad que es el campo de la escritura y de la literatura y se está concentrando exclusivamente en una tarea que probablemente los ensayistas, los críticos y los periodistas harían mejor que él. Pero dicho eso, me parece muy alentador y muy hermoso y cada día más frecuente en América Latina que los escritores de ficción, para quienes el mundo es un llamado continuo de toda libertad temática, dediquen una parte creciente de su obra a mezclar sus calidades literarias con un contenido que se refiere a las luchas y al destino de sus pueblos para intentar ayudar en esa tarea de la que se habló un poquito el otro día* al pasar cuando se habló de la revolución de dentro hacia afuera y no sólo de la revolución de fuera hacia adentro.

Creo que a nosotros los escritores, si algo nos está dado —dentro de lo poco que nos está dado— es colaborar en lo que podemos llamar la revolución de adentro hacia afuera; es decir, dándole al lector el máximo de posibilidades de multiplicar su información, no sólo la información intelectual sino también la psíquica, su contacto con los elementos que lo rodean y que muchas veces se le escapan por mala información y por carencias de todo tipo. Si algo puede hacer un escritor a través de su compromiso ideológico o político es llevar a sus lectores una literatura que valga como literatura y que al mismo tiempo contenga, cuando es el momento o cuando el escritor así lo decide, un mensaje que no sea exclusivamente literario. Bueno, creo que ésta es una primera respuesta a un tipo de tema que sin duda seguiremos debatiendo largamente más adelante en estas charlas.

Creo que el compañero que está allá al final quiere…

---

* Debía referirse a una clase inaugural o charla de presentación, de la que no tenemos constancia.

ALUMNO: *Si el cuento corresponde a una esfera, ¿cómo podría definir la esfera en cuentos como "Las babas del diablo"?*

Si la paciencia es una virtud, yo le pediría a usted que sea paciente porque pienso que el próximo jueves vamos a estar metidos en este tema. Entonces podemos tomar un cuento como ese que usted citó, "Las babas del diablo", o "Después del almuerzo", y tratar de buscar la llamada esfericidad, que no hay que olvidarse que es simplemente una imagen. De manera que si no tiene inconveniente, mejor lo dejamos.

ALUMNO: *Quería preguntarle sobre el cuento del que la señora hablaba en la primera pregunta, y saber si el Che llegó a leerlo alguna vez y qué opinión tenía.*

Me han llegado algunas versiones, una de las cuales me parece fidedigna y me gusta mucho. Cuando el Che volvía en avión de una reunión en Argelia viajó con un escritor cubano amigo mío* que tenía el cuento en el bolsillo. En un momento dado le dijo: "Aquí hay un compatriota tuyo que ha escrito este cuento donde sos el protagonista". El Che dijo: "Dámelo". Lo leyó, se lo devolvió y dijo: "Está muy bien pero no me interesa".

Creo comprender muy bien esa reacción: que estuviera muy bien es el más alto elogio que el Che podría hacer ya que era un hombre cultísimo, poeta perfectamente capaz de distinguir entre un buen cuento y otro muy mediocre, pero que no le interesara era también su derecho. En primer lugar era imposible que se viera en ese cuento tal como era: soy un escritor que invento al Che tratando de ser lo más fiel posible a la idea histórica que me hacía de él en ese momento, pero la diferencia que va de la imaginación al documento exacto es siempre muy grande. Es evidente que cuando se leía hablando él mismo en primera persona tenía que tener una sensación muy extraña; a medida que avanzaba tenía que sentir cómo

---

* Roberto Fernández Retamar.

su propia imagen se borraba, se alejaba y —como cuando miramos el visor de la cámara— se cruzaba y se salía de foco para volver a entrar. Naturalmente eso tenía que distanciarlo porque no hay que olvidarse —y ésa es mi respuesta al Che en cierto sentido— que el relato nació cuando yo también estaba en un avión volviendo de Cuba a Europa y leí *La sierra y el llano*, una antología en la que los principales focos de la guerrilla escribieron episodios de sus memorias. Ahí hay trabajos de medio mundo: de Camilo Cienfuegos, de Fidel y Raúl Castro, y hay un texto del Che de veinte páginas. Ese texto es lo que reescribí en el cuento: el desembarco y los primeros combates son exactamente los episodios que él cuenta, incluso una anécdota que señala con humor y que yo repito de cuando en pleno combate ve a un combatiente muy gordo que se refugia detrás de una caña ¡y trata de protegerse del fuego del enemigo haciendo toda clase de movimientos detrás de una caña! Reconoció todas esas cosas pero ya no era su texto, yo lo escribí con mi lenguaje y ya no era la terrible vivencia que él tenía de ese desembarco, de ese primer contacto. Luego el final es totalmente imaginario: lo hago subir y encontrarse a último minuto con Fidel Castro y hay entonces un diálogo en el que los dos disimulan la emoción de saberse vivos con chistes, y el cuento termina con una reflexión un poco poética y un poco mística del Che pensando en un cuarteto de Mozart y mirando las estrellas. Todo eso evidentemente no formaba parte de sus vivencias, por eso encontró que estaba muy bien pero no le interesaba. Me parece una perfecta respuesta.

ALUMNA: *Usted dice que sus etapas estética, metafísica e histórica en cierta manera paralelan las etapas de los cuentistas de Latinoamérica. ¿Cuál le parece que va a ser la etapa o la dirección futura?*

Bueno, cuando me hacen preguntas sobre el futuro contesto siempre que no soy un vidente, ni siquiera soy lo que ahora llaman futurólogo. Me han dicho que hay una ciencia que llaman Futurología con señores capaces de decir mediante extrapolaciones y proyecciones que en el año 2020 en Albania va a estar sucediendo tal cosa. Esperemos que suceda algo en Albania en el año 2020... No soy futurólogo, entonces es muy difícil contestar a ese tipo de pregunta.

ALUMNA: *¿Pero le parece que hay autores que se están bifurcando de esa etapa histórica con algo diferente?*

No tengo esa impresión; tengo una impresión muy positiva de la nueva generación de cuentistas, poetas y novelistas de más allá de veinte años, de veintitantos hasta treinta y tantos, que han empezado a escribir en América Latina. A través de lo que puedo leer de ellos me da la impresión de que parecen haberse dado cuenta un poco de lo que hablábamos hace un segundo al contestar la pregunta anterior: que no basta con tener un mensaje para hacer una novela o un cuento porque ese mensaje, cuando es ideológico o político, lo transmiten mucho mejor un panfleto, un ensayo o una información. La literatura no sirve para eso. La literatura tiene otras maneras de transmitir esos mensajes, y vaya si los puede transmitir con muchísima más fuerza que el artículo periodístico, pero para hacerlo con más fuerza tiene que ser una alta y gran literatura. Eso es lo que parecen estar advirtiendo muchos de los jóvenes cuentistas y novelistas de este momento después de un período en que ese entusiasmo por entrar en la lucha —sobre todo después de la Revolución cubana que fue el gran reguero de pólvora ideológica en todo el continente— llevó a mucha gente sin ninguna madurez como escritores a pensar que si eran capaces de redactar bien y habían leído un tanto podrían transmitir su mensaje en un cuento o una novela con una fuerza tremenda. Los hechos demostraron que no es así, que la mala literatura o la literatura mediocre no transmiten nada con eficacia. Diría que actualmente los jóvenes —y le contesto hasta donde puedo la pregunta— tienen una conciencia mucho más crítica de sus obligaciones como escritores y no sólo de sus obligaciones como gente comprometida y militante. Ése creo que es un hecho bastante advertible cuando se lee a gente entre los veinticinco y los treinta y cinco años de edad.

ALUMNO: *Cuando usted escribe hoy en día, ¿a qué tipo de lectores está apuntando? Y la segunda parte de la pregunta es: por su experiencia de conocer a sus lectores, ¿tiene éxito?*

No entiendo la segunda.

ALUMNO: *Usted está apuntando a un tipo de lector cuando escribe. La segunda pregunta es si tiene éxito en eso, si realmente es ese tipo de lector el que lo está leyendo.*

Creo que al escribir nunca he apuntado —para usar su palabra— a un determinado tipo de lector. En una primera etapa, de la cual hemos hablado hoy, el lector prácticamente sólo existía para mí como los que me rodeaban, gente de mi tiempo y de mi "nivel" (podemos usar la palabra admitiendo que no hay nada de clasista). Creía escribir para el tipo de persona que a su vez escribía para gente como yo; ésa era un poco la dialéctica. En los años 46 o 47, cuando escribí los primeros cuentos que dieron el volumen que se llama *Bestiario,* me hubiera gustado mucho que alguien a quien respetaba infinitamente como podía ser en ese momento Jorge Luis Borges leyera un cuento mío y lo aprobara. Ésa hubiera sido la recompensa más alta, pero cuando opté por quedarme solo —solo en el sentido más amplio de la palabra, incluso alejarme de mi país y trabajar en otro— la noción de lector perdió toda realidad para mí. Durante muchos años escribí sabiendo que sin duda sería leído. (El "sin duda" era el elemento de vanidad y sobre todo de esperanza que tiene todo escritor que quiere triunfar.) Esperaba que se me leyera, pero ¿quiénes me iban a leer? No tenía una idea precisa y sigo sin tenerla hoy. Creo que si un escritor de literatura apunta a un sector determinado de lectores está quitando fuerza a su trabajo, lo está condicionando, llenando de determinadas exigencias y de determinadas prescindencias: esto está bueno, esto no está bueno; esto hay que decirlo, esto no conviene decirlo. Eso significa autocrítica, y si un escritor se autocritica, se autocensura —es la verdadera palabra— pensando que tiene que escribir para cierto tipo de lectores y por tanto tiene que darles esto pero no aquello; no creo que ningún gran escritor haya salido de ese punto de vista.

Lo que es importante y además difícil es escribir pensando en que uno tiene un destinatario y no está escribiendo para uno mismo en una actividad narcisista; sentir que se está escribiendo para lectores sin calificarlos, sin decir "estoy escribiendo para lectores muy cultos o para lectores a quienes les gustan los temas eróticos, psicológicos o históricos" porque ese tipo de autocondicionamiento es una excelente garantía para el fracaso de una obra literaria. En definitiva, ¿qué son los *best sellers* —uso la palabra *best seller* en el mal sentido—, esos inmensos ladrillos que cierta gente compra en los aeropuertos para empezar las vacaciones y autohipnotizarse durante una semana con un libro que carece en absoluto de calidad literaria pero contiene todos los elementos que ese tipo de lector está esperando y naturalmente encuentra? Hay un verdadero contrato entre un señor que escribe para ese público y el público que le da mucho dinero comprando los libros a ese señor, pero eso no tiene nada que ver con la literatura. Ni Kafka ni Maupassant ni yo hemos escrito así, y perdón por ponerme en el trío.

ALUMNO: *En nombre de este apostolado de la dificultad de las definiciones y del antidogmatismo, yo quiero preguntar por una zona de escritos de Julio Cortázar que no son cuentos, no son esferas ni de Parménides ni de las otras, y son juegos que tienen una lecturidad extraordinaria en todas las artes, juegos humorísticos, poéticos, poemas en prosa narrativa (del tipo de uno de los libros que más se tardó en editar porque no lo quería publicar Sudamericana y que era* Historias de cronopios y de famas*) que son de los más auténticamente cortazarianos, y perdón por la palabra. ¿Qué hay de esa zona que no es cuento, que no es cuento-esfera y que sin embargo es quizá de lo más legítimo del autor?*

Me alegro de que te parezca legítimo y además te guste porque estoy completamente de acuerdo en que es una zona legítima de lo que llevo escrito que no se ajusta de una manera sistemática a ninguna de las tres principales etapas. Los cronopios y famas, nacidos y escritos en los años cincuenta y comienzos del 60, más textos de un librito que se llama *Un tal Lucas,* también cortos y escritos hace muy poco tiempo, más otros pequeños textos incluidos en lo que llamo libros almanaque (*La vuelta al día en ochenta mundos* y *Último round*), toda esa serie de pequeños textos son mi gran juego personal, mis juegos de niño-adulto-escritor o adulto-escritor-niño. El niño nunca ha muerto en mí y creo que en el fondo no muere en ningún poeta ni en ningún escritor. He conservado siempre una capacidad lúdica muy grande e incluso tengo toda una teoría sobre lo que llamo la gravedad del juego, que no voy a elaborar ahora pero haremos una mención a hasta qué punto el juego es una cosa muy grave, muy importante y que en ciertas circunstancias puede ser muy dramática. Precisamente por tratarse de pequeños textos o de personajes como los cronopios, todo eso sobrevuela un poco distintas épocas, va y viene y se sitúa entre los cuentos y las novelas. No sé si vamos a tener tiempo y ganas de ocuparnos un poco de ellos pero a lo mejor hacia el final, cuando ya estemos cansados de cuentos y novelas, podemos dedicar una hora o una hora y media a hablar de los cronopios porque la verdad es que son muy divertidos y los quiero mucho.

ALUMNO: *Me pregunto hasta qué punto usted lee la realidad como una novela y si ve alguna diferencia entre sus escritos y los de otros colegas latinoamericanos que han participado mucho más intensamente en la realidad del continente. Usted muchas veces menciona que es un escritor latinoamericano, pero a mí me parece ver profundas diferencias con los otros escritores latinoamericanos.*

Afortunadamente, diría yo. ¿Te imaginas que por el hecho de ser latinoamericanos estuviéramos todos unidos en la temática y, lo que sería mucho peor, en la escritura? ¡Eso se traduciría en un aburrimiento universal! Creo que en efecto somos afortunadamente muy diferentes pero en las últimas décadas tenemos una serie de contactos, de raíces, de vías de comunicación, de ósmosis, que nos asemejan y nos acercan extraordinariamente. Lo que escribe Vargas Llosa y lo que escribo yo son cosas muy diferentes pero si tomo un tercer término de comparación (por ejemplo Somerset Maugham, un escritor en la otra punta de otra cultura) cualquiera se dará cuenta de las semejanzas que hay entre Vargas Llosa y yo, porque no se trata solamente de que estamos utilizando el mismo idioma sino de que nos estamos moviendo en un terreno común.

Segunda clase
El cuento fantástico I: el tiempo

Voy a hacer una aclaración práctica previa y es que, además de estar los lunes en la oficina del Departamento, voy a estar también los viernes porque según me dicen en la secretaría ha habido muchos estudiantes que tenían algún motivo para verme y hablar conmigo y —aparte de que solemos hacerlo de manera más privada— esas reuniones de una sola mañana en la oficina desde luego no son suficientes, de manera que se lo indico por si alguno de ustedes quiere verme: estaré los lunes y los viernes de nueve y media a mediodía. Será bueno de todas maneras que ustedes confirmen un *appointment* para que no haya problemas de acumulación excesiva o alguna cosa de ese tipo. Todo esto me molesta muchísimo porque el problema es que ustedes son tantos y yo soy tan poco... Lo que me gustaría es poder verlos a cada uno, y a veces en conjunto también, de una manera más espontánea porque algunos de ustedes han ido llegando cada media hora a la oficina y —se lo dije a uno de ellos— tengo la impresión de ser un dentista que estoy esperando cada media hora a un paciente y el estudiante también se siente un paciente, lo cual no es agradable para uno ni para otros. La verdad es que no veo qué otra solución puede haber; en fin, ya iremos inventando otras a lo largo de los próximos días.

Bueno, ustedes se acordarán de que el otro día fue un día desdichado para muchos ya que aquí estuvimos a punto de sucumbir de calor. Recordarán que habíamos quedado en que hoy íbamos a entrar más directamente en el tema de los cuentos, los míos y los que puedan aparecer en el curso del camino. Tenemos un derecho perfectamente legítimo a hablar del cuento como género en América Latina porque es un género que llegó muy temprano, extrañamente temprano a la madurez y se situó en un altísimo nivel dentro de la producción literaria del conjunto de los países latinoamericanos. Alguna referencia hicimos haciendo notar que hay otras culturas para las cuales el cuento no significa la misma cosa. El caso de Francia es bastante típico: en los cursos académicos que se dan en Francia la novela es todopoderosa como tema y el cuento, un pequeño capítulo accesorio y secundario; sobre todo cuando hay novelistas que también escriben cuentos, los escritores y los críticos se sienten obligados a tratar el tema del cuento pero nunca lo hacen con demasiado deseo ni demasiada buena voluntad. En América Latina no diré que sea lo contrario, porque la novela tiene la importancia que todos ustedes conocen, pero el cuento ocupa una posición de primera fila no sólo desde el punto de vista de la actividad de los escritores sino —lo que es todavía más importante— desde el punto de vista del interés de los lectores: hay un público lector que espera cuentos, de alguna manera los reclama y los recibe con el mismo interés con que recibe la novela.

Pensando en mi propio país, un ejemplo es un texto que hace muchos años que no releo. Se me ocurrió que ya al comienzo de nuestra vida independiente como país en las primeras décadas del siglo XIX tuvimos un poeta, Esteban Echeverría, famoso por un poema llamado "La cautiva" que es uno de nuestros clásicos. Además, escribió un cuento de antología en una época en que parecía muy extraño que alguien pudiera escribir un cuento así, "El matadero", que plantea el enfrentamiento entre los federales y los unitarios. Es un cuento de un realismo extraordinario en alguien que tenía un temperamento tan lírico y romántico. Frente a un tema que evidentemente lo conmueve e incluso lo exaspera —un problema de crueldad, de lucha sin cuartel entre dos facciones políticas dentro del país— escribe un cuento que es un modelo de realismo, observación y descripción; me parece que se ajusta admirablemente a los posibles cánones de este género tan poco canonizable.

Así, a lo largo del tiempo los cuentos van haciendo poco a poco su aparición en todos los países latinoamericanos: aparecen cuentos y cuentistas en Venezuela, México, Perú, que siguen las corrientes estéticas que en esa época venían fundamentalmente de Europa de modo que cuando el Romanticismo entra como una especie de enorme aluvión en América Latina, se escriben muchos cuentos y muchas novelas de carácter romántico pero los temas son ya latinoamericanos y cuando entramos en el siglo XX hay una serie de antecedentes bibliográficos en la materia que hace que los escritores entren en su propio trabajo pisando un terreno conocido, pudiendo dejar atrás cosas superadas y enfrentando el cuento con una dimensión cada vez más contemporánea y moderna.

Algunos críticos —no muchos— han intentado responder a la pregunta de por qué América Latina en su conjunto es un continente que da y ha dado muchos cuentistas. Nadie ha encontrado una explicación coherente. La explicación en broma que he escuchado en Buenos Aires es que los latinoamericanos escribimos cuentos porque somos muy perezosos: como lleva menos tiempo y menos trabajo escribir un cuento que una novela, y como los lectores son tan perezosos como los escritores, los cuentos son muy bien recibidos porque da muy poco trabajo leerlos y uno los lee cuando quiere o como quiere. Desde luego ésta es una explicación burlesca e irónica que no tiene ningún asidero porque quizá seamos un poco perezosos pero no creo que en materia de literatura eso se pueda aplicar.

También circula por ahí alguna otra tentativa de explicación —ésta en serio— que hay que tener en cuenta pero que me parece que tiene aspectos contradictorios. Se ha sostenido muchas veces que la literatura latinoamericana en su conjunto entra en la modernidad sin tener toda esa carga —que es al mismo tiempo una seguridad— de un lento pasado y una lenta evolución como tienen las literaturas europeas. Nosotros pasamos de la Conquista española a la colonización y a nuestras independencias en un período cronológico que, comparado con el desarrollo de las grandes culturas literarias de Occidente, es pequeñísimo, apenas un instante. Eso hace que al comenzar a escribir, y con autonomía en cada uno de nuestros países, los escritores pueden haber sentido de una manera inconsciente esa falta de una lenta evolución que los hubiera traído a ellos mismos como último eslabón de una larga cadena; de golpe se encontraron manejando una cultura moderna y un idioma que se prestaba a todas las posibilidades de expresión, sintiéndose a la vez un poco desvinculados de una más desarrollada y coherente y teniendo que valerse fundamentalmente de las influencias de las corrientes que venían del exterior, que nunca son lo mismo que la propia cultura de una raza o de una civilización.

Para explicar esto del cuento se ha dicho que, aunque sea de una manera inconsciente, el escritor todavía está muy cerca de las grandes culturas precolombinas latinoamericanas como la inca o incaica en el Perú y en el Ecuador y las grandes culturas mexicanas mayas y aztecas que desde el punto de vista de la literatura estaban en un territorio fundamentalmente oral y que incluso en sus formas escritas buscaban expresarse a través de relatos, de pequeños cuentos como los que forman en general las mitologías y las cosmogonías. Si por ejemplo uno echa un vistazo al *Popol Vuh,* el libro sagrado de los mayas, ve cómo toda la historia de la creación, todas las historias de las primeras actividades de los dioses y sus contactos con los mortales constituyen una serie de relatos muy frecuentes en otros tipos de cosmogonías y de mitologías: la griega y la judaica a través del *Antiguo Testamento* contienen momentos que se pueden separar y que son verdaderos relatos como el *Zend Avesta.* La teoría propone entonces que el escritor latinoamericano está todavía muy cerca de esa etapa oral o de comienzo de la escritura como trasfondo personal y cultural al que le falta una lenta evolución de muchos siglos; por eso el cuento viene de una manera espontánea a un mexicano, un peruano o un boliviano.

Con todo lo que puede tener de interesante, encuentro esta teoría contradictoria en aspectos fundamentales. Piensen un momento en que la parte austral de América del Sur, lo que se llama el Cono Sur (fundamentalmente países como Chile, el Uruguay y la Argentina), son países que han dado y siguen dando una cantidad apreciable e importante de cuentistas sin tener ningún basamento en culturas indígenas, o muy poco. A diferencia de lo que pasa en el Perú o en México, nuestras culturas indígenas —que eran de un nivel que podemos llamar insuficiente en relación a las otras— quedaron eliminadas y destruidas muy rápidamente, durante y muy poco después de la Conquista; por lo tanto ese predominio de lo oral que podría venir de raigambres indígenas, no creo que se aplique de ninguna manera muy válida al Cono Sur, y sin embargo allí los cuentos son buscados, leídos y escritos en una cantidad siempre sorprendente. Si tienen ganas, llegado el momento podemos debatir un poco más este tema porque es sumamente fascinante. Tengo la impresión de que hasta este momento al menos yo no conozco ningún trabajo crítico que responda de manera satisfactoria a por qué en América Latina el cuento es tan popular y alcanza una calidad que lo coloca al nivel de los mejores que se puedan imaginar o escribir en el planeta.

Para centrarnos un poco en lo más nuestro y en lo más mío, ustedes se dan cuenta de que a mí me tocó crecer en la ciudad de Buenos Aires en un contexto donde los cuentos eran una materia literaria muy familiar, desde los cuentos un poco tradicionales de fin de siglo como los de Eduardo Wilde o los de Roberto J. Payró, de tipo gauchesco. En los años veinte y treinta, cuando yo leía mucho y al mismo tiempo comenzaba a descubrir un deseo y una posibilidad de escribir, estaba rodeado de cuentos y de cuentistas en el plano de quienes escribían y en el de todos mis amigos que eran igualmente lectores. Devorábamos cuentos extranjeros o nacionales: el género nos fascinaba y en la misma ciudad y al mismo tiempo en que yo estaba comenzando mi trabajo personal había algunos cuentistas ya muertos y otros en plena actividad como Leopoldo Lugones, Horacio Quiroga, Benito Lynch, y entre los directamente contemporáneos Jorge Luis Borges, que en esos años está publicando sus cuentos más famosos; toda la serie de *El jardín de senderos que se bifurcan,* por ejemplo, aparecieron sueltos en revistas y luego fueron reunidos en volumen. También su compañero y socio literario muchas veces, Adolfo Bioy Casares, está escribiendo cuentos que publica en volúmenes y —ya que estoy en familia— Silvina Ocampo, su mujer, es también una magnífica cuentista. En un plano de tipo más popular, más próximo a la vida cotidiana del pueblo bonaerense sobre todo, un escritor como Roberto Arlt paralelamente a sus novelas, e incluso antes, comienza publicando una serie de cuentos, algunos memorables.

Con todo eso yo tenía una familiaridad cotidiana, incluso algunos de esos libros los vi aparecer y fui a buscarlos en el momento que salían. Es lógico que viviera en un universo mental donde el cuento era un elemento cotidiano de interés, fascinación e incluso provocación, incitación. A todos esos cuentos de quienes me rodeaban —y podría citar muchos más si diera una vuelta al continente— se añadían los de la literatura contemporánea en diferentes idiomas que mis amigos y yo leíamos en la lengua original o en traducciones. Es el momento en que la literatura anglosajona hace sentir todo su peso en la gente de mi generación, ya no a través de los escritores clásicos sino de los cuentistas de la época: desde aquí, desde los Estados Unidos, cuentistas muy importantes como Sherwood Anderson llegan en traducciones a la Argentina y son ansiosamente leídos por los jóvenes. Eso significa, y ustedes pueden ver que estoy haciendo un corte muy drástico del tema, que cuando alguno de nosotros empezaba a escribir cuentos tenía objetivos y niveles muy altos; no los escribíamos un poco improvisadamente porque delante de nosotros había cuentos de todos los orígenes, además de los de nuestros propios compatriotas que nos estaban dando unos niveles de gran altura y gran exigencia.

Empecé a escribir cuentos muy temprano y escribí muchos que no publiqué jamás porque, aunque sigo pensando que las ideas eran imaginativas y la estructura era ya la de un verdadero cuento, el tratamiento literario era flojo. Escribía como se suele hacer al comienzo de una carrera literaria: sin suficiente autocrítica, diciendo en cuatro frases lo que se puede decir en una y olvidándose de la que había que decir, multiplicando una adjetivación que por desgracia llegaba en cantidades navegables desde España. El estilo finisecular se hacía sentir todavía en una escritura floja, llena de flores retóricas y con una dilución contra la cual se empezaba a reaccionar poco a poco en América Latina (y también en España; hay que ser justo y decirlo). Empecé a escribir cuentos y un buen día, cuando tenía seis o siete que nunca publiqué, me di cuenta de que todos eran fantásticos.

Ya en ese momento se me planteó el problema de por qué no escribía cuentos de tipo realista como los de Roberto Arlt, al que tanto admiraba y admiro, o como los de Horacio Quiroga, que aunque tiene algunos cuentos fantásticos tiene otros que describen la vida en la selva del norte de la Argentina de una manera muy realista y muy ajustada a lo que le había sucedido. Eso me llevó a preguntarme si mi idea de lo fantástico era la que tenía todo el mundo o si yo veía lo fantástico de una manera diferente. Entonces me acordé —y está dicho en algún capitulito de *La vuelta al día en ochenta mundos,* creo— que cuando yo era niño e iba a la escuela primaria mi noción de las cosas fantásticas era muy diferente de la que tenían mis compañeros de curso. Para ellos lo fantástico era algo que había que rechazar porque no tenía que ver con la verdad, con la vida, con lo que estaban estudiando y aprendiendo. Cuando decían "esta película es muy fantástica" querían decir "esta película es un bodrio". En ese mismo texto he contado, porque creo que es significativo, el desconcierto que me produjo una vez que le presté una novela a un compañero de clase a quien quería mucho. Debíamos tener doce años y la novela que le presté era una que acababa de leer y me había dejado absolutamente fascinado; una de las novelas menos conocidas de Julio Verne, *El secreto de Wilhelm Storitz,* en la que Verne planteó por primera vez el tema del hombre invisible luego recogido por H. G. Wells en una novela muy leída en los años veinte. (Wells se olvidó de dar el crédito correspondiente a Julio Verne, tal vez no conocía la novela, en ese sentido puede haber coincidencias.) La novela de Verne no es de las mejores de las suyas pero el tema es fascinante porque por primera vez en una literatura occidental se plantea el problema del hombre invisible, alguien que a través de procesos químicos —ya he olvidado por completo lo que sucedía en el libro— llega a ser invisible. Se la presté a mi compañero y me la devolvió diciendo: "No la puedo leer. Es demasiado fantástica", me acuerdo como si me lo estuviera diciendo en este momento. Me quedé con el libro en la mano como si se me hundiera el mundo, porque no podía comprender que ése fuera un motivo para no leer la novela. Allí me di cuenta de lo que me sucedía: desde muy niño lo fantástico no era para mí lo que la gente considera fantástico; para mí era una forma de la realidad que en determinadas circunstancias se podía manifestar, a mí o a otros, a través de un libro o un suceso, pero no era un escándalo dentro de una realidad establecida. Me di cuenta de que yo vivía sin haberlo sabido en una familiaridad total con lo fantástico porque me parecía tan aceptable, posible y real como el hecho de tomar una sopa a las ocho de la noche; con lo cual (y esto se lo pude decir a un crítico que se negaba a entender cosas evidentes) creo que yo era ya en esa época profundamente realista, más realista que los realistas puesto que los realistas como mi amigo aceptaban la realidad hasta un cierto punto y después todo lo demás era fantástico. Yo aceptaba una realidad más grande, más elástica, más expandida, donde entraba todo.

Ya es tiempo de hablar del tiempo, que va a ser un poco el tema de este rato de charla. El tiempo es un problema que va más allá de la literatura y envuelve la esencia misma del hombre. Ya desde los primeros balbuceos de la filosofía, las nociones del tiempo y del espacio constituyeron dos de los problemas capitales. El hombre no filosófico, no problemático, da por supuesta la aceptación del tiempo, algo que una mente filosófica no puede aceptar así nomás porque en realidad nadie sabe lo que es el tiempo. Desde los presocráticos, desde Heráclito por ejemplo —uno de los primeros que se inclinan sobre el problema—, la naturaleza de eso que no podemos calificar de sustancia ni elemento ni cosa (el vocabulario humano es incapaz de aprehender la esencia del tiempo, ese decurso que pasa por nosotros o a través del cual pasamos nosotros) es un viejo problema metafísico con diferentes soluciones. Para alguien como Kant el tiempo en sí mismo no existe, es una categoría del entendimiento; somos nosotros los que ponemos el tiempo. Para Kant los animales no viven en el tiempo, nosotros los vemos vivir en un tiempo pero ellos no viven porque no tienen la conciencia temporal: para el animal no hay presente ni pasado ni futuro, es un estar totalmente fuera de lo temporal. Al hombre le es dado el sentido del tiempo. Para Kant está en nosotros mismos; para otros filósofos es un elemento, una esencia que está fuera de nosotros y dentro de la cual nos vemos envueltos. Eso ha llevado a una literatura filosófica e incluso científica inmensa, que quizá no terminará nunca.

No sé si alguien aquí entiende la teoría de la relatividad —no soy yo, por supuesto— pero sé muy bien que la noción del tiempo se modificó después de los descubrimientos de Albert Einstein: hubo una noción concerniente al decurso de la duración del tiempo que los matemáticos tienen en cuenta ahora de otra manera en sus cálculos. Después están esos fenómenos que han sido estudiados por la parapsicología —la de veras, la científica— y hay el famoso libro del inglés Dunne, *An Experiment with Time,* que Borges cita a veces porque le había fascinado. Dunne analiza la posibilidad de diferentes tiempos (y no solamente este que aceptamos nosotros, el del reloj pulsera y del calendario), simultáneos o paralelos, basándose en el conocido fenómeno de la premonición de personas que tienen repentinamente una visión de algo que se produce cinco días después. Algo que es para nosotros el futuro, en el momento de la premonición no era para ellos el futuro sino una especie de presente descolocado, paralelo, incierto. No se trata de hablar de eso ahora pero para volver a la literatura de lo fantástico, ustedes ven que el tiempo es un elemento poroso, elástico, que se presta admirablemente para cierto tipo de manifestaciones que han sido recogidas imaginariamente en la mayoría de los casos por la literatura.

Los tres cuentos que vamos a resumir ahora significan en el fondo el mismo tipo de irrupción de lo fantástico en la modalidad temporal. Tengo que contarlos muy brevemente y por supuesto que contar un cuento escrito por Borges es contarlo siempre muy mal: es imposible contarlo con buen estilo. En muy pocas palabras, "El milagro secreto" cuenta la historia de un dramaturgo checo —creo— que es hecho prisionero por los nazis cuando la ocupación de Checoslovaquia a comienzos de la Segunda Guerra Mundial. Como es un dramaturgo checo judío, es condenado a muerte inmediatamente por los nazis que lo van a fusilar, y el cuento muestra el momento en que este hombre es puesto contra la pared, los soldados alzan sus armas y él ve el gesto del oficial que da la orden de apuntar. En ese momento se dice que lamenta morir porque durante toda su vida ha estado trabajando en sus obras de teatro y estaba empezando a imaginar una que hubiera sido la culminación de su vida, su obra maestra. No tiene tiempo porque le están apuntando, cierra los ojos, y el tiempo pasa y él sigue pensando en su obra. Poco a poco comienza a imaginar situaciones de personajes. Sabía que la obra le iba a llevar mucho tiempo, mucha reflexión, mucha escritura; por lo menos un año. Durante un año de pensar, lleva adelante esa obra mentalmente y a último momento pone el punto final y se siente profundamente feliz porque ha realizado lo que quería: ha hecho esa obra definitiva, abre los ojos, y en ese momento baja la señal para que le tiren encima. Lo que para el tiempo de los soldados había durado dos segundos, para el tiempo en eso que Borges llama "el milagro secreto" ha durado un año, ha tenido un año de tiempo mental para terminar su obra.

El segundo cuento es "Eso que pasó en el Arroyo del Búho", de Ambrose Bierce. (El mismo Bierce es también fantástico por su vida y por su muerte. Ustedes saben que desapareció en circunstancias misteriosas en México y nunca se ha sabido cómo y dónde murió; un personaje fascinante.) El cuento es un episodio de la Guerra de Secesión en que un grupo de soldados toma prisionero a un enemigo del otro bando, no sé si del Sur o del Norte, y deciden ahorcarlo en un puente. Es exactamente la misma situación del cuento de Borges: le pasan el nudo corredizo por el cuello y lo obligan a saltar del puente para que quede suspendido en el aire. El hombre salta, se rompe la cuerda y cae al agua, y aunque está completamente aturdido consigue nadar y salir muy lejos. Aunque le tiran no lo alcanzan, se esconde y después de haber descansado un poco piensa que quiere volver a su casa para ver a su mujer y a sus niños, a quienes no veía hace mucho. Empieza un viaje a lo largo de la noche y del día escondiéndose porque anda en zona enemiga hasta que finalmente consigue llegar a su casa (no recuerdo los detalles) y ver a su mujer a través de una ventana. Mientras está en esa felicidad de haber conseguido llegar, las imágenes se vuelven un poco borrosas hasta que se borran del todo. La última frase de Bierce es: "El cuerpo del ejecutado se balanceaba en el extremo de la cuerda". El mecanismo de lo fantástico es muy similar porque también en su agonía de hombre a quien están ahorcando él ha vivido la supuesta ruptura de la soga que le ha permitido salir en busca de su familia y encontrar a sus seres queridos. Por segunda vez hay ahí una irrupción de un tiempo que se diría que se estira, se alarga y, en vez de durar los dos segundos que dura la cosa en nuestro tiempo, de nuestro lado, se prolonga indefiniblemente: un año para el dramaturgo checo y un día y una noche para el soldado norteamericano.

El tercer cuento, que se llama "La isla a mediodía", cuenta cómo un joven italiano, *steward* de una compañía de aviación que hace el vuelo entre Teherán y Roma, por casualidad mirando por la ventanilla del avión ve el dibujo de una de las islas griegas del mar Egeo. La mira un poco distraído pero hay algo tan hermoso en eso que ve, que se queda mirándola un largo momento y luego vuelve a su trabajo de distribuir bandejas y servir copas. En el viaje siguiente, cuando se acerca la hora en que van a pasar por ahí, se las arregla para dejarle su trabajo a una colega y va a una ventanilla y vuelve a mirar la isla. Así, en una serie de viajes, mira cada vez esa isla griega que le parece hermosa: es completamente dorada, muy pequeña y da la impresión de ser desierta. Un día ve que en la playa que bordea la pequeña isla hay algunas casas, alguna figura humana y unas redes de pescar. Comprende que es una isla a la que no van los turistas, donde vive un pequeño grupo de pescadores. Ese hombre que está viviendo una vida artificial y sin interés, que hace su trabajo, que vive continuamente en los hoteles como es el caso de los *stewards* de las compañías de aviación, que tiene amores fáciles en cada punto de la escala que no lo preocupan demasiado, empieza a tener una obsesión creciente por la isla. Se le presenta como una especie de rescate, como algo que lo está incitando, lo está llamando, mostrándole algo. Un día (estoy abreviando mucho) decide pedir una larga licencia. Un colega se hace cargo de su trabajo en el avión y él, que se ha estado documentando y sabe ya dónde está la isla y cómo se puede llegar, se va en una lancha de pescadores y después de dos o tres días llega una mañana a la isla y desembarca. La lancha se vuelve y él toma contacto con el grupo de pescadores, dos o tres familias que viven efectivamente ahí y que lo reciben muy cordialmente. Aunque él es italiano y ellos hablan griego, se sonríen, se entienden y de alguna manera lo aceptan, le dan una cabaña para que se instale y siente de golpe que ya no se va a ir de esa isla, que ése es realmente su paraíso, que toda esa vida artificial ya no tiene sentido: se va a hacer amigo de los pescadores, va a pescar como ellos y vivirá pobre y humildemente pero feliz en ese pequeño edén al que los turistas todavía no han llegado. En ese entusiasmo que tiene, sube a lo alto de una colina, se despoja incluso de su reloj pulsera y lo tira un poco como símbolo de lo que está abandonando; se desnuda bajo el sol, se tiende en el pasto que huele fragantemente y se siente profundamente feliz. En ese momento oye el ruido de los motores de un avión y piensa por la posición del sol que está llegando el mediodía, que es su avión, el avión en que era *steward* y en el que ahora hay alguien que lo está reemplazando. Lo mira y piensa que será la última vez que ve el avión, que él va a vivir ahí, que no tiene nada que ver con eso. En ese instante siente un cambio de régimen de ruido en los motores del avión, lo mira y ve que se desvía, gira dos veces y se hunde en el mar. Una reacción perfectamente comprensible y humana lo hace correr a toda velocidad, desnudo como está, hasta la playa. Del lado donde se ha hundido el avión asoma apenas un pedazo del ala a cien metros. Se tira al agua y nada por si hubiera algún sobreviviente. Aparentemente no hay nadie pero cuando está llegando ve asomar una mano del agua. Toma la mano y saca a un hombre que se debate. Lo lleva teniendo cuidado de que no lo abrace y no lo ahogue y se da cuenta de que el hombre está sangrando: tiene una enorme herida en la garganta y está agonizando. Lo va llevando a la orilla y en ese momento su pensamiento se interrumpe, su visión de lo que está sucediendo cesa, los pescadores que han oído el ruido del otro lado de la isla vienen corriendo y encuentran el cadáver de un hombre con una enorme herida en la garganta tirado en la playa. Es lo único que hay, están como siempre solos con ese solo cadáver en la playa.

En este cuento se podría pensar también que lo fantástico se ejerce a través de un estiramiento del tiempo. Hay muchos críticos que se han ocupado de este cuento (hay uno que está incluso en nuestra sala hoy) y entre las muchas lecturas que se han propuesto está la de imaginar que el deseo profundo, vital, que tenía el personaje por esa isla que entreveía al pasar ha hecho que en uno de esos mediodías la haya estado mirando con una profunda intensidad y se haya perdido en un sueño, en una fantasía que se hizo realidad —como si todo hubiera sucedido: el hecho de llegar a Roma, abandonar la compañía, alquilar un barco, ir a la isla y asistir a lo que sucedió; todo eso que ha sucedido— en el momento que el avión tiene el accidente y cae mientras él está perdido en su sueño. Es la mecánica de los dos cuentos anteriores que les conté: lo que sucede en cinco segundos, el avión que cae y se hunde en el mar, este hombre lo vivió en un largo momento feliz en que cumplió su sueño y lo realizó: también una especie de milagro secreto, como si le hubieran concedido la posibilidad última de ser feliz por lo menos un día antes de la muerte, llegar a su isla, vivir en ella. Esa lectura me parece perfectamente legítima pero también es bueno recordar la lectura del autor, que no es exactamente la misma.

Escribí el cuento con la impresión (y digo impresión porque nunca hay explicaciones en estas cosas), con la sensación de que en algún momento hay un desdoblamiento del tiempo, lo cual significa un desdoblamiento del personaje. Los que conocen algunos cuentos míos saben que el tema del doble vuelve como una recurrencia de la que no puedo escapar; desde los primeros cuentos ha habido un desdoblamiento de los personajes. Aquí el personaje se desdobla también: el hombre viejo, el que no puede cambiar, que está atado por este tiempo nuestro, sigue en el avión. Pero ese hombre nuevo que quiere acabar con todo lo que le parece trivial, estúpido y artificial, que abandona todo —su trabajo, el dinero que pueda tener, las personas que conocía— y se embarca para ir a vivir primitivamente en esa islita que se ha convertido en el centro de su propia vida, ése también es él pero en un desdoblamiento que sólo dura el tiempo que le es dado vivir esa felicidad. No puede seguir en una situación de doble a lo largo de toda su vida. ¿Por qué? No lo sé, pero algo en mí me hace sentir que no puede ser. Es también un milagro secreto, una posibilidad que se le da a una parte de su personalidad, la mejor, la más bella, la que va más adelante, la que busca la pureza, el reencuentro con la verdadera vida tal como la concibe y que le es dado vivir plenamente el término de una mañana. Luego el avión cae y ese hombre que va a sacar del agua es él mismo que se está muriendo al caer del avión, por eso los pescadores solamente encuentran un cadáver en la orilla.

Se me ocurre que con estos tres cuentos y las posibles diferentes formas de lo fantástico que asumen, nos hemos metido ya en un terreno un poco más conocido que antes. Después podré hablarles bastante sobre otras formas de lo fantástico en unos pocos cuentos donde entran en juego elementos como el espacio, pero no quiero terminar esta charla de hoy sin decirles que escribir con espíritu realista o científico me parece también muy respetable. A aquellos que piensen que mi noción del tiempo como posibilidad de desdoblarse y cambiar, estirarse o ser paralelo, es solamente una fantasía de escritor, quisiera decirles que no es así y quisiera..., no diré demostrarlo, porque aquí hay que creerme o no, pero quisiera transmitirles una experiencia personal que luego se ha reflejado en ese cuento y en algunos otros. En ese cuento mío sumamente realista que se llama "El perseguidor" y que es la historia de un músico de jazz, hay un episodio que es quizá un pequeño cuento dentro del cuento y que toca de cerca el problema del tiempo desde otro ángulo. Si me lo permiten leeré dos páginas de "El perseguidor", el momento en que Johnny Carter, hablando con el narrador que se llama Bruno y es crítico de jazz y su amigo, suelta una frase sobre una cierta noción del tiempo que atrae el interés de Bruno, siempre al acecho de lo que pueda decir o hacer Johnny Carter porque está escribiendo una biografía suya y le interesa mucho, por razones incluso comerciales. Johnny está en una situación de decadencia física total, sometido a todo lo que sufrió el verdadero protagonista del cuento —o sea Charlie Parker—, un hombre muy golpeado por el uso de drogas y alcohol, un hombre para quien la imaginación se escapa por algunos momentos hacia terrenos que algunos pueden considerar limitativos, pero que otros pueden considerar también como grandes aperturas hacia otras zonas de la realidad. En este momento del cuento, Johnny dice:

—Bruno, si un día pudieras escribir... No por mí, entiendes, a mí qué me importa. Pero debe ser hermoso, yo siento que debe ser hermoso. Te estaba diciendo que cuando empecé a tocar de chico me di cuenta de que el tiempo cambiaba. Esto se lo conté una vez a Jim y me dijo que todo el mundo se siente lo mismo, y que cuando uno se abstrae... Dijo así, cuando uno se abstrae. Pero no, yo no me abstraigo cuando toco. Solamente es que cambio de lugar. Es como en un ascensor, tú estás en el ascensor hablando con la gente, y no sientes nada raro, y entre tanto pasa el primer piso, el décimo, el veintiuno, y la ciudad se quedó ahí abajo, y tú estás terminando la frase que habías empezado al entrar, y entre las primeras palabras y las últimas hay cincuenta y dos pisos. Yo me di cuenta cuando empecé a tocar que entraba en un ascensor, pero era un ascensor de tiempo, si te lo puedo decir así. No creas que me olvidaba de la hipoteca, de mi madre o de la religión. Solamente que en esos momentos la hipoteca y la religión eran como el traje que uno no tiene puesto; yo sé que el traje está en el ropero, pero a mí no vas a decirme que en este momento ese traje existe. Ese traje existe cuando me lo pongo, y la hipoteca y la religión existían cuando terminaba de tocar y la vieja entraba con el pelo colgándole en mechones y se quejaba de que yo le rompía las orejas con esa-música-del-diablo.

Dédée...

Que es la amiga de Johnny...

... ha traído otra taza de nescafé, pero Johnny mira tristemente su vaso vacío.

—Esto del tiempo es complicado, me agarra por todos lados. Me empiezo a dar cuenta poco a poco de que el tiempo no es como una bolsa que se rellena. Quiero decir que aunque cambie el relleno, en la bolsa no cabe más que una cantidad y se acabó. ¿Ves mi valija, Bruno? Caben dos trajes, y dos pares de zapatos. Bueno, ahora imagínate que la vacías y después vas a poner de nuevo los dos trajes y los dos pares de zapatos, y entonces te das cuenta de que solamente caben un traje y un par de zapatos. Pero lo mejor no es eso. Lo mejor es cuando te das cuenta de que puedes meter una tienda entera en la valija, cientos y cientos de trajes, como yo meto la música en el tiempo cuando estoy tocando, a veces. La música y lo que pienso cuando viajo en el metro.

—Cuando viajas en el metro.

—Eh, sí, ahí está la cosa —ha dicho socarronamente Johnny—. El metro es un gran invento, Bruno. Viajando en el metro te das cuenta de todo lo que podría caber en la valija. A lo mejor no perdí el saxo en el metro, a lo mejor...

Se echa a reír, tose, y Dédée lo mira inquieta. Pero él hace gestos, se ríe y tose mezclando todo, sacudiéndose debajo de la frazada como un chimpancé. Le caen lágrimas y se las bebe, siempre riendo.

—Mejor es no confundir las cosas —dice después de un rato—. Lo perdí y se acabó. Pero el metro me ha servido para darme cuenta del truco de la valija. Mira, esto de las cosas elásticas es muy raro, yo lo siento en todas partes. Todo es elástico, chico. Las cosas que parecen duras tienen una elasticidad...

Piensa, concentrándose.

—... una elasticidad retardada —agrega sorprendentemente. Yo hago un gesto de admiración aprobatoria. Bravo, Johnny. El hombre que dice que no es capaz de pensar. Vaya con Johnny. Y ahora estoy realmente interesado por lo que va a decir, y él se da cuenta y me mira más socarronamente que nunca.

Doy un pequeño salto y viene el relato de Johnny:

—Te estaba hablando del metro, y no sé por qué cambiamos de tema. El metro es un gran invento, Bruno. Un día empecé a sentir algo en el metro, después me olvidé... Y entonces se repitió, dos o tres días después. Y al final me di cuenta. Es fácil de explicar, sabes, pero es fácil porque en realidad no es la verdadera explicación. La verdadera explicación sencillamente no se puede explicar. Tendrías que tomar el metro y esperar a que te ocurra, aunque me parece que eso solamente me ocurre a mí. Es un poco así, mira.

El otro día me di bien cuenta de lo que pasaba. Me puse a pensar en el metro, en mi vieja, después en Lan y los chicos, y claro, al momento me parecía que estaba caminando por mi barrio, y veía las caras de los muchachos, los de aquel tiempo. No era pensar, me parece que ya te he dicho muchas veces que yo no pienso nunca;

estoy como parado en una esquina viendo pasar lo que pienso, pero no pienso lo que veo. ¿Te das cuenta? Jim dice que todos somos iguales, que en general (así dice) uno no piensa por su cuenta. Pongamos que sea así, la cuestión es que yo había tomado el metro en la estación Saint-Michel y en seguida me puse a pensar en Lan y los chicos, y a ver el barrio. Apenas me senté me puse a pensar en ellos. Pero al mismo tiempo me daba cuenta de que estaba en el metro, y vi que al cabo de un minuto más o menos llegábamos a Odéon, y que la gente entraba y salía. Entonces seguí pensando en Lan y vi a mi vieja cuando volvía de hacer las compras, y empecé a verlos a todos, a estar con ellos de una manera hermosísima, como hacía mucho que no sentía. Los recuerdos son siempre un asco, pero esta vez me gustaba pensar en los chicos y verlos. Si me pongo a contarte todo lo que vi no lo vas a creer porque tendría para rato. Y eso que ahorraría detalles. Por ejemplo, para decirte una sola cosa, veía a Lan con un vestido verde que se ponía cuando iba al Club 33 donde yo tocaba con Hamp. Veía el vestido con unas cintas, un moño, una especie de adorno al costado y un cuello... No al mismo tiempo, sino que en realidad me estaba paseando alrededor del vestido de Lan y lo miraba despacito. Y después miré la cara de Lan y la de los chicos, y después me acordé de Mike que vivía en la pieza de al lado, y cómo Mike me había contado la historia de unos caballos salvajes en Colorado, y él que trabajaba en un rancho y hablaba sacando pecho como los domadores de caballos...

—Johnny —ha dicho Dédée desde su rincón.

—Fíjate que solamente te cuento un pedacito de todo lo que estaba pensando y viendo. ¿Cuánto hará que te estoy contando este pedacito?

—No sé, pongamos unos dos minutos —dije.

—Pongamos unos dos minutos —remeda Johnny—. Dos minutos y te he contado un pedacito nada más. Si te contara todo lo que les vi hacer a los chicos, y cómo Hamp tocaba *Save it, pretty mamma* y yo que escuchaba cada nota, entiendes, cada nota, y Hamp no es de los que se cansan, y si te contara que también le oí a mi vieja una oración larguísima, donde hablaba de repollos, me parece, pedía perdón por mi viejo y por mí y decía algo de unos repollos... Bueno, si te contara en detalle todo eso, pasarían más de dos minutos, ¿eh, Bruno?

—Si realmente escuchaste y viste todo eso, pasaría un buen cuarto de hora —le he dicho, riéndome.

—Pasaría un buen cuarto de hora, eh, Bruno. Entonces me vas a decir cómo puede ser que de repente siento que el metro se para y yo me salgo de mi vieja y de Lan y de todo aquello, y veo que estamos en Saint-Germain-des-Prés, que queda justo a un minuto y medio de Odéon.

Nunca me preocupo demasiado por las cosas que dice Johnny pero ahora, con su manera de mirarme, he sentido frío.

—Apenas un minuto y medio por tu tiempo, por el tiempo de ésa —ha dicho rencorosamente Johnny—. Y también por el del metro y el de mi reloj, malditos sean. Entonces, ¿cómo puede ser que yo haya estado pensando un cuarto de hora, eh, Bruno? ¿Cómo se puede pensar un cuarto de hora en un minuto y medio? Te juro que ese día no había fumado ni un pedacito, ni una hojita —agrega como un chico que se excusa—. Y después me ha vuelto a suceder, ahora me empieza a suceder en todas partes. Pero —agrega astutamente— sólo en el metro me puedo dar cuenta porque viajar en el metro es como estar metido en un reloj. Las estaciones son los minutos, comprendes, es ese tiempo de ustedes, de ahora; pero yo sé que hay otro, y he estado pensando, pensando...

Se tapa la cara con las manos y tiembla. Yo quisiera haberme ido ya, y no sé cómo hacer para despedirme sin que Johnny se resienta, porque es terriblemente susceptible con sus amigos. Si sigue así le va a hacer mal, por lo menos con Dédée no va a hablar de esas cosas.

—Bruno, si yo pudiera solamente vivir como en esos momentos, o como cuando estoy tocando y también el tiempo cambia... Te das cuenta de lo que podría pasar en un minuto y medio... Entonces un hombre, no solamente yo sino ésa y tú y todos los muchachos, podrían vivir cientos de años, si encontráramos la manera podríamos vivir mil veces más de lo que estamos viviendo por culpa de los relojes, de esa manía de minutos y de pasado mañana...

Sonrío lo mejor que puedo, comprendiendo vagamente que tiene razón, pero que lo que él sospecha y lo que yo presiento de su sospecha se va a borrar como siempre apenas esté en la calle y me meta en mi vida de todos los días. En este momento estoy seguro de que Johnny dice algo que no nace solamente de que está medio loco, de que la realidad se le escapa y le deja en cambio una especie de parodia que él convierte en una esperanza. Todo lo que Johnny me dice en momentos así no se puede escuchar prometiéndose volver a pensarlo más tarde. Apenas se está en la calle, apenas es el recuerdo y no Johnny quien repite las palabras, todo se vuelve un fantaseo de la marihuana, un manotear monótono y después de la maravilla nace la irritación, y a mí por lo menos me pasa que siento como si Johnny me hubiera estado tomando el pelo. Pero esto ocurre siempre al otro día, no cuando Johnny me lo está diciendo, porque entonces siento que hay algo que quiere ceder en alguna parte, una luz que busca encenderse, o más bien como si fuera necesario quebrar alguna cosa, quebrarla de arriba abajo como un tronco metiéndole una cuña y martillando hasta el final. Y Johnny ya no tiene fuerzas para martillar nada, y yo ni siquiera sé qué martillo haría falta para meter una cuña que tampoco me imagino.

Este fragmento en donde Johnny trata de contar su experiencia es mi experiencia personal en el metro de París. Aquí es donde ustedes me creen o no me creen, pero es eso que se suele llamar un estado de distracción y que nadie sabe bien qué es porque cuando somos pequeñitos nuestras madres y nuestras maestras nos enseñan que no hay que distraerse, e incluso nos castigan por lo cual quizá, acaso (sin saberlo, las pobres) nos están privando desde la infancia de una posibilidad dentro de muchas posibilidades de cierto tipo de aperturas. En mi caso me sucede distraerme y por esa distracción irrumpe lo que después da estos cuentos fantásticos por los cuales nos hemos reunido aquí. A través de esos estados de distracción entra ese elemento otro, ese espacio o ese tiempo diferentes. Nunca olvidaré, porque he tratado de contarlo lo mejor que podía poniéndolo en boca de Johnny Parker..., Johnny Carter, el sentimiento de miedo, de pánico y de maravilla —todo se daba al mismo tiempo— que me sucedió el día en que por primera vez establecí la relación entre el hecho de que había recorrido dos estaciones de metro de pie entre mucha gente (y sabía perfectamente, como podía comprobarlo al otro día si hubiera querido, que esas dos estaciones me habían llevado exactamente dos minutos) en un estado de distracción en el que había recorrido un largo viaje que había hecho con un amigo en el norte de Argentina en el año 42, cosas que sucedieron a lo largo de semanas, de meses, deteniéndome en detalles con ese placer que da el recuerdo cuando uno tiene tiempo y se echa a pensar y está distraído y de golpe el metro que se detiene y veo que me tengo que bajar y que han pasado dos minutos. Mi tiempo interno, el tiempo en que todo eso había sucedido en mi mente, de ninguna manera podía caber en dos minutos; no se podía ni siquiera comenzar a contar aun tratando de acelerar el relato como me sucede a veces en algunos sueños que —según dicen los entendidos— pueden darnos un desarrollo muy amplio en una pequeña fracción de segundos. Eso quiere decir que ahí también hay una modificación temporal: ¿Cómo es posible que nuestro recuerdo de un sueño que cuando despertamos y se lo contamos a alguien nos lleva diez minutos, según los técnicos ha podido suceder en la pequeña fracción de segundos que empezó al sonar el reloj despertador que lo provocó íntegramente? La misma mecánica de los cuentos.

Si he hecho referencia a esta experiencia personal mía es porque al comienzo dije que yo era un niño muy realista por la simple razón de que lo fantástico nunca me pareció fantástico sino una de las posibilidades y de las presencias que puede darnos la realidad cuando por algún motivo directo o indirecto alcanzamos a abrirnos a esas imprevisiones. De ahí sale probablemente el conjunto de la literatura fantástica; en todo caso, salen mis propios cuentos. No es un escapismo, es una contribución a vivir más profundamente esta realidad en la que ahora nos decimos adiós, hasta la próxima clase, o ustedes me hacen preguntas.

ALUMNO: *¿Puede hablar un poquito sobre "La noche boca arriba"?*

Sí, lo iba a hacer en la próxima clase pero también podemos cambiar el tiempo, ya que en eso estamos, y convertir así un futuro en un presente; es muy fácil hacerlo con las palabras.

"La noche boca arriba" se basa en parte en una experiencia personal. Tendría que haber dicho ya (aprovecho para decirlo ahora porque puede ayudar a quienes buscan la lectura más profunda posible de algunos cuentos míos y no quedarse sólo en la primera proposición) que en mi caso los cuentos fantásticos han nacido muchas veces de sueños, especialmente de pesadillas. Uno de los cuentos que la crítica ha trabajado más, al que ha buscado infinidad de interpretaciones, es un pequeño cuento que se llama "Casa tomada", el primer cuento de mi primer libro de cuentos, resultado de una pesadilla que soñé una mañana de verano. Me acuerdo perfectamente de las circunstancias y la pesadilla era exactamente lo que luego fue el cuento, sólo que en la pesadilla yo estaba solo y en el cuento me desdoblé en una pareja de hermanos que viven en una casa en donde se produce un hecho de tipo fantástico. Recuerdo perfectamente el desarrollo de la pesadilla que sigue exactamente el cuento; más bien viceversa: el cuento sigue exactamente la pesadilla. Me desperté bajo la sensación angustiosa del último minuto de la pesadilla y recuerdo que tal como estaba, en piyama, salté de la cama a la máquina de escribir y esa misma mañana escribí el cuento, inmediatamente. El cuento contiene todavía la pesadilla, sus elementos directos; hay simplemente el desdoblamiento de los personajes y los aportes de tipo intelectual, referencias de tipo culto, de literatura, la historia del momento, la descripción de la casa. Todo eso fue incorporado mientras escribía pero la pesadilla seguía ahí presente. Los sueños han sido pues uno de los motores de mis cuentos fantásticos, y lo siguen siendo.

"La noche boca arriba" es casi un sueño y es quizá todavía más complejo. Tuve un accidente de motocicleta en París en el año 53, un accidente muy tonto del que estoy bastante orgulloso porque para no matar a una viejita (después en la investigación policial se supo que estaba muy viejita y confundía el verde con el rojo y creyó que podía bajar y empezar a cruzar la calle en el momento en que habían cambiado las luces y era yo el que podía pasar con la moto) traté de frenar y desviarme y me tiré la motocicleta encima y un mes y medio de hospital. En ese mes y medio con una pierna malamente rota (ustedes ya han visto que cuando a mí se me rompe una pierna se me rompen muchas, es una superficie muy amplia), con una infección, una casi fractura de cráneo y una temperatura espantosa, viví muchos días en un estado de semidelirio en el que todo lo que me rodeaba asumía contornos de pesadilla. Algunas cosas eran muy hermosas, por ejemplo la botella con el agua la veía como una burbuja luminosa, me encantaba mi botella de agua que alcanzaba a ver moviendo la cabeza. Estaba cómodo y tranquilo y de golpe me vi de nuevo en la cama; en ese momento, el peor después del accidente, todo estuvo ahí, de golpe vi todo lo que venía, la mecánica del cuento perfectamente realizada, y no tuve más que escribirlo. Aunque lo crean una paradoja, les digo que me da vergüenza firmar mis cuentos porque tengo la impresión de que me los han dictado, de que yo no soy el verdadero autor. No voy a venir aquí con una mesita de tres patas, pero a veces tengo la impresión de que soy un poco un médium que transmite o recibe otra cosa.

ALUMNA: *¿Quién sabe?*

Quién sabe, sí, es una cuestión que queda abierta. El hecho es que de golpe vi el cuento, que también voy a tener que contar para explicar un poco el mecanismo: ahí la situación fantástica es absoluta y total, una tentativa de inversión completa de la realidad. Un hombre —en este caso soy yo— tiene un accidente de moto, lo llevan al hospital, todo lo que ustedes saben. Se duerme y entra en la situación de ser un indio mexicano que está huyendo en plena noche porque lo persiguen y, como sucede en los sueños en que sabemos todo sin necesidad de explicaciones, yo, o sea el que está soñando, sabe que es un indio de la tribu de los motecas, nombre que inventé y que un crítico pensó que se derivaba del hecho de que el protagonista tenía una motocicleta..., lo cual prueba los peligros de la pura inteligencia racional cuando busca asociaciones por ciertos medios. El moteca se siente perseguido por los aztecas que han entrado en ese período de su civilización que todos conocemos, la guerra florida: llega un momento en que para ofrecer sacrificios a sus dioses los aztecas salían a perseguir enemigos, los capturaban vivos, los envolvían en flores, los traían a Tenochtitlán, los guardaban en una mazmorra y el día de la fiesta del dios los subían a las pirámides y les arrancaban el corazón. Ustedes lo saben por los códices y por los cronistas: la guerra florida siempre me ha impresionado porque parece una cosa tan hermosa y tan pacífica capturar vivo al adversario, darle flores y traerlo de vuelta como en una fiesta. ¡Qué fiesta! Como es natural, el moteca sabe muy bien lo que le espera y huye desesperadamente, huye y siente cada vez más cerca a los perseguidores y entonces bruscamente se despierta. Claro, se despierta en el hospital en donde estaba: es el hombre que ha tenido el accidente. Se despierta con su pierna enyesada y su botella de agua y respira satisfecho al darse cuenta de que eso no era más que un sueño. Se vuelve a dormir y el sueño recomienza y está siempre perseguido y cada vez se le acercan más. Esta vez consigue despertar de nuevo pero ya es más difícil despertarse, es una especie de gran esfuerzo, él mismo no sabe cómo hace para salir de esa profundidad de la persecución y encontrarse de nuevo en el hospital. Entonces empieza a luchar contra el sueño pero tiene fiebre y está muy enfermo, muy débil, y se vuelve a dormir. Cuando se vuelve a dormir es el momento en que le echan un lazo y lo capturan, lo llevan a una mazmorra y lo ponen allí esperando el momento del sacrificio. Por última vez (creo, no me acuerdo muy bien) consigue despertarse un momento; sí, alcanza a despertarse un momento... Usted me hace un signo afirmativo... Se despierta y es como un desesperado deseo de poder tocar algo, de aferrarse a la realidad, porque se siente absorbido por esa pesadilla espantosa; pero todo se diluye y no consigue sujetar nada y se hunde otra vez en la pesadilla. Entonces entran los sacerdotes y lo empiezan a subir por los peldaños de la pirámide; en lo alto ve al sacrificador que lo está esperando con el cuchillo de jade o de obsidiana empapado de sangre y con un último esfuerzo de su voluntad trata de despertarse. En ese momento tiene la revelación, se da cuenta de que no se va a despertar, de que ésa es la realidad, que él es un hombre que soñó que vivía en una ciudad muy extraña con edificios altísimos, luces verdes y rojas, y que andaba en una especie de insecto de metal. Todo eso lo piensa mientras lo están subiendo para sacrificarlo.

Ése es el tema del cuento que creo que supone una inversión total y definitiva de la realidad por lo fantástico puro y que admite por supuesto diferentes interpretaciones. Quizá tengamos que agregar algo más pero lo dejamos para otra vez. ¿Sí?

ALUMNA: *En* Rayuela *hay una pequeña frase en que en el Club hablan sobre la importancia del principio de incertidumbre de Heisenberg en la literatura. Me gustaría saber cuál es la importancia, y si usted ha tomado de ese principio la noción del cambio del tiempo.*

Claro, yo soy un gran lector del periódico *Le Monde* que sale en París y que todos los jueves —creo— publica una sección científica al alcance de los que no somos científicos. Siempre leo esas páginas con mucho interés porque a mi manera alcanzo a comprender algunas cosas que entran para mí en lo fantástico, como puede ser el concepto de antimateria. Ustedes saben bien que los físicos manejan una noción de antimateria que tiene la misma realidad que la materia; para ellos existe la materia pero además, en el campo del átomo (y aquí ya no puedo explicar más nada) hay fuerzas que son lo contrario de la materia pero que valen también y tienen una realidad que llaman antimateria. Esas cosas las aprendo leyendo *Le Monde* y de la misma manera aprendí una vez que Heisenberg había postulado eso que se llama —usted lo dijo— principio de incertidumbre, que creo que viene ya de tiempos de Oppenheimer y de Einstein. Cuando se llega a lo más alto de la investigación, de las posibilidades de las matemáticas y la física, se abre un terreno de incertidumbre donde las cosas pueden ser y no ser, donde ya las leyes exactas de la matemática no se pueden aplicar como se venían aplicando en los niveles más bajos. Sin duda que esto es sólo lejanamente así, pero me interesó mucho porque me di cuenta de que es exactamente el proceso que se da también en cierta literatura y en cierta poesía: en el momento en que se llega al límite de una expresión, ya sea la expresión de lo fantástico o la expresión de lo lírico en la poesía, más allá empieza un territorio donde todo es posible y todo es incierto y al mismo tiempo tiene la tremenda fuerza de esas cosas que sin estar reveladas parecen estar haciéndonos gestos y signos para que vayamos a buscarlas y nos encontremos un poco a mitad de camino, que es lo que siempre está proponiendo la literatura fantástica cuando lo es verdaderamente. De modo que me pareció que este principio de incertidumbre (el hecho de que un físico puede afirmar que hay cosas que no son absolutamente así, que pueden ser de otra manera y que científicamente no hay manera de calcularlas o medirlas y son perfectamente válidas, perfectamente operantes) me parece que es estimulante para la literatura porque siempre los hombres llamados de letras (muy cómica esa expresión: hombres de letras, la sopa de letras...) durante mucho tiempo hemos tenido cierto complejo de inferioridad frente a los científicos porque ellos viven en un sistema satisfactorio de leyes donde todo puede ser demostrado, se avanza por un camino y se alcanzan nuevas leyes que explican las anteriores y viceversa. En literatura estamos manejando ese maravilloso juego de cubos de colores que es el alfabeto, y de ahí sale todo, desde la primera palabra hablada o escrita por el hombre hasta mi libro publicado esta noche aquí en Berkeley. De esos veintiocho signos —según los alfabetos— sale todo, y hemos tenido un cierto complejo de inferioridad con respecto a los científicos porque nos ha parecido que la literatura es una especie de arte combinatoria en la que entran la fantasía, la imaginación, la verdad, la mentira, cualquier postulado, cualquier teoría, cualquier combinación posible, y corremos muchas veces el peligro de estar yendo por malos caminos, por falsos caminos y los científicos dan una sensación de calma, de seguridad y de confianza. Bueno, todo eso para mí no existe ni ha existido jamás, pero cuando leí lo del principio de incertidumbre de Heisenberg me dije: "¡Diablos, ellos son también como nosotros! ¡También hay un momento de su investigación, de su meditación —justamente la más alta y la más ardua— en que de golpe empiezan a perder los pedales y se les mueve el piso porque ya no hay certidumbre, lo único que vale es el principio de incertidumbre!". Bueno, ésa es la explicación.

Tercera clase
El cuento fantástico II: la fatalidad

Bueno, algunos fragmentos los tendré que leer con un poco de trabajo. Claro que sería mejor tener un auditorio más cómodo y más grande, o estar debajo de los árboles en un lugar donde pudiéramos hacer un gran círculo y estar más cerca. Parece que no se puede. Si les sirve de algún consuelo yo estoy más incómodo que ustedes porque esta silla es espantosa y la mesa..., más o menos igual.

El otro día estuvimos haciendo una incursión dentro de lo fantástico en la literatura, incluso con algunas salidas hacia lo fantástico en la experiencia que muchos de nosotros podemos tener a lo largo de la vida. Ustedes se acordarán de que lo fantástico lo centramos en los juegos del tiempo, la noción del tiempo como algo mucho más rico, variado y complejo que la noción habitual y utilitaria del tiempo que todos estamos obligados a tener. Podríamos seguir hablando de la presencia de lo fantástico en las modificaciones temporales, pero precisamente porque es un tema infinito en la literatura universal y además en mucho de lo que yo mismo he escrito, pienso que con lo que vimos el otro día con respecto al tiempo podemos cerrar un poco este ciclo y mirar hoy, para terminar con este paseo por lo fantástico, otras modalidades en que lo fantástico aparece en la literatura, en este caso en la mía pero también con referencias muy concretas —como ustedes van a ver— a otro tipo de literatura de otros autores.

Una de las formas en que lo fantástico ha tendido siempre a manifestarse en la literatura es en la noción de fatalidad; lo que algunos llaman fatalidad y otros llamarían destino, esa noción que viene desde la memoria más ancestral de los hombres de cómo ciertos procesos se cumplen fatalmente, irrevocablemente a pesar de todos los esfuerzos que pueda hacer el que está incluido en ese ciclo. Ya los griegos hablaban de la *ananké,* palabra que los románticos franceses y sobre todo Victor Hugo recogieron y utilizaron mucho. Esa noción de que hay ciertos destinos humanos que están dados y que, a pesar de todos los esfuerzos que haga un hombre creyéndose libre, se van a cumplir es muy fuerte en los griegos a través de ese concepto de la *ananké.* Piensen en la mitología griega y su proyección en la tragedia griega; el ciclo de Edipo, por ejemplo, es una prueba evidente de cómo la fatalidad se cumple: a pesar de todos los esfuerzos que ha hecho para escapar a lo que sabe como posible destino, finalmente ese destino se cumple y toda la catástrofe de Edipo viene precisamente porque está sometido a una fatalidad que según los griegos está decidida por los dioses que juegan con los hombres y se complacen a veces en fijarles destinos grises o desdichados.

Esta noción de la fatalidad no sólo se da entre los griegos: se transmite a lo largo de la Edad Media y está presente en general en todas las cosmogonías y en todas las religiones. En el mundo islámico, en el mundo árabe, también la noción de fatalidad es sumamente fuerte y allí se expresa literariamente en algunos relatos, en algunos poemas, en tradiciones perdidas en el tiempo cuyos autores no conocemos, uno de cuyos ejemplos me parece admirable y debe estar en la memoria de todos ustedes pero no creo que sea inútil recordarlo: es un pequeño relato de origen persa que luego por cierto inspiró a un novelista norteamericano, John O'Hara, que tiene una novela que se llama *Appointment in Samarra.* (La cita en Samarra es una referencia a una fatalidad que tiene que cumplirse. En la anónima y viejísima versión original, que creo que viene por vía de los persas, no se habla de Samarra sino de Samarcanda, pero la historia es la misma y en mi opinión —porque es un cuento y de cuentos estamos hablando en esta clase— es un cuento donde el mecanismo de la fatalidad se da de una manera totalmente infalible y con una belleza que creo insuperable.) Como es un cuento muy pequeño, lo resumo en dos palabras para aquellos que pudieran no conocerlo: Es la historia del jardinero del rey que se pasea por el jardín cuidando los rosales y bruscamente detrás de un rosal ve a la Muerte y la Muerte le hace un gesto de amenaza y el jardinero, espantado, huye, entra en el palacio, se arroja a los pies del sultán y dice: "Señor, acabo de ver a la Muerte y la Muerte me ha amenazado, sálvame". El sultán, que lo quiere mucho porque el jardinero cuida muy bien sus rosas, le dice: "Mira, sal, toma mi mejor caballo y huye. Esta noche estarás en Samarcanda, a salvo". Como el sultán no tiene miedo de la Muerte, sale a su vez y echa a caminar y detrás del rosal encuentra a la Muerte y le dice: "¿Por qué le hiciste un gesto de amenaza a mi jardinero a quien yo tanto quiero?". Y la Muerte le contesta: "No hice un gesto de amenaza, hice un gesto de sorpresa al verlo porque tengo que encontrarlo esta noche en Samarcanda". Creo que el mecanismo de este cuento no solamente es muy hermoso sino que tiene algo de inmortal porque es el cumplimiento de la fatalidad a pesar de la buena voluntad del sultán; justamente el sultán envía a la muerte a su jardinero, que lo está esperando del otro lado. Eso es un antecedente de lo fantástico como fatalidad.

El tema entró también en la literatura contemporánea. Hace algunos años (por ahí he escrito algún comentario) un escritor inglés, W. F. Harvey, que escribía cuentos de misterio no demasiado extraordinarios, escribió uno que se llama "Calor de agosto" que en su desarrollo contiene también de manera insuperable este sentimiento de la fatalidad que tiene que cumplirse a pesar de cualquier esfuerzo que un hombre pueda hacer para escapar a su destino. También se puede resumir en pocas palabras y lo hago porque creo que con los dos ejemplos verán muy claramente lo que quiero decir con respecto a esta forma de lo fantástico. "Calor de agosto" está contado en primera persona. El narrador cuenta que un día de un calor extraordinario, un poco perturbado por el calor y sin mucho que hacer, se pone a hacer un dibujo sin preocuparse demasiado por su sentido. Unos minutos después, cuando mira lo que ha hecho, ve un poco sorprendido que inconscientemente, dejando que su mano se pasee, ha representado una escena en un tribunal en el momento en el que el juez está pronunciando la sentencia de muerte de un acusado. El acusado es un hombre viejo, calvo y con anteojos, y mira al juez que lo está condenando a muerte con una expresión en la que hay más sorpresa que miedo. El hombre mira su dibujo, se lo echa al bolsillo sin pensar mucho y sale a caminar porque hace un calor tan espantoso que no encuentra ningún trabajo útil que hacer. Camina por las calles de su pueblo y de golpe llega a una casa en la que hay un jardín en donde está trabajando un hombre que fabrica lápidas para los cementerios (creo que en español se llaman lapidarios). Un lapidario está trabajando, lo ve y reconoce en el hombre el personaje que había dibujado sin saber quién podría ser: es el mismo hombre, la misma cara, es calvo, tiene anteojos, tiene alguna edad. Con un sentimiento de sorpresa más que de temor, entra, se acerca y mira lo que el hombre está haciendo: está terminando de esculpir una lápida y el narrador ve que en la lápida están su propio nombre, el día de su nacimiento y el día de su muerte que es ese día, el día que está transcurriendo en ese momento. Cuando ve eso ya no puede resistir a los sentimientos que experimenta frente a esa acumulación de cosas inexplicables y habla con el hombre. El lapidario le dice muy amablemente que ésa no es una lápida verdadera sino que la está preparando para una exposición que van a hacer todos los lapidarios de la zona y que ha inventado un nombre y dos fechas. El narrador le muestra su dibujo y cuando uno ve la lápida y el otro ve el dibujo comprenden que están frente a algo que los sobrepasa infinitamente. El lapidario invita al narrador a entrar en su casa y encerrarse de alguna manera en una habitación y le propone que se queden juntos hasta que llegue la medianoche, se cumpla el término de la fecha marcada en la lápida y se pueda romper así esa amenaza que pesa en el aire. Como es natural, el narrador acepta la invitación, se sientan a charlar, pasan las horas y se van aproximando lentamente hacia la medianoche. El calor entretanto sube cada vez más y entonces, para distraerse, el lapidario afila uno de los cinceles con que trabaja la piedra, lo afila lentamente y el narrador se divierte escribiendo todo lo que ha sucedido ese día, o sea lo que estamos leyendo mientras leemos el cuento. Y el cuento termina diciendo: "Ahora faltan apenas veinte minutos para la medianoche, cada vez hace más calor. Es un calor como para que cualquiera se vuelva loco". Punto final. Ese doble cumplimiento de la fatalidad —que el narrador morirá en ese día y su asesino será condenado a muerte tal como aparecía en el dibujo— me parece un ejemplo muy claro y muy bello a la vez de lo fantástico dándose no ya en términos de tiempo y de espacio sino de destino, de fatalidad que tiene absolutamente que cumplirse.

Para volver un poco a mi propia casa en este terreno, me gustaría hablarles de un cuento mío que se llama "El ídolo de las Cícladas" y que, aunque no responde exactamente a esta noción tal vez un poco mecánica de la fatalidad, muestra una forma de lo fantástico ingresando en la vida cotidiana de la gente y cumpliéndose de una manera que no puede ser evitada. El relato (sintetizándolo de una manera un poco excesiva les leeré el final luego de haber hecho la síntesis del comienzo, lo que les permitirá sentir la atmósfera del cuento y cuáles eran las intenciones cuando lo escribí) es la historia de dos amigos arqueólogos; uno, francés, se llama Morand y tiene una amiga, Thérèse; otro, argentino, se llama Somoza... ¡No tiene nada que ver con el otro*; Somoza es un apellido bastante frecuente en la Argentina! Estos amigos, y la chica que es amiga del francés Morand, son arqueólogos y se van a Grecia a pasear y hacer algunas exploraciones por su cuenta. Haciendo esas exploraciones descubren una estatuilla de mármol que es la imagen de una divinidad, una diosa de ese período que se llama en la Historia griega más arcaica el período de las Cícladas. (Ustedes habrán visto quizá reproducciones en los museos. Hay muchas estatuillas de los ídolos de las Cícladas. Hacen pensar mucho en las esculturas modernas de Brancusi: son imágenes en mármol, perfectas, pequeñas, muy abstractas, donde el rostro está apenas

---

* Anastasio "Tacho" Somoza, dictador nicaragüense.

marcado, se nota apenas a veces la nariz, y el cuerpo —siempre cuerpos de mujeres— está apenas indicado con algunos trazos. Son muy hermosas y las hay distribuidas en los museos del mundo.) Estos hombres encuentran una estatuilla de una de esas figuras de las Cícladas y a lo largo de los días —la han escondido porque tienen la intención de sacarla de contrabando a Francia y eventualmente venderla más adelante porque su valor es inapreciable— hablan de lo que han encontrado y, mientras la pareja de franceses miran la cosa como un hallazgo interesante y muy bello desde el punto de vista estético, Somoza siente ese hallazgo de otra manera; desde el principio insiste en que por lo menos entre él y la estatuilla hay algo más que un encuentro estético: hay como una llamada, como un contacto. Entonces, un poco soñando y un poco jugando en esas conversaciones antes de dormir, piensa muchas veces y se lo dice a sus amigos si finalmente, frente a una de esas estatuas que evidentemente están tan cargadas por la fuerza de una gran religión ya desaparecida pero que fue muy fuerte hace miles de años, no sería posible encontrar una vía de comunicación que no sería la vía de comunicación racional; si a fuerza de mirar la estatua, de tocarla, de establecer un contacto directo con ella, no podría haber en algún momento una abolición de las fronteras; si no sería posible entablar un contacto con ese mundo indudablemente maravilloso precisamente porque no lo conocemos, el mundo donde un pueblo adoraba esas estatuas, les ofrecía sacrificios, se guiaba por el camino que esos dioses le señalaron. Morand y Thérèse se burlan amablemente de Somoza y lo tratan de latinoamericano soñador y de latinoamericano irracional; ellos aplican una visión más histórica y para ellos es nada más que una estatua. Entretanto —es importante decirlo— Morand se ha dado cuenta de que Somoza se está enamorando de Thérèse, su amiga, aunque Somoza nunca ha dicho nada porque sabe que pierde el tiempo porque Thérèse está profundamente enamorada de Morand. Eso abrevia un poco las vacaciones porque crea un clima incómodo entre los tres: los tres se han dado cuenta y vuelven a París llevando de contrabando la estatua con la que se queda Somoza. A partir de ese momento se ven poco porque lo que ha sucedido en un plano de tipo personal entre ellos los distancia. Morand y Somoza se encuentran por razones profesionales porque los dos trabajan también como arquitectos pero se ven fuera de sus casas y Thérèse nunca está presente en las reuniones. Pasa el tiempo, Somoza ha guardado la estatuilla puesto que es necesario que transcurra un par de años para que eso se olvide en Grecia antes de que puedan pensar en venderla a algún museo o a algún coleccionista. Al cumplirse los dos o tres años, Somoza telefonea a Morand y le pide que vaya a su estudio a verle urgentemente. Morand va y, no sabe bien por qué, en el momento de salir le dice a Thérèse, o le telefonea desde la calle, que lo vaya a buscar dos o tres horas después, cosa de alguna manera extraña porque estaba tácitamente entendido que Thérèse no volvería a verse con Somoza puesto que era un sufrimiento para éste. Quedan combinados en que ella irá a buscarlo y Morand va al taller de Somoza, un sitio de los suburbios de París bastante alejado, solitario, entre árboles. Cuando llega encuentra a Somoza en un estado de gran excitación. La estatuilla está colocada en un pedestal y no hay nada más; el taller es muy pobre, muy abandonado. Empiezan a hablar y Somoza dice que, después de dos o tres años de haber estado todo el tiempo con la estatuilla (cuyo nombre ya conoce: se llama Haghesa, nombre de una diosa de la antigua mitología de las Cícladas), ha llegado poco a poco a un grado de familiaridad con ella y hace algunos días ha atravesado una barrera. Las palabras explican muy mal estas cosas, el mismo Somoza no puede explicarlas pero Morand se da cuenta de que está tratando de decirle que lo que él había soñado en Grecia, ese deseo de aproximarse al mundo de la estatua de la diosa, a esa civilización de la que sólo queda ese trozo de mármol, de alguna manera inexplicable lo ha conseguido. Dice que ha franqueado las distancias; no puede decir más, no habla de espacio ni tiempo; dice simplemente que eso ha sucedido y que ha entrado del otro lado. Por supuesto Morand no le cree, con una mentalidad muy típicamente europea racionaliza lo que está escuchando y piensa que Somoza se está volviendo loco: durante tanto tiempo ha buscado ese contacto irracional, ese contacto por debajo o por encima con Haghesa, que finalmente cree en alucinaciones, cree que ha establecido un contacto. Para él eso es un taller de escultura con una estatuilla en el medio y absolutamente nada más. Es aquí que quisiera leerles lo que sigue:

—Por favor —dijo Morand—, ¿no podrías hacer un esfuerzo por explicarme aunque creas que nada de eso se puede explicar?

Siempre la palabra explicar: son muchas cosas...

En definitiva lo único que sé es que te has pasado estos meses, y que hace dos noches...

—Es tan sencillo —dijo Somoza—. Siempre sentí que la piel estaba todavía en contacto con lo otro. Pero había que desandar cinco mil años de caminos equivocados. Curioso que ellos mismos, los descendientes de los egeos, fueran culpables de ese error. Pero nada importa ahora. Mira, es así.

Junto al ídolo, alzó una mano y la posó suavemente sobre los senos y el vientre. La otra acariciaba el cuello, subía hasta la boca ausente de la estatua, y Morand oyó hablar a Somoza con una voz sorda y opaca, un poco como si fuesen sus manos o quizá esa boca inexistente las que ahora empezaban a hablar de las cacerías en las cavernas del humo, de los ciervos acorralados, del nombre que sólo debía decirse después, de los círculos de grasa azul, del juego de los ríos dobles, de la infancia de Pohk, de la marcha hacia las gradas del oeste y los altos en las sombras nefastas. Se preguntó si llamando por teléfono en un descuido de Somoza, alcanzaría a prevenir a Thérèse para que trajera al doctor Vernet. Pero Thérèse ya debía de estar en camino, y al borde de las rocas donde mugía la Múltiple, el jefe de los verdes cercenaba el cuerno izquierdo del macho más hermoso y lo tendía al jefe de los que cuidan la sal, para renovar el pacto con Haghesa.

—Oye, déjame respirar —dijo Morand, levantándose y dando un paso adelante—. Es fabuloso, y además tengo una sed terrible. Bebamos algo, puedo ir a buscar un...

—El whisky está ahí —dijo Somoza retirando lentamente las manos de la estatua—. Yo no beberé, tengo que ayunar antes del sacrificio.

—Una lástima —dijo Morand, buscando la botella—. No me gusta nada beber solo. ¿Qué sacrificio?

Se sirvió whisky hasta el borde del vaso.

—El de la unión, para hablar con tus palabras. ¿No los oyes? La flauta doble, como la de la estatuilla que vimos en el museo de Atenas. El sonido de la vida a la izquierda, el de la discordia a la derecha. La discordia es también la vida para Haghesa, pero cuando se cumpla el sacrificio los flautistas cesarán de soplar en la caña de la derecha y sólo se escuchará el silbido nuevo de la vida que bebe la sangre derramada. Y los flautistas se llenarán la boca de sangre y la soplarán por la caña de la izquierda, y yo untaré de sangre su cara, ves, así, y le asomarán los ojos y la boca bajo la sangre.

—Déjate de tonterías —dijo Morand, bebiendo un largo trago—. La sangre le quedará mal a nuestra muñequita de mármol. Sí, hace calor.

Somoza se había quitado la blusa con un lento gesto pausado. Cuando lo vio que se desabotonaba los pantalones, Morand se dijo que había hecho mal en permitir que se excitara, en consentirle esa explosión de su manía. Enjuto y moreno, Somoza se irguió desnudo bajo la luz del reflector y pareció perderse en la contemplación de un punto del espacio. De la boca entreabierta le caía un hilo de saliva y Morand, dejando precipitadamente el vaso en el suelo, calculó que para llegar a la puerta tendría que engañarlo de alguna manera. Nunca supo de dónde había salido el hacha de piedra que se balanceaba en la mano de Somoza. Comprendió.

—Era previsible —dijo, retrocediendo lentamente.— El pacto con Haghesa, ¿eh? La sangre va a donarla el pobre Morand, ¿no es cierto?

Sin mirarlo, Somoza empezó a moverse hacia él describiendo un arco de círculo, como si cumpliera un derrotero prefijado.

—Si realmente me quieres matar —le gritó Morand retrocediendo hacia la zona en penumbra— ¿a qué viene esta *mise en scène*? Los dos sabemos muy bien que es por Thérèse. ¿Pero de qué te va a servir si no te ha querido ni te querrá nunca?

El cuerpo desnudo salía ya del círculo iluminado por el reflector. Refugiado en la sombra del rincón, Morand pisó los trapos húmedos del suelo y supo que ya no podía ir más atrás. Vio levantarse el hacha y saltó como le había enseñado Nagashi en el gimnasio de la Place des Ternes. Somoza recibió el puntapié en mitad del muslo y el golpe en el lado izquierdo del cuello. El hacha bajó en diagonal, demasiado lejos, y Morand repelió elásticamente el torso que se volcaba sobre él y atrapó la muñeca indefensa. Somoza era todavía un grito ahogado y atónito cuando el filo del hacha le cayó en la mitad de la frente.

Antes de volver a mirarlo, Morand vomitó en el rincón del taller, sobre los trapos sucios. Se sentía como hueco, y vomitar le hizo bien. Levantó el vaso del suelo y bebió lo que quedaba de whisky, pensando que Thérèse llegaría de un momento a otro y que habría que hacer algo, avisar a la policía, explicarse. Mientras arrastraba por un pie el cuerpo de Somoza hasta exponerlo de lleno a la luz del reflector, pensó que no le sería difícil demostrar que había obrado en legítima defensa. Las excentricidades de Somoza, su alejamiento del mundo, la evidente locura. Agachándose, mojó las manos en la sangre que corría por la cara y el pelo del muerto, mirando al mismo tiempo su reloj pulsera que marcaba las siete y cuarenta. Thérèse no podía tardar, lo mejor sería salir, esperarla en el jardín o en la calle, evitarle el espectáculo del ídolo con la cara chorreante de sangre, los hilillos rojos que resbalaban por el cuello, contorneaban los senos, se juntaban en el fino triángulo del sexo, caían por los muslos. El hacha estaba profundamente hundida en la cabeza del sacrificado, y Morand la tomó sopesándola entre las manos pegajosas. Empujó un poco más el cadáver con un pie hasta dejarlo contra la columna, husmeó el aire y se acercó a la puerta. Lo mejor sería abrirla para que pudiese entrar Thérèse. Apoyando el hacha junto a la puerta empezó a quitarse la ropa porque hacía calor y olía a espeso, a multitud encerrada. Ya estaba desnudo cuando oyó el ruido del taxi y la voz de Thérèse dominando el sonido de las flautas; apagó la luz y con el hacha en la mano esperó detrás de la puerta, lamiendo el filo del hacha y pensando que Thérèse era la puntualidad en persona.

No sé si el mecanismo de este cuento se advierte a través de una mala síntesis y una peor lectura; pienso que sí. Tengo la impresión de que cuando escribí ese cuento (ya no me acuerdo demasiado de cómo, ni por qué, ni dónde lo escribí) el hecho de que uno de los personajes fuera francés y el otro latinoamericano tenía su importancia en la medida en que el francés ve todo lo que sucede desde un punto de vista de una civilización racional que todo puede y quiere explicarlo: alucinación, locura, fantasía. En cambio Somoza, que es el hombre que irracionalmente ha creído posible entablar un contacto con un mundo arcaico y salvaje donde los sacrificios a los dioses son perpetuos como en tantas otras civilizaciones, afirma haber llegado allí y Morand no le cree. Incluso cuando Somoza se prepara a matarlo diciéndole que es la hora del sacrificio a Haghesa, ustedes han visto que Morand hasta el último minuto interpreta eso desde un punto de vista que podríamos llamar racional y sospecha que todo es una trampa tendida por Somoza, que está fingiendo todo eso simplemente para matarlo porque está enamorado de su mujer, y se lo dice hacia el final. Entonces es la lucha y es Morand el que mata a Somoza, pero lo que pasa al final del cuento es la prueba de que lo fantástico acatado por Somoza se sigue cumpliendo: inmediatamente después de Somoza, el que hereda la función de sacerdote de Haghesa es Morand, que inmediatamente después de haberlo matado comienza a hacer cosas que no tendría que haber hecho desde un punto de vista racional: en el mismo instante que piensa que hay que llamar a la policía está metiendo las manos en la sangre; lo peor que podría hacer alguien que necesita explicar un crimen y considerarse inocente. Todo lo que sigue es la posesión inmediata y sucesiva de Morand por Haghesa: lo mismo que había sucedido con Somoza sucede con Morand, que ahora, detrás de la puerta, está esperando a la próxima víctima.

Después de este cuento un poco sanguinolento y melodramático que de todas maneras trata de reflejar esa noción de fatalidad, podríamos hablar un momento de otra modalidad de lo fantástico que sería ya una especie de modalidad extrema y que se da con frecuencia en la literatura. Es ese momento en que lo fantástico y lo real se mezclan de una manera que ya no es posible distinguirlos; ya no se trata de una irrupción donde los elementos de la realidad se mantienen y hay solamente un fenómeno inexplicable que se produce sino una transformación total: lo real pasa a ser fantástico y por lo tanto lo fantástico pasa a ser real simultáneamente sin que podamos conocer exactamente cuál corresponde a uno de los elementos y cuál, al otro.

Un ejemplo un poco trivial pero al mismo tiempo muy hermoso que todos ustedes deben tener en la memoria: Hacia fines del siglo Oscar Wilde escribió una novela muy leída entonces y que todavía se lee, *El retrato de Dorian Gray*. Quizá sea mala como novela, a mí siempre me ha fascinado pero tal vez objetivamente sea mala; no sé, es un poco melodramática.

Cuenta la historia de un joven a quien le hacen un retrato, una pintura al óleo que lo muestra en toda su belleza adolescente. De joven guarda ese retrato y luego circunstancias de la vida lo van haciendo cambiar de conducta y él, que era un hombre bueno y generoso, entra por un camino que lo va llevando lentamente a la maldad, al vicio. Empieza a vivir una vida de crapulosidad, una vida nocturna de la cual nunca se dice nada muy preciso pero que se puede imaginar como una vida profundamente viciosa. Un día, por casualidad, entra al lugar donde tenía colgado su retrato y ve que el retrato ha cambiado. Lo mira y ya no se reconoce como él es frente al espejo. El retrato ha envejecido, tiene marcas en torno a los ojos: la cara empieza a reflejar un poco la vida que él está llevando pero en su propia cara no se refleja nada. Es un poco como si hubiera hecho un pacto con el diablo: está viviendo una vida miserable e incluso criminal hacia el final y quien muestra eso físicamente es el retrato pero no él, que se mantiene hermoso y joven. El retrato sigue degenerando, envejeciendo; el cuerpo y la cara cambian cada vez más... He olvidado los detalles, lo leí hace ya muchos años y no he vuelto a leerlo y no lo tengo aquí, pero sé que al final, en un momento de clímax, Dorian Gray tiene una especie de último remordimiento cuando se ve a sí mismo en el retrato como es realmente: las vidas que ha destrozado, la gente que ha traicionado y sigue siendo joven y bello. El retrato lo denuncia, en el retrato se ve la cara del mal, la cara del hombre profundamente corrompido y enviciado. Entonces no puede resistir y toma un cuchillo y avanza para destrozarlo. Los criados oyen un grito y el golpe de un cuerpo que cae, entran en la habitación y encuentran el retrato donde está Dorian Gray con toda su belleza, el retrato original tal como lo había pintado el pintor, y en el suelo el cadáver apuñaleado de un hombre repugnante con la cara llena de marcas de vicio y con la ropa destrozada y manchada.

En ese tema, con todo lo que puede tener de pueril, la inversión de lo fantástico total por lo real total es absoluta: el mundo de lo fantástico entra en la realidad, salta del retrato a Dorian Gray; y, contrariamente, Dorian Gray o lo que había llegado a ser, salta de vuelta al retrato. Ese tema se ha repetido con bastante frecuencia en la literatura, pero, como tampoco se trata de contar muchos cuentos seguidos, vuelvo a uno mío, muy corto, que me parece que contiene esa modalidad que podríamos llamar extrema de lo fantástico, ahí donde los límites entre lo real y lo fantástico cesan de valer y las dos cosas se interfusionan. Es un cuento muy breve que se llama "Continuidad de los parques", el cuento más breve que he escrito; en realidad cabe en una página y media y sin embargo es un cuento tal como yo entiendo el género: se acuerdan ustedes que hablamos al comienzo del relato que se cierra sobre sí mismo, se completa y tiene algo de fatal que concluye en esa noción de la esfericidad; en el caso de los cuentos fantásticos se tiene que cumplir realmente para conseguir el efecto que el autor quería, como sucedía en "Calor de agosto" donde el cumplimiento de la fatalidad es absoluto y total.

Digo por adelantado que este cuentecito, que se puede leer en tres minutos, contiene una palabra que no es muy frecuente y que podría perturbar: aparcería. En Argentina (no sé si en otros países latinoamericanos) los aparceros son campesinos que tienen tierras dentro del fundo o de la estancia del gran patrón y tienen un arreglo con él que les permite explotar esas tierras a cambio de una entrega; a ésos se les llama aparceros, y la aparcería es la calidad de ese sistema de la economía rural. El cuento dice:

Había empezado a leer la novela unos días antes. La abandonó por negocios urgentes, volvió a abrirla cuando regresaba en tren a la finca; se dejaba interesar lentamente por la trama, por el dibujo de los personajes. Esa tarde, después de escribir una carta a su apoderado y discutir con el mayordomo una cuestión de aparcerías, volvió al libro en la tranquilidad del estudio que miraba hacia el parque de los robles. Arrellanado en su sillón favorito, de espaldas a la puerta que lo hubiera molestado como una irritante posibilidad de intrusiones, dejó que su mano izquierda acariciara una y otra vez el terciopelo verde y se puso a leer los últimos capítulos. Su memoria retenía sin esfuerzo los nombres y las imágenes de los protagonistas; la ilusión novelesca lo ganó casi en seguida. Gozaba del placer casi perverso de irse desgajando línea a línea de lo que lo rodeaba, y sentir a la vez que su cabeza descansaba cómodamente en el terciopelo del alto respaldo, que los cigarrillos seguían al alcance de la mano, que más allá de los ventanales danzaba el aire del atardecer bajo los robles. Palabra a palabra, absorbido por la sórdida disyuntiva de los personajes, dejándose ir hacia las imágenes que se concertaban y adquirían color y movimiento, fue testigo del último encuentro en la cabaña del monte. Primero entraba la mujer, recelosa; ahora llegaba el amante, lastimada la cara por el chicotazo de una rama. Admirablemente restañaba ella la sangre con sus besos, pero él rechazaba sus caricias, no había venido para repetir las ceremonias de una pasión secreta, protegida por un mundo de hojas secas y senderos furtivos. Un puñal se entibiaba contra su pecho, y debajo latía la libertad agazapada. Un diálogo anhelante corría por las páginas como un arroyo de serpientes, y se sentía que todo estaba decidido desde siempre. Hasta esas caricias que enredaban el cuerpo del amante como queriendo retenerlo y disuadirlo, dibujaban abominablemente la figura de otro cuerpo que era necesario destruir. Nada había sido olvidado: coartadas, azares, posibles errores. A partir de esa hora cada instante tenía su empleo minuciosamente atribuido. El doble repaso despiadado se interrumpía apenas para que una mano acariciara una mejilla. Empezaba a anochecer.

Sin mirarse ya, atados rígidamente a la tarea que los esperaba, se separaron en la puerta de la cabaña. Ella debía seguir por la senda que iba al norte. Desde la senda opuesta él se volvió un instante para verla correr con el pelo suelto. Corrió a su vez, parapetándose en los árboles y los setos, hasta distinguir en la bruma malva del crepúsculo la alameda que llevaba a la casa. Los perros no debían ladrar, y no ladraron. El mayordomo no estaría a esa hora, y no estaba. Subió los tres peldaños del porche y entró. Desde la sangre galopando en sus oídos le llegaban las palabras de la mujer: primero una sala azul, después una galería, una escalera alfombrada. En lo alto, dos puertas. Nadie en la primera habitación, nadie en la segunda. La puerta del salón, y entonces el puñal en la mano, la luz de los ventanales, el alto respaldo de un sillón de terciopelo verde, la cabeza del hombre en el sillón leyendo una novela.

El mecanismo es simple y a la vez ha tratado de ser absoluto: el lector de una novela entra en ella y sufre el destino que le corresponde como personaje. En realidad esta total interfusión de lo fantástico con lo real, donde es muy difícil o imposible saber qué es lo uno y qué es lo otro, no creo que se dé en la experiencia cotidiana de todos nosotros pero sí se da —como acabamos de ver— en la literatura y es ahí donde lo fantástico puede alcanzar uno de sus puntos más altos. La verdad, y esto lo cuento un poco anecdóticamente, es que la idea de este cuento me vino un día en que estando solo en una casa al atardecer estaba leyendo un libro, ya no sé cuál, y en un momento dado en que había una situación dramática que sucedía en una casa vacía donde había un personaje, dije: "¡Qué curioso si ahora me sucediera lo que le va a suceder al personaje!". Todavía no sabía qué iba a sucederle porque estaba leyendo el libro, pero me encontraba en una situación física igual; entonces la imaginación me hizo pensar: "¡Qué curioso sería si ahora, en vez de leer esto que voy a seguir leyendo, me sucediera a mí! Como estoy en una situación análoga a ese momento de la novela, qué curioso sería si hubiera una especie de desplazamiento de la realidad y bruscamente yo fuera esa persona a quien le va a suceder algo que está escrito en la novela". De esa idea un poco confusa vino la intención de escribir el cuento, que precisamente porque es muy corto la verdad es que me dio mucho más trabajo que muchos más largos porque había que cuidar cada palabra. Se trataba de conseguir algo que no siempre se consigue: que al lector del cuento le pase un poco lo mismo que al lector de la novela, o sea que cuando se está hablando de los amantes de la cabaña que van a cometer un crimen para conseguir la libertad, el oyente o el lector del cuento se haya olvidado que eso está en una novela que está siendo leída por un señor que lee la novela. No sé si está conseguido o no; en una página y media era muy difícil pero posible y sé de algunos lectores que han asegurado que se habían olvidado y que la frase final con la referencia al sillón de terciopelo verde los tomó verdaderamente de sorpresa.

Si algunos tienen preguntas, háganlas ahora y luego puedo continuar un poco con estos temas. Si hay algunas preguntas que están flotando en el aire...

ALUMNO: *¿Cuál considera su mejor cuento?*

Es una pregunta que no diré que no me guste, pero no me gusta porque no sé qué contestarte; ése es el problema.

ALUMNA: *Es como preguntarle a una madre a cuál de sus hijos quiere más.*

Hay cuentos a los que por razones existenciales y porque personalmente me concernían mucho sigo todavía muy atado, como es el caso de "El perseguidor". Si finalmente tuviera que elegir así, a vuelo de pájaro, un cuento sobre todos los que he escrito pienso que "El perseguidor" sería mi elegido por muchas cosas; primero porque me mostró la forma en la que estaba pasando de una etapa que podría tener sus méritos pero que era bastante negativa en el plano literario y en el plano latinoamericano. Hablando con toda distensión, ese cuento fue una especie de revelación, algo de eso que les dije los otros días cuando hablábamos de los caminos de un escritor: fue una especie de bisagra que me hizo cambiar. No es que me haya cambiado a mí pero que lo haya escrito es prueba de que yo estaba cambiando, buscando; un poco lo que el personaje de "El perseguidor" busca en el cuento, yo lo estaba buscando también en la vida. De ahí que casi inmediatamente después escribí *Rayuela,* donde traté de ir hasta el fondo en ese tipo de búsqueda. No puedo decir más que eso.

Seguimos hablando. Me toca a mí, y tenemos una limitación de tiempo porque aunque todavía nos quedan las clases siguientes tenemos temas diferentes por tocar. Podemos acercarnos un poco al final de este ciclo de lo fantástico haciendo referencia, en el caso de mis cuentos, a esos relatos donde todavía hay elementos fantásticos que para mí siguen siendo válidos e importantes pero que no son ya el motivo fundamental y determinante. Es algo que traté de decir el primer día y que conviene repetir ahora: los cuentos que escribí al comienzo valían para mí por su contenido fantástico; los personajes eran un poco títeres al servicio de lo que sucedía, no siempre eran de carne y hueso y aunque lo fuesen no me interesaban demasiado; lo que me interesaba era el mecanismo fantástico. No sucede así a partir de cierto momento en que aún lo fantástico encuentra una ventanita o una puerta para colarse pero no solamente no es más determinante ni más importante que la realidad que trato de describir sino que, al contrario, lo fantástico está al servicio de la realidad del cuento. Son elementos que permiten hacer notar todavía más este mundo que nos rodea tal como lo conocemos y lo vivimos.

Hay un cuento largo del que hoy quería decir algo, "La autopista del sur". Hay en él elementos fantásticos a los que me voy a referir dentro de un minuto pero cualquiera que lo haya leído sabe que es un cuento perfecta y cabalmente realista. Es un episodio que, eliminando el elemento fantástico, puede sucedernos a todos en cualquier momento cuando circulamos en automóvil por una autopista: podemos entrar en un embotellamiento, quedarnos detenidos un tiempo más o menos largo y en ese momento que es como un paréntesis en la vida ordinaria podemos vivir un tipo de experiencias que es lo que traté de explorar, reflejar y ahondar en el cuento. Me acuerdo que cuando lo escribí pensé que el tema daba realmente para mucho porque como todas esas novelas que suceden por ejemplo en un viaje en tren o en barco o en avión donde a lo largo de unos días o de unas horas se encuentran y desencuentran diversos personajes, de la misma manera un embotellamiento en una autopista produce una especie de célula humana en la que nadie ha querido estar ahí, nadie conoce a los otros y nadie tiene demasiado interés en conocerlos, pero el hecho de que se produzca el embotellamiento y los incidentes que comienzan a sucederse poco a poco determinan inevitablemente una toma de contacto entre los ocupantes, de por lo menos un cierto grupo de automóviles (si el embotellamiento abarca kilómetros, en general eso se da por sectores separados). Mi problema fue que quería describir y llevar a sus últimas consecuencias los encuentros que se pueden producir en una situación anómala como ésa, pero claro, ¿cuánto dura un embotellamiento? Puede durar una hora, cinco horas, un día, como sucedió en Roma en pleno centro de la ciudad hace tres años. (Todo el centro estuvo atascado un día entero; nadie podía moverse y la gente dejaba sus autos, lo que complicó aún más la situación a la hora en que algunos ya podían moverse.) Para ese cuento yo quería más tiempo, quería llevarlo más allá y fue entonces como de una manera perfectamente natural —en mi caso siempre es natural— entró lo natural, o sea lo fantástico. Decidí contarlo sin que los personajes se sorprendieran demasiado de que el tiempo no solamente durara un día o dos sino que sigue pasando y a comienzos del cuento hace muchísimo calor y hacia la mitad está nevando, o sea que las estaciones han cambiado. Nunca se hace referencia directa a cuánto tiempo ha transcurrido pero si ustedes lo leen verán que pasan muchos, muchos meses. Desde ese punto de vista, hay que aceptar el elemento fantástico porque el embotellamiento se produce en la puerta de la ciudad de París y es absolutamente inconcebible que el gobierno francés, que tiene fama de ser tan eficaz, no resuelva ese problema; más allá de un día no puede durar una cosa así, y aun sería demasiado. De modo que hay que aceptar, como lo acepta cada uno de los personajes, que ese embotellamiento se prolongue indefinidamente; entonces lo que eran simplemente relaciones aisladas comienzan a ahondarse.

Mi intención fue tratar de ver si imaginaba cómo se puede hacer una sociedad humana en condiciones anómalas, por ejemplo un grupo de gente que naufraga en una isla o que tiene un accidente de avión y quedan aislados en un desierto. En este caso el embotellamiento en la autopista proporcionaba las circunstancias: gente de clases sociales muy diferentes, de condiciones económicas totalmente variadas, con automóviles de todo tipo y de toda marca y de todo precio, se encuentran atascados y obligados a hacer frente a una situación que se prolonga y se prolonga y se prolonga interminablemente. Entonces comienza a plantearse el problema de los náufragos, es decir los problemas que se le planteaban a Robinson Crusoe: hay que comer, hay que beber, y sucede que en el cuento no se encuentra nada que comer ni que beber fuera de la autopista porque los campesinos que viven en las afueras —por una razón que nunca se explica y que también se acepta dentro de los elementos insólitos del cuento— se niegan a prestar ayuda a los que están metidos en ese lío en la autopista y los dejan que se arreglen solos. Es así como poco a poco se ven nacer todos los diferentes elementos positivos y negativos de una sociedad humana: la gente con un sentido de la justicia y de la equidad distribuirá lo que tiene con los demás, el que naturalmente esconde lo que tiene para comérselo o bebérselo solo, el que decide que tal vez puede hacer un buen tráfico de mercado vendiendo algunos litros de agua que le sobran o unas manzanas; las rivalidades de tipo personal, las relaciones de tipo sentimental, los contrastes entre la gente comunicativa y la solitaria. En fin, ese cuento tenía para mí un interés de tipo muy realista: entablar contacto con un grupo de gente, colocarlos en una situación crítica y tratar de ver cómo resolvían, cómo funcionaban. Me pareció que introducir algunos elementos de tipo irracional, fantástico, facilitaba perfectamente el problema. "La autopista del sur" es un cuento muy extenso, naturalmente no es para leerlo aquí pero si tenemos tiempo (y tenemos) les leería un pequeño fragmento del comienzo que da la idea de cómo empieza a formarse esa sociedad después del embotellamiento, y luego el fragmento del final que muestra cómo esa sociedad se deshace y se dispersa.

En un plano anecdótico —y creo que esto se lo conté el otro día a alguien que debe estar aquí— me sucedió una cosa muy curiosa: cuando escribí ese cuento jamás había estado metido en un embotellamiento en una autopista de Francia ni de ningún país del mundo, o sea que fue un trabajo absolutamente imaginativo. Cinco meses después me vi metido en un embotellamiento en Borgoña, en Francia, cerca de la ciudad de Tournus, y aunque afortunadamente no duró tanto como el de mi cuento, duró de todas maneras seis horas, también en pleno verano, lo cual es mucho tiempo: seis horas bajo el sol, con una inmensa cantidad de automóviles detenidos y sin la menor posibilidad de salir por un lado o por el otro... Cuando me pasó tenía mi cuento en la memoria muy fresquito, lo acababa de terminar, y me planteé un problema de escritor: "Ahora vas a ver si lo que escribiste está más o menos bien o si, como decimos los argentinos, has estado macaneando". Bueno, yo no había macaneado, lo que es curioso. Estoy seguro de que si cualquiera de ustedes ha tenido ya esa experiencia de un largo embotellamiento en un camino, algunos aspectos de mi cuento los van a reconocer como una experiencia también vivida por ustedes, porque efectivamente, apenas me vi así, prisionero, comencé a hacer lo que hacía todo el mundo: primero maldecir un poco, después preguntar qué pasaba, preguntar a los de al lado, luego bajarse del automóvil y comenzar esos diálogos un poco titubeantes en que todo el mundo se sondea a ver si el otro es simpático o antipático... A lo largo de la primera hora vi claramente que el mecanismo era el que yo había imaginado:

la realidad y la ficción no tenían ninguna diferencia. De inmediato había gente muy abierta, muy extrovertida, que proponía incluso soluciones: mandar a un emisario para que telefoneara de algún lado, ese tipo de cosas; luego los que no se movían del volante, los que guardaban una actitud pasiva y prudente, los que protestaban... Luego comenzaban los problemas de tipo práctico, y realmente en ese momento tuve un poco de miedo porque es exactamente igual que en el cuento: de varios automóviles más adelante del mío vino una señora preguntando si alguien tenía un poco de agua para su hijito porque ella no tenía agua en el auto y el niño sufría del calor, era un bebé y había que darle agua; alguien tenía una naranjada o no sé qué y se armó entonces el primer socorro, la primera organización social de llevarle agua a un sediento. A mi vez, yo me había hecho entretanto amigo de un camionero que tenía su camión detrás de mi coche y, como la plataforma era muy alta, yo estaba encantado de poder subirme a fumar con el camionero y ver a lo lejos cuándo se terminaba el famoso embotellamiento que no terminaba nunca. Esa clase de contactos en todos los niveles sociales, incluso en todos los niveles temáticos, me resultó fascinante y coincide un poco con este fragmento que tomo del comienzo del cuento y que les va a dar una idea —aunque no lo conozcan— de cómo funciona esto.

Uno o dos simples detalles técnicos: cuando empecé a escribir el cuento me di cuenta de que los personajes no tenían nombre. En un cuento corto no se trataba de poner un narrador omnisciente que supiera que Fulanito se llamaba Juan Pérez y el otro Roberto Fernández, es decir no empezaba una descripción de personajes como en una novela. En vez de usar los nombres de ellos, usé los nombres de los automóviles. Eso empieza como la broma que hace un muchacho: al que esté en un Ford lo llama "El Ford", el otro se llama "El Chevrolet" y el otro se llama "El Porsche", y todos ellos van tomando los nombres de los automóviles; lo que tenía por demás un sentido bastante irónico que a ustedes no se les va a escapar: en la sociedad en la que viven ustedes y también en la que vivo yo y en gran parte de Europa, el automóvil está de tal manera identificado con su propietario en todos los planos que en el idioma francés por ejemplo se usa el posesivo. Los franceses dicen: "Yo cambio *mis* neumáticos cada quinientos kilómetros", "Yo cambio *mi* gasolina". ¡Como si fuera su propia sangre! Ya no es el auto y ellos sino que todo lo que le sucede al auto les sucede a ellos, por eso era bastante legítimo que yo hiciera ese traslado de la figura de los personajes a los automóviles que tripulan. Los autos responden a todas las marcas que en esa época eran populares en Francia, creo que casi todas son conocidas aquí.

Bueno, ya ha comenzado la cosa: el personaje principal —hay dos personajes que son un poco más importantes que los otros— es un ingeniero que está en un Peugeot 404 y una niña que está en un auto que se llama Dauphine, muy conocido en esa época; lo hice a propósito porque es un nombre de mujer: a la tripulante del coche también la llaman Dauphine en el cuento.

> Aparte de esas mínimas salidas, era tan poco lo que podía hacerse que las horas acababan por superponerse, por ser siempre la misma en el recuerdo; en algún momento el ingeniero pensó en tachar ese día en su agenda...

> Es el primer día.

> ... y contuvo una risotada, pero más adelante, cuando empezaron los cálculos contradictorios de las monjas, los hombres del Taunus y la muchacha del Dauphine, se vio que hubiera convenido llevar mejor la cuenta. Las radios locales habían suspendido las emisiones, y sólo el viajante del DKW tenía un aparato de ondas cortas que se empeñaba en transmitir noticias bursátiles. Hacia las tres de la madrugada pareció llegarse a un acuerdo tácito para descansar, y hasta el amanecer la columna no se movió. Los muchachos del Simca sacaron unas

camas neumáticas y se tendieron al lado del auto; el ingeniero bajó el respaldo de los asientos delanteros del 404 y ofreció las cuchetas a las monjas, que rehusaron; antes de acostarse un rato, el ingeniero pensó en la muchacha del Dauphine, muy quieta contra el volante, y como sin darle importancia le propuso que cambiaran de autos hasta el amanecer; ella se negó, alegando que podía dormir muy bien de cualquier manera. Durante un rato se oyó llorar al niño del Taunus, acostado en el asiento trasero donde debía tener demasiado calor. Las monjas rezaban todavía cuando el ingeniero se dejó caer en la cucheta y se fue quedando dormido, pero su sueño seguía demasiado cerca de la vigilia y acabó por despertarse sudoroso e inquieto, sin comprender en un primer momento dónde estaba; enderezándose, empezó a percibir los confusos movimientos del exterior, un deslizarse de sombras entre los autos, y vio un bulto que se alejaba hacia el borde de la autopista; adivinó las razones, y más tarde también él salió del auto sin hacer ruido y fue a aliviarse al borde de la ruta; no había setos ni árboles, solamente el campo negro y sin estrellas, algo que parecía un muro abstracto limitando la cinta blanca del macadam con su río inmóvil de vehículos. Casi tropezó con el campesino del Ariane, que balbuceó una frase ininteligible; al olor de la gasolina, persistente en la autopista recalentada, se sumaba ahora la presencia más ácida del hombre, y el ingeniero volvió lo antes posible a su auto. La chica del Dauphine dormía apoyada sobre el volante, un mechón de pelo contra los ojos; antes de subir al 404, el ingeniero se divirtió explorando en la sombra su perfil, adivinando la curva de los labios que soplaban suavemente. Del otro lado, el hombre del DKW miraba también dormir a la muchacha, fumando en silencio.

Por la mañana se avanzó muy poco pero lo bastante como para darles la esperanza de que esa tarde se abriría la ruta hacia París. A las nueve llegó un extranjero con buenas noticias...

La palabra extranjero indica simplemente que es alguien que viene de algunos autos más atrás, no forma parte del grupo.

... con buenas noticias: habían rellenado las grietas y pronto se podría circular normalmente. Los muchachos del Simca encendieron la radio y uno de ellos trepó al techo del auto y gritó y cantó. El ingeniero se dijo que la noticia era tan dudosa como las de la víspera, y que el extranjero había aprovechado la alegría del grupo para pedir y obtener una naranja que le dio el matrimonio del Ariane. Más tarde llegó otro extranjero con la misma treta, pero nadie quiso darle nada. El calor empezaba a subir y la gente prefería quedarse en los autos a la espera de que se concretaran las buenas noticias. A mediodía la niña del 203 empezó a llorar otra vez, y la muchacha del Dauphine fue a jugar con ella y se hizo amiga del matrimonio. Los del 203 no tenían suerte; a su derecha estaba el hombre silencioso del Caravelle, ajeno a todo lo que ocurría en torno, y a su izquierda tenían que aguantar la verbosa indignación del conductor de un Floride, para quien el embotellamiento era una afrenta exclusivamente personal. Cuando la niña volvió a quejarse de sed, al ingeniero se le ocurrió ir a hablar con los campesinos del Ariane, seguro de que en ese auto había cantidad de provisiones. Para su sorpresa los campesinos se mostraron muy amables; comprendían que en una situación semejante era necesario ayudarse, y pensaban que si alguien se encargaba de dirigir al grupo (la mujer hacía un gesto circular con la mano, abarcando la docena de autos que los rodeaba) no se pasarían apreturas hasta llegar a París. Al ingeniero le molestaba la idea de erigirse en organizador, y prefirió llamar a los hombres del Taunus para conferenciar con ellos y con el matrimonio del Ariane. Un rato después consultaron sucesivamente a todos los del grupo. El joven soldado del Volkswagen estuvo inmediatamente de acuerdo, y el matrimonio del 203 ofreció las pocas provisiones que les quedaban (la muchacha del Dauphine había conseguido un vaso de granadina con agua para la niña, que reía y jugaba). Uno de los hombres del Taunus, que había ido a consultar a los muchachos del Simca, obtuvo un asentimiento burlón; el hombre pálido del Caravelle se encogió de hombros y dijo que le daba lo mismo, que hicieran lo que les pareciese mejor. Los ancianos del ID y la señora del Beaulieu se mostraron visiblemente contentos, como si se sintieran más protegidos. Los pilotos del Floride y del DKW no hicieron observatorios, y el americano del De Soto los miró asombrado y dijo algo sobre la voluntad de Dios. Al ingeniero le resultó fácil proponer que uno de los ocupantes del Taunus, en el que tenía una confianza instintiva, se encargara de coordinar las actividades. A nadie le faltaría de comer por el momento, pero era necesario conseguir agua; el jefe, al que los muchachos del Simca llamaban Taunus a secas para divertirse, pidió al ingeniero, al soldado y a uno de los muchachos que exploraran la zona circundante de la autopista y ofrecieran alimentos a cambio de bebidas. Taunus, que evidentemente sabía mandar, había calculado que deberían cubrirse las necesidades de un día y medio como máximo, poniéndose en la posición menos optimista. En el coche de las monjas y en el Ariane de los campesinos había provisiones suficientes para ese tiempo, y si los exploradores volvían con agua el problema quedaría resuelto. Pero solamente el soldado regresó con una cantimplora llena, cuyo dueño exigía en cambio comida para dos personas. El ingeniero no encontró a nadie que pudiera ofrecer agua, pero el viaje le sirvió para advertir que más allá de su grupo se estaban constituyendo otras células con problemas semejantes; en un momento dado el ocupante de un Alfa Romeo se negó a hablar con él del asunto, y le dijo que se dirigiera al representante de su grupo, cinco autos atrás en la misma fila. Más tarde vieron volver al muchacho del Simca que no había podido conseguir agua, pero Taunus calculó que ya tenían bastante para los dos niños, la anciana del ID y el resto de las mujeres.

Y así, como ven ustedes, se sigue cumpliendo ese nacimiento de una nueva sociedad humana, o la misma sociedad humana de siempre en circunstancias de emergencia. A medida que el tiempo transcurre, abarca también los sentimientos: Dauphine acepta finalmente pasarse al auto del ingeniero para dormir por la noche porque es un auto muchísimo más cómodo. En algún momento —porque ya no llevamos la cuenta del tiempo pero es hacia el final del relato— le anuncia que va a tener un hijo de él; o sea que las relaciones sentimentales y amorosas se cumplen también a lo largo de este ciclo. Hay un suicidio, hay una muerte, con todos los problemas técnicos que eso supone. Y luego, cuando todo el mundo comienza a sentirse o unido o desunido pero cada uno está ya en su posición social establecida, con sus trabajos, sus deberes y sus derechos, en ese momento a lo lejos comienza a oírse un rumor y de golpe alguien se da cuenta de que el embotellamiento está llegando a su fin. Y el final del cuento es éste:

Lo más importante empezó cuando ya nadie lo esperaba, y al menos responsable le tocó darse cuenta el primero. Trepado en el techo del Simca, el alegre vigía tuvo la impresión de que el horizonte había cambiado (era al atardecer, un sol amarillento deslizaba su luz rasante y mezquina) y que algo inconcebible estaba ocurriendo a quinientos metros, a trescientos, a doscientos cincuenta. Se lo gritó al 404 y el 404 le dijo algo a Dauphine que se pasó rápidamente a su auto cuando ya Taunus, el soldado y el campesino venían corriendo y desde el techo del

Simca el muchacho señalaba hacia adelante y repetía interminablemente el anuncio como si quisiera convencerse de que lo que estaba viendo era verdad; entonces oyeron la conmoción, algo como un pesado pero incontenible movimiento migratorio que despertaba de un interminable sopor y ensayaba sus fuerzas. Taunus les ordenó a gritos que volvieran a sus coches; el Beaulieu, el ID, el Fiat 600 y el De Soto arrancaron con un mismo impulso. Ahora el 2 caballos, el Taunus, el Simca y el Ariane empezaban a moverse, y el muchacho del Simca, orgulloso de algo que era como su triunfo, se volvía hacia el 404 y agitaba el brazo mientras el 404, el Dauphine, el 2 caballos de las monjas y el DKW se ponían a su vez en marcha. Pero todo estaba en saber cuánto iba a durar eso; el 404 se lo preguntó casi por rutina mientras se mantenía a la par de Dauphine y le sonreía para darle ánimos. Detrás, el Volkswagen, el Caravelle, el 203 y el Floride arrancaban a su vez lentamente, un trecho en primera velocidad, después la segunda, interminablemente la segunda pero ya sin desembragar como tantas veces, con el pie firme en el acelerador, esperando poder pasar a tercera. Estirando el brazo izquierdo el ingeniero buscó la mano de Dauphine, rozó apenas la punta de sus dedos, vio en su cara una sonrisa de incrédula esperanza y pensó que iban a llegar a París y que se bañarían, que irían juntos a cualquier lado, a su casa o a la de ella a bañarse, a comer, a bañarse interminablemente y a comer y beber, y que después habría muebles, habría un dormitorio con muebles y un cuarto de baño con espuma de jabón para afeitarse de verdad, y retretes, comida y retretes y sábanas, París era un retrete y dos sábanas y el agua caliente por el pecho y las piernas, y una tijera de uñas, y vino blanco, beberían vino blanco antes de besarse y sentirse oler a lavanda y a colonia, antes de conocerse de verdad a plena luz, entre sábanas limpias, y volver a bañarse por juego, amarse y bañarse y beber

y entrar en la peluquería, entrar en el baño, acariciar las
sábanas y acariciarse entre las sábanas y amarse entre la
espuma y la lavanda y los cepillos antes de empezar a
pensar en lo que iban a hacer, en el hijo y los problemas
y el futuro, y todo eso siempre que no se detuvieran, que
la columna continuara aunque todavía no se pudiese subir a la tercera velocidad, seguir así en segunda, pero seguir. Con los paragolpes rozando el Simca, el 404 se
echó atrás en el asiento, sintió aumentar la velocidad,
sintió que podía acelerar sin peligro de irse contra el
Simca, y que el Simca aceleraba sin peligro de chocar
contra el Beaulieu, y que más atrás venía el Caravelle y
que todos aceleraban más y más, y que ya se podía pasar
a tercera sin que el motor penara, y la palanca calzó in-
creíblemente en la tercera y la marcha se hizo suave y se
aceleró todavía más, y el ingeniero miró enternecido y
deslumbrado a su izquierda buscando los ojos de Dauphine. Era natural que con tanta aceleración las filas ya
no se mantuvieran paralelas. Dauphine se había adelantado casi un metro y el ingeniero le veía la nuca y apenas
el perfil, justamente cuando ella se volvía para mirarlo y
hacía un gesto de sorpresa al ver que el 404 se retrasaba
todavía más. Tranquilizándola con una sonrisa el 404
aceleró bruscamente, pero casi en seguida tuvo que frenar porque estaba a punto de rozar el Simca; le tocó se-
camente la bocina y el muchacho del Simca lo miró por
el retrovisor y le hizo un gesto de impotencia, mostrándole con la mano izquierda el Beaulieu pegado a su auto.
El Dauphine iba tres metros más adelante, a la altura del
Simca, y la niña del 203, al nivel del 404, agitaba los
brazos y le mostraba su muñeca. Una mancha roja a la
derecha desconcertó al ingeniero; en vez del 2 caballos
de las monjas o del Volkswagen del soldado vio un Chevrolet desconocido, y casi en seguida el Chevrolet se adelantó seguido por un Lancia y por un Renault 8. A su
izquierda se le apareaba un ID que empezaba a sacarle

ventaja metro a metro, pero antes de que fuera sustituido por un 403, el 404 alcanzó a distinguir todavía en la delantera el 203 que ocultaba ya a Dauphine. El grupo se dislocaba, ya no existía. Taunus debía estar a más de veinte metros adelante, seguido de Dauphine; al mismo tiempo la tercera fila de la izquierda se atrasaba porque en vez del DKW del viajante, el 404 alcanzaba a ver la parte trasera de un viejo furgón negro, quizá un Citroën o un Peugeot. Los autos corrían en tercera, adelantándose o perdiendo terreno según el ritmo de su fila, y a los lados de la autopista se veían huir los árboles, algunas casas entre las masas de niebla y el anochecer. Después fueron las luces rojas que todos encendían siguiendo el ejemplo de los que iban adelante, la noche que se cerraba bruscamente. De cuando en cuando sonaban bocinas, las agujas de los velocímetros subían cada vez más, algunas filas corrían a setenta kilómetros, otras a sesenta y cinco, algunas a sesenta. El ingeniero había esperado todavía que el avance y el retroceso de las filas le permitieran alcanzar otra vez a Dauphine, pero cada minuto lo iba convenciendo de que era inútil, de que el grupo se había disuelto irrevocablemente, que ya no volverían a repetirse los encuentros rutinarios, los mínimos rituales, los consejos de guerra en el auto de Taunus, las caricias de Dauphine en la paz de la madrugada, las risas de los niños jugando con sus autos, la imagen de las monjas pasando las cuentas del rosario. Cuando se encendieron las luces de los frenos del Simca, el ingeniero redujo la marcha con un absurdo sentimiento de esperanza, y apenas puesto el freno de mano saltó del auto y corrió hacia adelante. Fuera del Simca y el Beaulieu (más atrás estaría el Caravelle, pero poco le importaba) no reconoció ningún auto; a través de cristales diferentes lo miraban con sorpresa y quizá escándalo otros rostros que él no había visto nunca. Sonaban las bocinas, y el 404 tuvo que volver a su auto; el chico del Simca le hizo un gesto amistoso, como si comprendiera, y señaló alentadoramente en dirección de París. La columna volvía a ponerse en marcha, lentamente durante unos minutos y luego como si la autopista estuviera definitivamente libre. A la izquierda del ingeniero corría un Taunus, y por un segundo al ingeniero le pareció que el grupo se recomponía, que todo entraba en el orden, que se podría seguir adelante sin destruir nada. Pero era un Taunus verde, y en el volante había una mujer con anteojos ahumados que miraba fijamente hacia adelante. No se podía hacer otra cosa que abandonarse a la marcha, adaptarse mecánicamente a la velocidad de los autos que lo rodeaban, no pensar. En el Volkswagen del soldado debía estar su chaqueta de cuero. Taunus tenía la novela que él había leído en los primeros días. Un frasco de lavanda casi vacío en el 2 caballos de las monjas. Y él tenía ahí, tocándolo a veces con la mano derecha, el osito de felpa que Dauphine le había regalado como mascota. Absurdamente se aferró a la idea de que a las nueve y media se distribuirían los alimentos, habría que visitar a los enfermos, examinar la situación con Taunus y el campesino del Ariane; después sería la noche, sería Dauphine subiendo sigilosamente a su auto, las estrellas o las nubes, la vida. Sí, tenía que ser así, no era posible que eso hubiera terminado para siempre. Tal vez el soldado consiguiera una ración de agua, que había escaseado en las últimas horas; de todas maneras se podía contar con Porsche, siempre que las cosas se hicieran bien. Y en la antena de la radio flotaba locamente la bandera con la cruz roja, y se corría a ochenta kilómetros por hora hacia las luces que crecían poco a poco, sin que ya se supiera bien por qué tanto apuro, por qué esa carrera en la noche entre autos desconocidos donde nadie sabía nada de los otros, donde todo el mundo miraba fijamente hacia adelante, exclusivamente hacia adelante.

Para terminar, ustedes ven que nos hemos alejado considerablemente de la dimensión de lo fantástico en la que nos habíamos estado moviendo en nuestras últimas charlas: hemos entrado en un mundo de seres verdaderamente de carne y hueso, gentes con problemas, y por ese mundo vamos a seguir la semana que viene para ir terminando el ciclo de los cuentos y adentrarnos en algunas otras cosas. Si en este momento alguien tiene alguna pregunta que hacerme, pues con mucho gusto...

ALUMNA: *¿Para usted la imaginación, la fantasía, juega un papel más importante que la realidad en su producción literaria?*

No sé si se puede hablar del papel que juega; lo que creo, y traté de decirlo alguna vez, es que desde que comencé a escribir —e incluso desde mucho antes— siempre me fue difícil distinguir entre lo que mi inteligencia racional ve de la realidad y lo que mi propia fantasía le pone por encima o por debajo y que la transforma. No puedo hacer una distinción demasiado clara entre fantasía y realidad; salvo, claro está, cuando salgo de la literatura: cuando pienso en el destino actual de un país como el mío, por ejemplo, ahí no me queda límite para ninguna fantasía. La realidad es lo suficientemente grande y lo suficientemente terrible como para bajar completamente ese espectro de pensamiento y de meditación. Pero cuando me muevo en mi trabajo de escritor, la fantasía recupera sus derechos y creo que nunca habré escrito un cuento o una novela que se puedan considerar exclusiva y totalmente realistas porque incluso cuando lo que cuento en ellos es realista como tema, ha nacido de mi fantasía, lo he inventado yo en la mayoría de los casos.

Hay un cuento mío en donde un boxeador rememora en un largo monólogo su vida, sus triunfos y sus derrotas. Ese boxeador existió, fue un gran boxeador argentino, un ídolo para la gente de mi generación cuando éramos jóvenes. Nunca lo conocí personalmente y me enteré de detalles de su biografía a través de los periódicos cuando murió en condiciones muy tristes. Conocía su itinerario deportivo porque lo había seguido con el apasionamiento de alguien al que le gusta mucho el boxeo y el resultado es que un día, muchos años después de la muerte de este boxeador a quien no había conocido jamás, en París, solo en una habitación de la Ciudad Universitaria, de golpe su imagen vino a mi recuerdo mezclado con otras nostalgias de Buenos Aires. Sentía la ausencia, la falta de mi ciudad, y la imagen de este boxeador asomó entre otros recuerdos. Bruscamente me puse en la máquina y él empezó a hablar: en el cuento es él el que habla en primera persona y por lo tanto habla con el lunfardo criollo, el habla muy popular de la gente de su clase y de su época; se cuenta a sí mismo su vida mientras en realidad está agonizando en una cama de hospital. Creo que ése es un cuento donde, si se lo lee con atención, no hay absolutamente nada que no tenga una posibilidad documental: todos los adversarios del pugilista que se mencionan existieron; los combates terminaron tal como él los cuenta; las anécdotas sucedieron tal como se cuentan en su biografía... Pero el relato está íntegramente dirigido, comandado y escrito por mi fantasía personal. En ese momento yo me asimilaba a la personalidad de ese hombre y lo hacía hablar. Creo que, en el fondo, en la literatura el realismo no puede prescindir de la fantasía, la necesita de alguna manera.

ALUMNA: *Pero su experiencia personal no es vital para su producción literaria como en el caso de Vargas Llosa.*

No, yo no diría vital de ninguna manera. No soy un escritor autobiográfico, es decir...

ALUMNA: *Pero el tema de sus novelas y de sus cuentos no se desprende necesariamente de su experiencia personal.*

En absoluto, pero también ocurre con frecuencia que en pleno relato imaginario —en las novelas sobre todo— hay momentos, episodios, situaciones y personajes que vienen de una experiencia vivida y entran con toda naturalidad; en ese caso no veo por qué tendría que rechazarlos: se incorporan a lo que estoy inventando y tengo la impresión de que lo inventado y lo no inventado finalmente forman parte de la ficción total del relato.

ALUMNA: *Una última pregunta: ¿en qué escribe usted, en español o castellano, o en francés?*

No, no, creo que los que han leído o han oído algunos fragmentos de estos cuentos se darán cuenta de que no están traducidos. Escribo y escribiré toda mi vida en español; el francés lo guardo para la correspondencia cuando tengo que escribirle a algún francés. El español es mi lengua de escritor y hoy más que nunca creo que la defensa del español como lengua forma parte de una larga lucha en América Latina que abarca muchos otros temas y muchas otras razones de lucha. La defensa del idioma es absolutamente capital. Si hay un espectáculo penoso es el de latinoamericanos que al cabo de muy poco tiempo en un país extranjero permiten que su idioma se degrade y el segundo idioma comience a entrar; hay una excepción a esto que estoy diciendo y es el caso de las gentes de un nivel mínimo de educación, porque no se les puede exigir de ninguna manera que tengan un control crítico de su lenguaje. Hay gente que jamás ha reflexionado en lo que es el lenguaje: les enseñaron a hablar y algunos de ellos pensarían que nacieron hablando si no vieran que los niños tienen que aprender. La noción crítica de qué es el lenguaje, ese proceso maravilloso que todos nosotros hacemos porque estamos en un nivel de reflexión, hay mucha gente que no la tiene por razones de vida, de ignorancia. Cuando esa gente emigra y va a un segundo país, su propio idioma se degrada rápidamente porque no tienen ninguna defensa contra eso. Es lo que sucede en Francia a muchos inmigrantes que vienen de Portugal y de España. Sobre todo los campesinos españoles y portugueses, a los dos o tres años de estar viviendo y trabajando con obreros o campesinos franceses, hablan un idioma que ya no se sabe lo que es; ellos mismos no lo saben ni les importa porque los otros les comprenden. Sus compañeros de trabajo les comprenden perfectamente y hablan entonces una mezcla de español y francés que cuando uno tiene sentido del humor puede resultar sumamente divertido, por ejemplo una señora española a quien le he oído decir: "¡Ay, cómo me duele la teta!". Yo también me río, pero al mismo tiempo es trágico porque esta señora no se da cuenta, cree estar hablando en español y no se da cuenta de que se le está metiendo el francés y ya no puede hacer diferencia entre una palabra y la otra. Eso se presta a toda clase de chistes y bromas. Sucede lo mismo con los habitantes de Puerto Rico en Nueva York; ustedes saben que se hacen infinitas bromas sobre el lenguaje que muchos de ellos hablan, que ha dejado de ser español y se mezcla con una dosis tal de inglés y no hay reflexión crítica posible porque falta ese nivel de educación que les permitiría tener conciencia del lenguaje. Volviendo a su pregunta, que me ha ofendido un poco, dicho sea de paso: mi lengua es el español y lo será siempre.

ALUMNA: *Pero mire que...*

No, lo de la ofensa es en broma.

Cuarta clase
El cuento realista

Somos todos de una puntualidad exasperante. Son las dos de la tarde, exactamente. No sé, creo que la costumbre es empezar un poquito después por si llegan algunos otros oyentes. Podemos esperar un poco más.

Para entrar en el tema hay una cosa que quisiera decirles y que para mí es muy grata: en el tiempo que llevamos estando en contacto, además de entrevistas personales con muchos de ustedes y encuentros accidentales he recibido una serie de cartas, algunas de las cuales contienen preguntas; otras contienen un punto de vista sobre algo que puedo haber dicho aquí y eso me toca muy profundamente y quiero agradecerlo públicamente porque es una prueba de confianza hacia mí y sobre todo una prueba de amistad. Cada una de esas cartas tiene un sentido, muestra un camino o pregunta a veces por un camino. No quiero pasar esto por alto porque me parece que es una continuación inmediata de lo que sucede aquí entre nosotros una vez por semana y luego continúa en otros planos. Me parece muy hermoso y en todo caso muy útil para mí porque me permite entrar un poco más en el mundo personal de algunos de ustedes y me hace vivir y sentir mejor lo que luego vengo a decir aquí.

En algunas de las cartas hay también críticas, y es quizá lo mejor. Quisiera aclarar un tema que ha dado motivo a una crítica muy cordial y amistosa en una carta de alguien que entendió que, al hablar de la fantasía y la imaginación en respuesta a una pregunta que me habían formulado, yo no lo había hecho con suficiente amplitud y probablemente con suficiente claridad. La persona que me escribió esa carta pensó que yo tendía a ver la fantasía y la imaginación de un escritor como un elemento un poco secundario, un poco accesorio. Tengo la impresión de que ustedes que han escuchado todas las clases precedentes deben pensar —como lo pienso yo— que es exactamente lo contrario: creo que el arma básica de un escritor de ficción no es desde luego el tema que pueda contar, e incluso solamente la forma de escribirlo mejor o peor, sino esa capacidad, esa manera de ser que determina que un hombre se dedique a la ficción en vez de a la química; ése es el elemento básico, dominante y fundamental en cualquier literatura a lo largo de la historia de la humanidad.

Mi noción de la fantasía (utilizo la palabra en general, dentro de la fantasía podemos incluir todo lo que es imaginario, lo fantástico, de lo cual hemos hablado muchísimo en estas charlas) creo que no necesito explayarla más, ustedes saben muy bien hasta qué punto para mí es capital no sólo en lo que llevo escrito sino también en lo que prefiero personalmente dentro de la literatura. Lo que quise decir —y de ahí tal vez el malentendido— y que voy a repetir ahora tal vez con más claridad es que en nuestro tiempo sobre todo, y muy especialmente en América Latina dadas las circunstancias por las cuales atraviesa, no acepto nunca ese tipo de fantasía de ficción o de imaginación que gira en torno a sí misma y nada más y que se siente en el escritor que únicamente hace un trabajo de fantasía y de imaginación, escapando deliberadamente de una realidad que lo rodea, lo enfrenta y le está pidiendo un diálogo en los libros que ese hombre va a escribir. La fantasía, lo fantástico, lo imaginable que yo amo y con lo cual he tratado de hacer mi propia obra es todo lo que en el fondo sirve para proyectar con más claridad y con más fuerza la realidad que nos rodea. Lo dije al comienzo y lo repito ahora que nos estamos ya saliendo del dominio de lo fantástico para entrar en el realismo o lo que se llama realismo. Dejo entonces aclarada una cosa que me parece importante porque de ninguna manera se me ocurriría disminuir la importancia de todo lo que es fantasía en un escritor cuando sigo creyendo que es su arma más poderosa y la que le abre finalmente las puertas de una realidad más rica y muchas veces más hermosa.

He escrito varios cuentos en donde creo que esto que acabo de decir se muestra y ejemplifica perfectamente: cuentos como "La autopista del sur" y otros que puedo mencionar ahora en que hay elementos insólitos que no valen por sí mismos, no tienen en el fondo ninguna importancia independiente sino que son señales, indicaciones destinadas a multiplicar la sensación de la realidad de lo que está sucediendo como acción, como peripecia. En ese sentido quisiera que pasáramos un rato con uno de esos cuentos que escribí hace seis años aproximadamente y que se llama "Apocalipsis de Solentiname". Es un cuento de los más realistas que haya podido imaginar o escribir porque está basado en gran medida en algo que viví, que me sucedió y que traté de relatar y escribir con toda la fidelidad y claridad posibles. Al final de ese cuento irrumpe un elemento totalmente fantástico pero eso no es ningún escape de la realidad sino al contrario; es un poco llevar las cosas a sus últimas consecuencias para que lo que quiero decir, que es una visión muy latinoamericana de nuestro tiempo, llegue al lector con más fuerza, de alguna manera le estalle delante de la cara y lo obligue a sentirse implicado y presente en el relato.

Como no es muy largo he decidido leerlo porque creo que hacer eso vale más que cualquier explicación exterior que yo pudiera dar. Simplemente quiero dar una o dos aclaraciones de tipo técnico antes de leerlo para que no haya dificultades: ustedes saben que a la gente de Costa Rica se les llama ticos y a la gente de Nicaragua se les llama nicas; los ticos y los nicas son mencionados alguna que otra vez. Hacia el final hay una referencia a un gran poeta y un gran luchador en América Latina que se llamó Roque Dalton, poeta salvadoreño que combatió durante muchos años por lo que en este momento está combatiendo gran parte del pueblo de El Salvador y que murió en circunstancias oscuras y penosas que alguna vez se aclararán pero sobre las cuales no se tiene todavía una información suficiente. Hay una mención a Roque Dalton, que yo amé mucho como escritor y como compañero de muchas cosas. El cuento —lo digo otra vez para que quede bien claro— es absolutamente fiel a los episodios que aquí se cuentan, salvo lo que sucede al final. Aclaro también —supongo que todos lo saben— que Solentiname es el nombre de una comunidad que el poeta nicaragüense Ernesto Cardenal tuvo durante muchos años en una de las islas del Gran Lago de Nicaragua, comunidad que alcancé a visitar en las circunstancias que se narran aquí y que luego fue destruida por la guardia nacional de Somoza antes de la última ofensiva que terminó con él. En esa comunidad muy pobre de pescadores y campesinos dirigidos espiritualmente por Cardenal se cumplía un trabajo de tipo intelectual y artístico muy grande en un medio muy pobre, muy analfabeto y muy desfavorecido. (Ernesto Cardenal —lo digo incidentalmente— me dijo la última vez que hablamos que tiene la intención de volver a crear su comunidad ahora que Nicaragua es libre y hay la posibilidad de hacerlo. Espero que lo lleve a cabo porque el trabajo que hizo en esa comunidad durante años, acosado, perseguido y amenazado todo el tiempo, es de esos trabajos que me hacen tener cada vez más esperanza y más fe en nuestros pueblos.)

APOCALIPSIS DE SOLENTINAME

Los ticos son siempre así, más bien calladitos pero llenos de sorpresas, uno baja en San José de Costa Rica y ahí están esperándote Carmen Naranjo y Samuel Rovinski y Sergio Ramírez (que es de Nicaragua y no tico pero qué diferencia en el fondo si es lo mismo, qué diferencia en que yo sea argentino aunque por gentileza debería decir tino, y los otros nicas o ticos). Hacía uno de esos calores y para peor todo empezaba enseguida, conferencia de prensa con lo de siempre, ¿por qué no vivís en tu patria, qué pasó que *Blow-Up* era tan distinto de tu cuento, te parece que el escritor tiene que estar comprometido? A esta altura de las cosas ya sé que la última entrevista me la harán en las puertas del infierno y seguro que serán las mismas preguntas, y si por caso es *chez* San Pedro la cosa no va a cambiar, ¿a usted no le parece que allá abajo escribía demasiado hermético para el pueblo?

Después el hotel Europa y esa ducha que corona los viajes con un largo monólogo de jabón y de silencio. Solamente que a las siete cuando ya era hora de caminar por San José y ver si era sencillo y parejito como me habían dicho, una mano se me prendió del saco y detrás estaba Ernesto Cardenal y qué abrazo, poeta, qué bueno que estuvieras ahí después del encuentro en Roma, de tantos encuentros sobre el papel a lo largo de los años. Siempre me sorprende, siempre me conmueve que alguien como Ernesto venga a verme y a buscarme, vos dirás que hiervo de falsa modestia pero decilo nomás viejo, el chacal aúlla pero el ómnibus pasa, siempre seré un aficionado, alguien que desde abajo quiere tanto a algunos que un día resulta que también lo quieren, son cosas que me superan, mejor pasamos a la otra línea.

La otra línea era que Ernesto sabía que yo llegaba a Costa Rica y dale, de su isla se había venido en avión porque el pajarito que le lleva las noticias lo tenía informado de que los ticas me planeaban un viaje a Solentiname y a él le parecía irresistible la idea de venir a buscarme, con lo cual dos días después Sergio y Oscar y Ernesto y yo colmábamos la demasiado colmable capacidad de una avioneta Piper Aztec, cuyo nombre será siempre un enigma para mí pero que volaba entre hipos y borborigmos ominosos mientras el rubio piloto sintonizaba unos calipsos contrarrestantes y parecía por completo indiferente a mi noción de que el azteca nos llevaba derecho a la pirámide del sacrificio. No fue así, como puede verse, bajamos en Los Chiles y de ahí un yip igualmente tambaleante nos puso en la finca del poeta José Coronel Urtecho, a quien más gente haría bien en leer y en cuya casa descansamos hablando de tantos otros amigos poetas, de Roque Dalton y de Gertrude Stein y de Carlos Martínez Rivas hasta que llegó Luis

Coronel y nos fuimos para Nicaragua en su yip y en su panga de sobresaltadas velocidades. Pero antes hubo fotos de recuerdo con una cámara de esas que dejan salir ahí nomás un papelito celeste que poco a poco y maravillosamente y polaroid se va llenando de imágenes paulatinas, primero ectoplasmas inquietantes y poco a poco una nariz, un pelo crespo, la sonrisa de Ernesto con su vincha nazarena, doña María y don José recortándose contra la veranda. A todos les parecía muy normal eso porque desde luego estaban habituados a servirse de esa cámara pero yo no, a mí ver salir de la nada, del cuadradito celeste de la nada esas caras y esas sonrisas de despedida me llenaba de asombro y se los dije, me acuerdo de haberle preguntado a Oscar qué pasaría si alguna vez después de una foto de familia el papelito celeste de la nada empezara a llenarse con Napoleón a caballo, y la carcajada de don José Coronel que todo lo escuchaba como siempre, el yip, vámonos ya para el lago.

A Solentiname llegamos entrada la noche, allí esperaban Teresa y William y un poeta gringo y los otros muchachos de la comunidad; nos fuimos a dormir casi en seguida pero antes vi las pinturas en un rincón, Ernesto hablaba con su gente y sacaba de una bolsa las provisiones y regalos que traía de San José, alguien dormía en una hamaca y yo vi las pinturas en un rincón, empecé a mirarlas. No me acuerdo quién me explicó que eran trabajos de los campesinos de la zona, ésta la pintó el Vicente, ésta es de la Ramona, algunas firmadas y otras no pero todas tan hermosas, una vez más la visión primera del mundo, la mirada limpia del que describe su entorno como un canto de alabanza: vaquitas enanas en prados de amapola, la choza de azúcar de donde va saliendo la gente como hormigas, el caballo de ojos verdes contra un fondo de cañaverales, el bautismo en una iglesia que no cree en la perspectiva y se trepa o se cae sobre sí misma, el lago con botecitos como zapatos y en último plano un pez enorme que ríe con labios de color turquesa. Entonces vino Ernesto a explicarme que la venta de las pinturas ayudaba a tirar adelante, por la mañana me mostraría trabajos en madera y piedra de los campesinos y también sus propias esculturas; nos íbamos quedando dormidos pero yo seguí todavía ojeando los cuadritos amontonados en un rincón, sacando las grandes barajas de tela con las vaquitas y las flores y esa madre con dos niños en las rodillas, uno de blanco y el otro de rojo, bajo un cielo tan lleno de estrellas que la única nube quedaba como humillada en un ángulo, apretándose contra la varilla del cuadro, saliéndose ya de la tela de puro miedo.

Al otro día era domingo y misa de once, la misa de Solentiname en la que los campesinos y Ernesto y los amigos de visita comentan juntos un capítulo del Evangelio que ese día era el arresto de Jesús en el huerto, un tema que la gente de Solentiname trataba como si hablaran de ellos mismos, de la amenaza de que les cayeran en la noche o en pleno día, esa vida en permanente incertidumbre de las islas y de la tierra firme y de toda Nicaragua y no solamente de toda Nicaragua sino de casi toda América Latina, vida rodeada de miedo y de muerte, vida de Guatemala y vida de El Salvador, vida de la Argentina y de Bolivia, vida de Chile y de Santo Domingo, vida del Paraguay, vida de Brasil y de Colombia.

Ya después hubo que pensar en volverse y fue entonces que pensé de nuevo en los cuadros, fui a la sala de la comunidad y empecé a mirarlos a la luz delirante del mediodía, los colores más altos, los acrílicos o los óleos enfrentándose desde caballitos y girasoles y fiestas en los prados y palmares simétricos. Me acordé que tenía un rollo de color en la cámara y salí a la veranda con una brazada de cuadros; Sergio que llegaba me ayudó a tenerlos parados en la buena luz, y de uno en uno los fui fotografiando con cuidado, centrando de manera que cada cuadro ocupara enteramente el visor. Las casualidades son así: me quedaban tantas tomas como cuadros, ninguno se quedó afuera y cuando vino Ernesto a decirnos que la panga estaba lista le conté lo que había hecho y él se rió, ladrón de cuadros, contrabandista de imágenes. Sí, le dije, me los llevo todos, allá los proyectaré en mi pantalla y serán más grandes y más brillantes que éstos, jodete.

Volví a San José, estuve en La Habana y anduve por ahí haciendo cosas, de vuelta a París con un cansancio lleno de nostalgia, Claudine calladita esperándome en Orly, otra vez la vida de reloj pulsera y *merci monsieur, bonjour madame*, los comités, los cines, el vino tinto y Claudine, los cuartetos de Mozart y Claudine. Entre tanta cosa que los sapos maletas habían escupido sobre la cama y la alfombra, revistas, recortes, pañuelos y libros de poetas centroamericanos, los tubos de plástico gris con los rollos de películas, tanta cosa a lo largo de dos meses, la secuencia de la Escuela Lenin en La Habana, las calles de Trinidad, los perfiles del volcán Irazú y su cubeta de agua hirviente verde donde Samuel y yo y Sarita habíamos imaginado patos ya asados flotando entre gasas de humo azufrado. Claudine llevó los rollos a revelar, una tarde andando por el barrio latino me acordé y como tenía la boleta en el bolsillo los recogí y eran ocho, pensé enseguida en los cuadritos de Solentiname y cuando estuve en mi casa busqué en las cajas y fui mirando el primer diapositivo de cada serie, me acordaba que antes de fotografiar los cuadritos había estado sacando la misa de Ernesto, unos niños jugando entre las palmeras igualitos a las pinturas, niños y palmeras y vacas contra un fondo violentamente azul de cielo y de lago apenas un poco más verde, o a lo mejor al revés, ya no lo tenía claro. Puse en el cargador la caja de los niños y la misa, sabía que después empezaban las pinturas hasta el final del rollo.

Anochecía y yo estaba solo, Claudine vendría al salir del trabajo para escuchar música y quedarse conmigo; armé la pantalla y un ron con mucho hielo, el proyector con su cargador listo y su botón de telecomando; no hacía falta correr las cortinas, la noche servicial ya estaba ahí encendiendo las lámparas y el perfume del ron; era grato pensar que todo volvería a darse poco a poco, después de los cuadritos de Solentiname empezaría a pasar las cajas con las fotos cubanas, pero por qué los cuadritos primero, por qué la deformación profesional, el arte antes que la vida, y por qué no, le dijo el otro a éste en su eterno indesarmable diálogo fraterno y rencoroso, por qué no mirar primero las pinturas de Solentiname si también son la vida, si todo es lo mismo.

Pasaron las fotos de la misa, más bien malas por errores de exposición, los niños en cambio jugaban a plena luz y dientes tan blancos. Apretaba sin ganas el botón de cambio, me hubiera quedado tanto rato mirando cada foto pegajosa de recuerdo, pequeño mundo frágil de Solentiname rodeado de agua y de esbirros como estaba rodeado el muchacho que miré sin comprender, yo había apretado el botón y el muchacho estaba ahí en un segundo plano clarísimo, una cara ancha y lisa como de incrédula sorpresa mientras su cuerpo se vencía hacia adelante, el agujero nítido en mitad de la frente, la pistola del oficial marcando todavía la trayectoria de la bala, los otros a los lados con las metralletas, un fondo confuso de casas y de árboles.

Se piensa lo que se piensa, eso llega siempre antes que uno mismo y lo deja tan atrás; estúpidamente me dije que se habrían equivocado en la casa de óptica, que me habían dado las fotos de otro cliente; pero entonces la misa, los niños jugando en el prado, entonces cómo. Tampoco mi mano obedecía cuando apretó el botón y fue un salitral interminable a mediodía con dos o tres cobertizos de chapas herrumbradas, gente amontonada a la izquierda mirando los cuerpos tendidos boca arriba, sus brazos abiertos contra un cielo desnudo y gris; había que fijarse mucho para distinguir en el fondo al grupo uniformado de espaldas y yéndose, el yip que esperaba en lo alto de la loma.

Sé que seguí; frente a eso que se resistía a toda cordura lo único posible era seguir apretando el botón, mirando la esquina de Corrientes y San Martín en Buenos Aires y el auto negro con los cuatro tipos apuntando a la vereda donde alguien corría con una camisa blanca y zapatillas, dos mujeres queriendo refugiarse detrás de un camión estacionado, alguien mirando de frente, una cara de incredulidad horrorizada, llevándose una mano al mentón como para tocarse y sentirse todavía vivo, y de golpe la pieza casi a oscuras, una sucia luz cayendo de la alta ventanilla enrejada, la mesa con la muchacha desnuda boca arriba y el pelo colgándole hasta el suelo, la sombra de espaldas metiéndole un cable entre las piernas abiertas, los dos tipos de frente hablando entre ellos, una corbata azul y un pulóver verde. Nunca supe si seguía apretando o no el botón, vi un claro de selva, una cabaña con techo de paja y árboles en primer plano, contra el tronco del más próximo un muchacho flaco mirando hacia la izquierda donde un grupo confuso, cinco o seis muy juntos le apuntaban con fusiles y pistolas; el muchacho de cara larga y un mechón cayéndole en la frente morena los miraba, una mano alzada a medias, la otra a lo mejor en el bolsillo del pantalón, era como si les estuviera diciendo algo sin apuro, casi displicentemente, y aunque la foto era borrosa yo sentí y supe y vi que el muchacho era Roque Dalton, y entonces sí apreté el botón como si con eso pudiera salvarlo de la infamia de esa muerte y alcancé a ver un auto que volaba en pedazos en pleno centro de una ciudad que podía ser Buenos Aires o São Paulo, seguí apretando y apretando entre ráfagas de caras ensangrentadas y pedazos de cuerpos y carreras de mujeres y de niños por una ladera boliviana o guatemalteca, de golpe la pantalla se llenó de mercurio y de nada y también de Claudine que entraba silenciosa volcando su sombra en la pantalla antes de inclinarse y besarme en el pelo y preguntar si eran lindas, si estaba contento de las fotos, si se las quería mostrar.

Corrí el cargador y volví a ponerlo en cero, uno no sabe cómo ni por qué hace las cosas cuando ha cruzado un límite que tampoco sabe. Sin mirarla, porque hubiera comprendido o simplemente tenido miedo de eso que debía ser mi cara, sin explicarle nada porque todo era un solo nudo desde la garganta hasta las uñas de los pies, me levanté y despacio la senté en mi sillón y algo debí decir de que iba a buscarle un trago y que mirara, que mirara ella mientras yo iba a buscarle un trago. En el baño creo que vomité, o solamente lloré y después vomité o no hice nada y solamente estuve sentado en el borde de la bañera dejando pasar el tiempo hasta que pude ir a la cocina y prepararle a Claudine su bebida preferida, llenársela de hielo y entonces sentir el silencio, darme cuenta de que Claudine no gritaba ni venía corriendo a preguntarme, el silencio nada más y por momentos el bolero azucarado que se filtraba desde el departamento de al lado. No sé cuánto tardé en recorrer lo que iba de la cocina al salón, ver la parte de atrás de la pantalla cuando ella llegaba al final y la pieza se llenaba con el reflejo del mercurio instantáneo y después la penumbra, Claudine apagando el proyector y echándose atrás en el sillón para tomar el vaso y sonreírme despacito, feliz y gata y tan contenta.

—Qué bonitas te salieron, esa del pescado que se ríe y la madre con los dos niños y las vaquitas en el campo; espera, y esa otra del bautismo en la iglesia, decime quién los pintó, no se ven las firmas.

Sentado en el suelo, sin mirarla, busqué mi vaso y lo bebí de un trago. No le iba a decir nada, qué le podía

117

decir ahora, pero me acuerdo que pensé vagamente en preguntarle una idiotez, preguntarle si en algún momento no había visto una foto de Napoleón a caballo. Pero no se lo pregunté, claro.

Pienso que en un relato de este tipo la irrupción de un elemento absolutamente increíble, absolutamente fantástico en definitiva, vuelve más real la realidad, lleva al lector lo que dicho explícitamente o contado detalladamente hubiera sido un informe más sobre tantas cosas que suceden pero que dentro del relato se proyecta con suficiente fuerza a través del mecanismo del mismo cuento.

Se me ocurre que en este momento, antes de seguir, ustedes tal vez quisieran hacerme algunas preguntas. Veo que hay alguien que quiere.

Alumno: *¿Por qué no habla un poquitico de Roque Dalton? Pienso que hay mucha gente que no sabe quién era.*

Sí, cómo no. Roque Dalton se decía nieto del pirata Dalton, un inglés o norteamericano que asoló las costas de Centroamérica y conquistó tierras que luego perdió y conquistó también, por las buenas o por las malas, algunas muchachas salvadoreñas de donde luego descendió la familia de Roque que conservaba el apellido de Dalton. Nunca supe yo, ni los amigos de Roque, si eso era cierto o uno de los muchos inventos de su fertilísima imaginación. Roque es para mí el ejemplo muy poco frecuente de un hombre en quien la capacidad literaria, la capacidad poética se dan desde muy joven mezcladas o conjuntamente con un profundo sentimiento de connaturalidad con su propio pueblo, con su historia y su destino. En él desde los dieciocho años nunca se pudo separar al poeta del luchador, al novelista del combatiente, y por eso su vida fue una serie continua de persecuciones, prisiones, exilios, fugas en algunos casos espectaculares y un retorno final a su país después de muchos años pasados en otros lugares de exilio para integrarse a la lucha donde habría de perder la vida. Afortunadamente para nosotros, Roque Dalton ha dejado una obra amplia, varios volúmenes de poemas y una novela que tiene un título irónico y tierno a la vez; se llama *Pobrecito poeta que era yo* porque es la historia de un hombre que en algún momento siente la tentación de volcarse plenamente en la literatura y dejar de lado otras cosas que su naturaleza también le reclamaba; finalmente no lo hace y sigue manteniendo ese equilibrio que siempre me pareció admirable en él. Roque Dalton era un hombre que a los cuarenta años daba la impresión de un chico de diecinueve. Tenía algo de niño, conductas de niño, era travieso, juguetón. Era difícil saber y darse cuenta de la fuerza, la seriedad y la eficacia que se escondían detrás de ese muchacho.

Me acuerdo de una noche en que en La Habana nos reunimos un grupo de extranjeros y de cubanos para hablar con Fidel Castro. Era en el año 62, al comienzo de la Revolución. La reunión tenía que durar una hora a partir de las diez de la noche y duró exactamente hasta las seis de la mañana, como sucede casi siempre con esas entrevistas de Fidel Castro que se prolongan interminablemente porque él no conoce el cansancio y sus interlocutores tampoco en esos casos. Nunca me voy a olvidar de que hacia el alba, cuando yo estaba realmente medio dormido porque no aguantaba más de fatiga y de cansancio, recuerdo a Roque Dalton, flaco, muy flaco y no muy alto, al lado de Fidel, nada flaco y muy alto, discutiendo empecinadamente la manera de utilizar un cierto tipo de arma de la que no me enteré demasiado, un cierto tipo de fusil; cada uno de los dos tratando de convencer al otro de que tenían razón con toda clase de argumentos y además con demostraciones físicas: tirándose al suelo, levantándose y haciendo toda clase de demostraciones bélicas que nos dejaban bastante estupefactos.

Así era Roque: podía jugar hablando en serio porque evidentemente el tema le interesaba por razones muy salvadoreñas y a la vez era un gran juego en el que se divertía profundamente. La lectura de sus libros, tanto de poemas como de prosa —tiene también muchos ensayos, muchos trabajos de política—, es un momento importante en nuestra historia, sobre todo en la década entre el 58 y el 68. Sus análisis son siempre apasionados pero al mismo tiempo lúcidos, sus rechazos y sus discrepancias están siempre históricamente bien fundados. No era hombre de panfletos, era hombre de pensamiento y por detrás y por delante y por encima de todo eso había siempre el gran poeta, el hombre que ha dejado algunos de los poemas más hermosos que yo conozco en estos últimos veinte años. Esto es lo que puedo decir de Roque y mi deseo de que ustedes lo lean y lo conozcan más.

ALUMNA: *Usted en el cuento menciona que la gente tiene miedo —como Jesús— de ser traicionada, pero ¿no le parece que eso es porque en general en Latinoamérica se enfoca la realidad de una manera fantástica, emotiva y no racional y sólo desde un punto de vista? Porque usted habla sobre la gente que ha sido matada por los militares pero en la Argentina también los militares han sido muertos, por ejemplo Aramburu. Se enfoca sólo desde un punto de vista y es por eso que hay esas luchas continuas en vez de tratar de encontrar una solución racional.*

Desde luego que hay una lucha continua, desde luego que ha habido y hay afrontamientos como los hubo en Nicaragua continuamente y como los hay en este momento en El Salvador, desde luego que hay violencia por ambas partes y que en muchos casos la violencia es injustificable en ambas partes en lucha. Lo que creo que habría que pensar y tener siempre en cuenta cuando se habla de violencia y de afrontamientos e incluso de crímenes entre dos fuerzas en lucha es por qué comenzó la violencia y quién la comenzó, o sea introducir una dimensión moral en esta discusión. Cuando el obispo o cardenal brasileño (no me acuerdo de cuál es su jerarquía) Hélder Câmara (creo que es obispo) y el arzobispo de El Salvador monseñor Romero (salvajemente asesinado hace algunos meses), siendo los dos hombres de iglesia, dijeron en sus últimos discursos que un pueblo oprimido, sojuzgado, asesinado y torturado tiene el derecho moral de levantarse en armas contra sus opresores, creo que estaban poniendo el dedo en el centro mismo del problema; porque es muy fácil estar en contra de la violencia en conjunto pero lo que no se piensa con alguna frecuencia es cómo se llegó a esa violencia, cuál fue el proceso original que la desencadenó.

Para contestar muy concretamente a su pregunta, tengo plena conciencia de que en mi país, en nuestro país, las fuerzas que se levantaron en contra del ejército y de la oligarquía argentina cometieron muchas veces actos que podemos calificar de excesos; procedieron de una manera que personalmente no puedo validar ni aceptar en absoluto pero aun en esa condena moral que estoy haciendo tengo presente que jamás hubieran llegado a eso —porque no lo hubieran necesitado— si previamente, a partir de las dictaduras precedentes (me refiero concretamente a la de los generales Onganía, Levingston y Lanusse), no hubiera comenzado en la Argentina una monstruosa escalada de tortura, violencia y opresión que determinó finalmente los primeros levantamientos en contra. Ésta no es una clase de política y me limito a esto porque creo que usted y yo podríamos hablar mucho más del tema porque sin duda lo conocemos como argentinos, pero creo haber dicho lo suficiente para que eso muestre cuál es mi opinión en ese punto.

Bueno, si no hay otras preguntas les propongo dar ahora el salto que hemos estado queriendo dar y nunca podíamos, como alguien que se detiene al borde de un pequeño precipicio que podría franquear pero duda antes de franquearlo. Hace ya bastante que hemos estado hablando de pasar de los cuentos fantásticos a los realistas y nunca nos decidimos. (Uso el plural pero en realidad soy yo el culpable; nunca me decido porque surgen eslabones intermedios.) "Apocalipsis de Solentiname" es para mí ya un cuento perfectamente realista, no en su ejecución completa puesto que al final se vuelve un cuento fantástico, pero sí en la intención, en lo que el escritor buscó mostrar y proponer: ahí no hay absolutamente nada de fantasía, nada de invención que pretenda dejar la realidad de lado; al contrario, lo que quiere ese cuento es poner la realidad delante de los ojos de cualquiera que tenga la honestidad de leerlo bien y a fondo.

El paso de lo fantástico al realismo no es tan fácil como parece desde el momento en que nadie sabe bien exactamente qué es la realidad. Tenemos todos una idea pragmática de la realidad, desde luego, pero ¿acaso la filosofía no continúa planteándose el problema de la realidad? En este mismo momento los filósofos siguen planteándose ese problema porque no hay soluciones o son soluciones ingenuas. Aceptamos lo que nuestros sentidos nos muestran a pesar que cualquier pequeño test muestra que nuestros sentidos se equivocan muy fácilmente. Todos pueden hacer cincuenta juegos muy sencillos para mostrar que el olfato, los ojos y todo lo que nos comunica con el mundo exterior se equivocan con mucha facilidad; sin embargo, puesto que hay que vivir, puesto que no podemos quedarnos en una mera problemática, terminamos por aceptar la realidad tal como se nos da. Pero el concepto de la realidad es extraordinariamente permeable según las circunstancias y el punto de vista que tomemos. Entonces no es tan fácil salir de lo fantástico a lo llamado realista; hay una serie de zonas intermedias que yo no puedo callar. Dentro de un rato hablaré de cuentos directamente realistas pero, así como "Apocalipsis de Solentiname" es un cuento que utiliza y se mueve dentro de las dos atmósferas que podemos llamar realista y fantástica, hay otras formas del realismo en la literatura: se ha hablado del realismo mágico, del cual Gabriel García Márquez es el maestro insuperable en América Latina; se ha hablado de realismo maravilloso, que sería una variante del realismo mágico.

Pensando un poco en estos problemas se me ocurrió también que se podría hablar de realismo simbólico en la literatura, y me explico: Entiendo por realismo simbólico un cuento —una novela también puede ser— que tenga un tema y un desarrollo que los lectores pueden aceptar como perfectamente real en la medida en que no se den cuenta, avanzando un poco más, que, por debajo de esa superficie estrictamente realista, se esconde otra cosa que también es la realidad y que es todavía más la realidad, una realidad más profunda, más difícil de captar. La literatura es capaz de crear textos que nos den una primera lectura perfectamente realista y una segunda lectura en la que se ve que ese realismo en el fondo está escondiendo otra cosa.

Lo mejor en estos casos es ejemplificar inmediatamente, ir más allá de la mera teoría. Para mí el maestro indiscutido en este siglo de eso que se me ocurre llamar realismo simbólico es Franz Kafka. Muchos de los cuentos de Kafka, como por ejemplo "En la colonia penitenciaria", y sobre todo la novela que es su obra maestra, *El proceso,* cuentan historias que se cumplen en circunstancias aparentemente normales, que no ofrecen ninguna dificultad de comprensión desde el punto de vista de la realidad. Supongo que todos han leído *El proceso*, uno de los grandes libros de este siglo, y saben que es simplemente la historia de un hombre a quien de golpe, sin darle explicaciones, lo acusan de un delito. Quienes lo acusan del delito no le explican cuál es y el personaje por supuesto no se siente culpable de ningún delito hasta que, en la medida que las acusaciones continúan y tiene que entrar en un interminable trámite burocrático que se cumple a lo largo de todo el libro, termina por aceptar que ha cometido un delito; no sabe cuál es porque no se lo han dicho nunca pero termina por aceptarlo. Cuando en el último capítulo vienen a buscarlo, lo sacan, lo llevan a un lugar y lo ejecutan, acepta su destino sin protestar porque finalmente ha entrado en ese juego en que acusados y acusadores sin decir una palabra llevaban adelante una dialéctica implacable que se cumple desde la primera hasta la última página. Aunque algunos de ustedes en este momento puedan pensar que no es un tema exactamente realista, en el fondo lo es.

Espero que a ninguno de nosotros le haya sucedido —a mí no me ha sucedido— pero es bastante frecuente que en la vida cotidiana, en el curso de indagaciones policiales como consecuencia de crímenes o de cualquier forma violenta de delincuencia, se coloca a ciertos acusados cuya psicología puede ser un poco especial en una situación traumática sin hacerles daño, sin violencia, simplemente llevándolos paso a paso a que confiesen un delito del que son sospechosos pero que no ha sido probado. Es frecuente leerlo en los periódicos: hay acusados que terminan confesando una falta que no habían cometido y más adelante, cuando psicológicamente se reponen de ese traumatismo, niegan haber cometido el crimen porque no lo habían cometido. (Estoy hablando de los inocentes. También puede haber culpables que lo utilizan como truco pero no hablamos de eso: hablamos del inocente que por la presión psicológica de los interminables interrogatorios y de la lenta acumulación de pruebas puede terminar por aceptar un hecho del que al principio se consideraba inocente.) Ése es en el fondo el tema de la novela de Kafka y no tiene absolutamente nada de descabellado.

Yo tengo una especie de *hobby* que es la criminología. Cuando tengo un rato libre trato de leer muchos libros sobre criminología porque creo que es una ciencia que abre panoramas vertiginosos en la psiquis humana y muestra abismos y trasfondos que no se pueden conocer de otra manera. Para dar un ejemplo concreto, si alguien no está convencido de esto que acabo de decir, bastaría recordar un proceso célebre que tuvo lugar en Londres hace veinte años y al cual me referí en un texto de *La vuelta al día en ochenta mundos* donde hablo mucho de los criminales, de Jack the Ripper y toda esa gente. En ese proceso un hombre fue acusado de haber cometido una serie de asesinatos por estrangulación, condenado a muerte y ejecutado. ¿Quién lo acusó? Alguien que vivía en la misma casa de este hombre lo acusó de haber cometido los crímenes. El hombre fue convicto y ejecutado. Dos o tres años después la policía descubrió que el acusador era el asesino, el que había cometido todos los asesinatos; el otro, absolutamente incapaz de defenderse en el proceso, fue a la horca sin tener la menor posibilidad de salvación porque psicológicamente quedó de tal manera deshecho por la acumulación de circunstancias que el verdadero asesino atentó contra él y no pudo salvarse a sí mismo. Es el famoso caso de Christie y Evans que ha hecho historia porque para la jurisprudencia plantea un problema muy serio desde el punto de vista moral.

Todo esto, para volver al realismo simbólico de Kafka, tiene actualmente en América Latina muy buenos exponentes en el cuento y en la novela. Conozco muchos relatos —que se escriben de más en más porque parecería ser un género que interesa a los jóvenes escritores— que tienen esta doble lectura: son cuentos de tema perfectamente realista pero por debajo de los cuales hay en general una denuncia hacia un orden de cosas que se considera malo, falso, injusto. Lo que un ensayista o un panfletista haría en un ensayo o en un panfleto, o sea denunciar, el escritor no lo hace así; un escritor de este tipo cuenta una historia en donde no hay ninguna denuncia, pero el lector se da cuenta de que por debajo esa denuncia está y tiene una fuerza terrible. Hace unos años escribí un cuento que está en *La vuelta al día en ochenta mundos* y se llama "Con legítimo orgullo". Ese cuento está dedicado; el epígrafe dice: *"in memoriam K."*. *K.* es el personaje de *El proceso* y la inicial del apellido de Kafka. La referencia, como ustedes ven, es muy directa. Es un homenaje que quise hacer a Kafka escribiendo un cuento que tuviera una estructura análoga a algunos de sus cuentos y a *El proceso:* una superficie aparentemente muy tersa, incluso muy natural aunque pueda parecer absurda en algunos momentos; es un absurdo que el lector acepta dentro del juego total de los episodios. Luego por debajo está la verdad, eso que acabo de calificar de denuncia.

Pienso que será mejor que ustedes oigan el cuento y que la denuncia la sientan ustedes mismos sin que yo tenga la necesidad de decirlo. Es un cuento también breve, no los quiero cansar demasiado con lecturas. Y dice:

Con legítimo orgullo

in memoriam K.

Ninguno de nosotros recuerda el texto de la ley que obliga a recoger las hojas secas, pero estamos convencidos de que a nadie se le ocurriría que puede dejar de recogerlas; es una de esas cosas que vienen desde muy atrás, con las primeras lecciones de la infancia, y ya no hay demasiada diferencia entre los gestos elementales de atarse los zapatos o abrir el paraguas y los que hacemos al recoger las hojas secas a partir del dos de noviembre a las nueve de la mañana.

Tampoco a nadie se le ocurriría discutir la oportunidad de esa fecha, es algo que figura en las costumbres del país y que tiene su razón de ser. La víspera nos dedicamos a visitar el cementerio, no se hace otra cosa que acudir a las tumbas familiares, barrer las hojas secas que las ocultan y confunden, aunque ese día las hojas secas no tienen importancia oficial, por así decir, a lo sumo son una penosa molestia de la que hay que librarse para luego cambiar el agua a los floreros y limpiar las huellas de los caracoles en las lápidas. Alguna vez se ha podido insinuar que la campaña contra las hojas secas podría adelantarse en dos o tres días, de manera que, al llegar el primero de noviembre, el cementerio estuviera ya limpio y las familias pudieran recogerse ante las tumbas sin el molesto barrido previo que suele provocar escenas penosas y nos distrae de nuestros deberes en ese día de recordación. Pero nunca hemos aceptado esas insinuaciones, como tampoco hemos creído que se pudieran impedir las expediciones a las selvas del norte, por más que nos cuesten. Son costumbres tradicionales que tienen su razón de ser, y muchas veces hemos oído a nuestros abuelos contestar severamente a esas voces anárquicas, haciendo notar que la acumulación de hojas secas en las tumbas sirve precisamente para mostrar a la colectividad la molestia que representan una vez avanzado el otoño, e incitarla así a participar con más entusiasmo en la labor que ha de iniciarse al día siguiente.

Toda la población está llamada a desempeñar una tarea en la campaña. La víspera, cuando regresamos del cementerio, la municipalidad ya ha instalado su quiosco pintado de blanco en mitad de la plaza y, a medida que vamos llegando, nos ponemos en fila y esperamos nuestro turno. Como la fila es interminable, la mayoría sólo puede volver muy tarde a su casa, pero tenemos la satisfacción de haber recibido nuestra tarjeta de manos de un funcionario municipal. En esa forma y, a partir de la mañana siguiente, nuestra participación quedará registrada día tras día en las casillas de la tarjeta, que una máquina especial va perforando a medida que entregamos las bolsas de hojas secas o las jaulas con las mangostas, según la tarea que nos haya correspondido. Los niños son los que más se divierten porque les dan una tarjeta muy grande, que les encanta mostrar a sus madres, y los destinan a diversas tareas livianas pero sobre todo a vigilar el comportamiento de las mangostas. A los adultos nos toca el trabajo más pesado, puesto que, además de dirigir a las mangostas, debemos llenar las bolsas de arpillera con las hojas secas que han recogido las mangostas, y llevarlas a hombros hasta los camiones municipales. A los viejos se les confían las pistolas de aire comprimido con las que se pulveriza la esencia de serpiente sobre las hojas secas. Pero el trabajo de los adultos es el que exige la mayor responsabilidad, porque las mangostas suelen distraerse y no rinden lo que se espera de ellas; en ese caso, nuestras tarjetas mostrarán al cabo de pocos días la insuficiencia de la labor realizada, y aumentarán las probabilidades de que nos envíen a las selvas del norte. Como es de imaginar hacemos todo lo posible por evitarlo aunque, llegado el caso, reconocemos que se trata de una costumbre tan natural como la campaña misma, y por eso no se nos ocurriría protestar; pero es humano que nos esforcemos lo más posible en hacer trabajar a las mangostas para conseguir el máximo de puntos en nuestras tarjetas, y que para ello seamos severos con las mangostas, los ancianos y los niños, elementos imprescindibles para el éxito de la campaña.

Nos hemos preguntado alguna vez cómo pudo nacer la idea de pulverizar las hojas secas con esencia de serpiente, pero después de algunas conjeturas desganadas acabamos por convenir en que el origen de las costumbres, sobre todo cuando son útiles y atinadas, se pierde en el fondo de la raza. Un buen día la municipalidad debió reconocer que la población no daba abasto para recoger las hojas que caen en otoño, y que sólo la utilización inteligente de las mangostas, que abundan en el país, podría cubrir el déficit. Algún funcionario proveniente de las ciudades linderas con la selva advirtió que las mangostas, indiferentes por completo a las hojas secas, se encarnizaban con ellas si olían a serpiente. Habrá hecho falta mucho tiempo para llegar a estos descubrimientos, para estudiar las reacciones de las mangostas frente a las hojas secas, para pulverizar las hojas secas a fin de que las mangostas las recogieran vindicativamente. Nosotros hemos crecido en una época en que ya todo estaba establecido y codificado, los criaderos de mangostas contaban con el personal necesario para adiestrarlas, y las expediciones a las selvas volvían cada verano con una cantidad satisfactoria de serpientes. Esas cosas nos resultan tan naturales que sólo muy pocas veces y con gran esfuerzo volvemos a hacernos las preguntas que nuestros padres contestaban severamente en nuestra infancia, enseñándonos así a responder algún día a las preguntas que nos harían nuestros hijos. Es curioso que ese deseo de interrogarse sólo se manifieste, y aun así muy raramente, antes o después de la campaña. El dos de noviembre, apenas hemos recibido nuestras tarjetas y nos entregamos a las tareas que nos han sido asignadas, la justificación de cada uno de nuestros actos nos parece tan evidente que sólo un loco osaría poner en duda la utilidad de la campaña y la forma en que se lleva a cabo. Sin embargo, nuestras autoridades han debido prever esa posibilidad porque en el texto de la ley impresa en el dorso de las tarjetas se señalan los castigos que se impondrían en tales casos; pero nadie recuerda que haya sido necesario aplicarlos.

Siempre nos ha admirado cómo la municipalidad distribuye nuestras labores de manera que la vida del Estado y del país no se vean alteradas por la ejecución de la campaña. Los adultos dedicamos cinco horas diarias a recoger las hojas secas, antes o después de cumplir nuestro horario de trabajo en la administración o en el comercio. Los niños dejan de asistir a las clases de gimnasia y a las de entrenamiento cívico y militar, y los viejos aprovechan las horas de sol para salir de los asilos y ocupar sus puestos respectivos. Al cabo de dos o tres días la campaña ha cumplido su primer objetivo, y las calles y plazas del distrito central quedan libres de hojas secas. Los encargados de las mangostas tenemos entonces que multiplicar las precauciones, porque a medida que progresa la campaña, las mangostas muestran menos encarnizamiento en su trabajo, y nos incumbe la grave responsabilidad de señalar el hecho al inspector municipal de nuestro distrito para que ordene un refuerzo de las pulverizaciones. Esta orden sólo la da el inspector después de haberse asegurado de que hemos hecho todo lo posible para que las mangostas sigan recogiendo las hojas, y si se comprobara que nos hemos apresurado frívolamente a pedir que se refuercen las pulverizaciones, correríamos el riesgo de ser inmediatamente movilizados y enviados a las selvas. Pero cuando decimos riesgo es evidente que exageramos, porque las expediciones a las selvas forman parte de las costumbres del Estado a igual título que la campaña propiamente dicha, y a nadie se le ocurriría protestar por algo que constituye un deber como cualquier otro.

Se ha murmurado alguna vez que es un error confiar a los ancianos las pistolas pulverizadoras. Puesto que se trata de una antigua costumbre no puede ser un error, pero, a veces, ocurre que los ancianos se distraen y gastan una buena parte de la esencia de serpiente en un pequeño sector de la calle o la plaza, olvidando que deben distribuirlo en una superficie lo más amplia posible. Ocurre así que las mangostas se precipitan salvajemente sobre un montón de hojas secas, y en pocos minutos las recogen y las traen hasta donde las esperamos con las bolsas preparadas; pero después, cuando confiadamente creemos que van a seguir con el mismo tesón, las vemos detenerse, olisquearse entre ellas como desconcertadas, y renunciar a su tarea con evidentes signos de fatiga y hasta de disgusto. En esos casos el adiestrador apela a su silbato y, por un momento, consigue que las mangostas junten algunas hojas, pero no tardamos en darnos cuenta de que la pulverización ha sido despareja y que las mangostas se resisten con razón a una tarea que de golpe ha perdido todo interés para ellas. Si se contara con suficiente cantidad de esencia de serpiente, jamás se plantearían estas situaciones de tensión en las que los ancianos, nosotros y el inspector municipal nos vemos abocados a nuestras respectivas responsabilidades y sufrimos enormemente; pero desde tiempo inmemorial se sabe que la provisión de esencia apenas alcanza para cubrir las necesidades de la campaña, y que en algunos casos las expediciones a las selvas no han alcanzado su objetivo, obligando a la municipalidad a apelar a sus exiguas reservas para hacer frente a una nueva campaña. Esta situación acentúa el temor de que la próxima movilización abarque un número mayor de reclutas, aunque al decir temor es evidente que exageramos, porque el aumento del número de reclutas forma parte de las costumbres del Estado a igual título que la campaña propiamente dicha, y a nadie se le ocurriría protestar por algo que constituye un deber como cualquier otro. De las expediciones a las selvas se habla poco entre nosotros, y los que regresan están obligados a callar por un juramento del que apenas tenemos noticia. Estamos convencidos de que nuestras autoridades procuran evitarnos toda preocupación referente a las expediciones a las selvas del norte, pero desgraciadamente nadie puede cerrar los ojos a las bajas. Sin la menor intención de extraer conclusiones, la muerte de tantos familiares o conocidos en el curso de cada expedición nos obliga a suponer que la búsqueda de las serpientes en las selvas tropieza cada año con la despiadada resistencia de los habitantes del país fronterizo, y que nuestros ciudadanos han tenido que hacer frente, a veces con graves pérdidas, a su crueldad y a su malicia legendarias. Aunque no lo digamos públicamente, a todos nos indigna que una nación que no recoge las hojas secas se oponga a que cacemos serpientes en sus selvas. Nunca hemos dudado de que nuestras autoridades están dispuestas a garantizar que la entrada de las expediciones en ese territorio no obedece a otro motivo, y que la resistencia que encuentran se debe únicamente a un estúpido orgullo extranjero que nada justifica.

La generosidad de nuestras autoridades no tiene límites, incluso en aquellas cosas que podrían perturbar la tranquilidad pública. Por eso nunca sabremos —ni queremos saber, conviene subrayarlo— qué ocurre con nuestros gloriosos heridos. Como si quisieran evitarnos inútiles zozobras, sólo se da a conocer la lista de los expedicionarios ilesos y la de los muertos, cuyos ataúdes llegan en el mismo tren militar que trae a los expedicionarios y a las serpientes. Dos días después las autoridades y la población acuden al cementerio para asistir al entierro de los caídos. Rechazando el vulgar expediente de la fosa común, nuestras autoridades han querido que cada expedicionario tuviera su tumba propia, fácilmente reconocible por su lápida y las inscripciones que la familia puede hacer grabar sin impedimento alguno; pero como en los últimos años el número de bajas ha sido cada vez más grande, la municipalidad ha expropiado los terrenos adyacentes para ampliar el cementerio. Puede imaginarse entonces cuántos somos los que al llegar el primero de noviembre acudimos desde la mañana al cementerio para honrar las tumbas de nuestros muertos. Desgraciadamente el otoño ya está muy avanzado, y las hojas secas cubren de tal manera las calles y las tumbas que resulta muy difícil orientarse; con frecuencia nos confundimos completamente y pasamos varias horas dando vueltas y preguntando hasta ubicar la tumba que buscábamos. Casi todos llevamos nuestra escoba, y suele ocurrirnos barrer las hojas secas de una tumba creyendo que es la de nuestro muerto, y descubrir que estamos equivocados. Pero poco a poco vamos encontrando las tumbas, y ya mediada la tarde podemos descansar y recogernos. En cierto modo nos alegra haber tropezado con tantas dificultades para encontrar las tumbas porque eso prueba la utilidad de la campaña que va a comenzar a la mañana siguiente, y nos parece como si nuestros muertos nos alentaran a recoger las hojas secas, aunque no contemos con la ayuda de las mangostas que sólo intervendrán al día siguiente cuando las autoridades distribuyan la nueva ración de esencia de serpiente traída por los expedicionarios junto con los ataúdes de los muertos, y que los ancianos pulverizarán sobre las hojas secas para que las recojan las mangostas.

No tengo ganas de hacer comentarios sobre este cuento porque me parece que los comentarios son obvios. Simplemente, muchas veces cuando por ejemplo me paseo por las calles de París —donde vivo— y asisto a ciertos momentos de la vida social, de los rituales sociales, de lo que la gente hace, de lo que obedece en algunos casos, de las líneas de conducta que sigue la colectividad, en ciertos momentos me acuerdo de Kafka y de este cuentecito porque cuántas de las cosas que aceptamos y toleramos en la sociedad que nos ha sido dada hecha son cosas que nunca se nos ha ocurrido criticar; nunca se nos ha ocurrido ir atrás de nosotros mismos y de nuestros antepasados inmediatos y más atrás, al comienzo, al fondo de la Historia para saber por qué finalmente la sociedad —hablo de la sociedad en su conjunto— nos impone ritmos, códigos, formas que aceptamos como la gente del cuento acepta que se mueran tantos ciudadanos buscando serpientes para luego poder recoger las hojas secas sobre las tumbas de los que han muerto para buscar esencia de serpiente para recoger las hojas secas y así en gran círculo. Todo esto ya nada tiene que ver con lo fantástico o con lo insólito, es un cuento perfectamente realista; mutatis mutandis, el equivalente puede suceder en el centro de Nueva York, de Buenos Aires o de París. Basta mirar un poco una sociedad en funcionamiento —y no se trata de decir que está mal— para darse cuenta hasta qué punto damos por aceptadas las cosas que como seres humanos tendríamos el elemental deber de analizar y, llegado el caso, criticar y, si fuera realmente necesario, destruir.

Bueno, los cuentos realistas... Esto, como nada en mí, no es teoría literaria; son siempre hipótesis, botellitas al mar que podemos ir tirando y ustedes pueden a su vez discutir y criticar. Muy grosso modo diría que, además de la diferencia de tema con respecto a los cuentos fantásticos, la diferencia está sobre todo en que el cuento realista por definición tiene que hacer profundo hincapié en el tema, en la situación que cuenta, y esa situación obviamente es una situación extraída de la realidad que nos circunda, la conozcamos o no. El cuento fantástico imaginativo puede prescindir de esa temática más ajustada a la realidad e incluso ir resueltamente en contra, que es lo que pasa en los grandes cuentos fantásticos. El primer peligro que amenaza al cuento realista es el excesivo hincapié que se puede hacer, llegado el caso, en la temática considerándola como la razón fundamental de ser del cuento. Esto plantea problemas bastante complejos y bastante delicados porque con frecuencia leemos cuentos calificados o considerados por sus autores como realistas que abarcan en efecto un pequeño momento de la vida de uno o varios personajes, una determinada situación y también determinados episodios y acontecimientos. Para algunos autores el solo hecho de haber elegido ese tema por considerarlo interesante y haberlo contado tal como el episodio podría haberse producido en la vida real o se produjo si lo está reproduciendo, basta para hacer un cuento realista. Cualquier escritor que tenga un poco de práctica en su propio oficio sabe que esto no es cierto: el tema es fundamental, importantísimo en un cuento realista puesto que la realidad es múltiple e infinita y un cuento supone siempre un corte, una separación, una elección, y por lo tanto el tema es el punto de partida, la base a partir de la cual arranca el escritor que va a contar ese episodio. Pero ¿en qué momento un cuento realista puede considerarse un gran cuento realista?, ¿en qué momento se convierte en un cuento de Chéjov, de Horacio Quiroga o de Maupassant?, ¿en qué momento esa descripción de un fragmento de la realidad tiene ciertos elementos, a veces muy imponderables, que lo vuelven inolvidable así como hablando del cuento fantástico hablábamos también de ciertos elementos del cuento que lo vuelven inolvidable? ¿Qué es lo que pasa en un gran cuento realista, en un cuento de Maupassant, Chéjov o Quiroga, para citar a los tres?

Personalmente, por haber intentado también escribir cuentos perfectamente realistas sin ningún salto en lo insólito, estoy convencido de que el cuento realista que se va a fijar en nuestra memoria es aquel en el que el fragmento de realidad que nos ha sido mostrado va de alguna manera mucho más allá de la anécdota y de la historia misma que cuenta. Ir más allá puede significar muchas cosas: puede significar un descenso en profundidad hacia la psicología de los personajes. Se puede mostrar realísticamente la conducta y la vida de una pareja o de una familia, pero el cuento llegará a volverse inolvidable cuando, además de eso que nos ha sido contado, lo que ocurre en el cuento nos permita entrar en el espíritu, en la psicología, en la personalidad profunda de los integrantes del cuento y que no necesariamente se explica en el cuento mismo.

El cuento realista es siempre más que su tema: el tema es absolutamente fundamental pero si un cuento realista se queda en el tema es uno de los muchísimos cuentos que leemos con frecuencia en que los principiantes, por el hecho de haber encontrado un episodio que los conmovió ya sea en un sentido histórico, amoroso, psicológico o incluso humorístico, pensaron que bastaba escribirlo para que eso fuera un buen cuento realista. En ese caso no lo es nunca porque el tema se reduce exclusivamente a la anécdota y muere en el momento en que la anécdota, el relato mismo, termina; con la última palabra el cuento empieza inevitablemente a caer en el olvido. Basta releer o pensar en los que no caen en el olvido y se mantienen en nuestra memoria para darse cuenta de que detrás de la anécdota, a veces por debajo, a veces lateralmente, el autor ha puesto en marcha todo un sistema de fuerzas de las que no hay por qué hablar necesariamente pero que explican lo que sucede en el cuento; lo explican de otra manera que el relato mismo, que la misma anécdota, por debajo o por encima, y le dan una fuerza que no tiene la anécdota pura, simple.

En América Latina, en las circunstancias actuales y en muchos de nuestros países, los escritores que tienen una participación en la Historia y cuya literatura quiere llevar en muchos casos un mensaje o transmitir ideas útiles en ese campo escriben cuentos realistas perdurables que, por debajo de lo que cuentan y sin decirlo nunca, contienen siempre de alguna manera una denuncia de un estado de cosas, de un sistema en crisis, de una realidad humana vista como negativa y retrógrada. Prácticamente todos los cuentos realistas que se están escribiendo ahora en América Latina y merecen recordación ─y son muchos─ contienen ese tipo de denuncia. Lo que es curioso es que no siempre el autor tiene una plena conciencia de esa denuncia; aunque no lo haya hecho por razones de denuncia, el solo hecho de haber escogido un tema determinado está dándole al cuento esa carga que después va a llegar al lector si lo analiza, si lo piensa, si lo vive un poco por debajo.

Yo escribí hace seis años un cuento que no pudo ser publicado en la Argentina porque el gobierno hizo saber al editor que si ese cuento junto con otro ─y el otro es "Apocalipsis de

Solentiname"— aparecían en el volumen que estaba preparando y que había dado a mi editor en Buenos Aires, la editorial tendría que atenerse a las consecuencias. (No tengo por qué hablar de las consecuencias, basta leer los diarios.) Como es natural, el editor me lo hizo saber y el libro no se publicó en la Argentina sino que se publicó completo en México puesto que yo no hubiera aceptado nunca retirar los dos cuentos y publicarlo en la Argentina; al contrario, con un poco de humor negro recuerdo que contesté que estaba dispuesto a retirar los cuentos siempre que se pudiera poner una nota al comienzo diciendo por qué los retiraba y, como es lógico, nadie aceptó esa solución. El segundo de esos cuentos, que apareció en la edición mexicana completo, creo que responde perfectamente a esto que estamos diciendo sobre el cuento realista. Se llama "Segunda vez" y no lo voy a leer, lo voy a resumir simplemente. Su tema es la historia de una muchacha que recibe una convocación para un trámite oficial en una oficina de un ministerio en una determinada calle de la ciudad de Buenos Aires. Esta muchacha, mostrada como un personaje muy simple y muy ingenuo, sabe que se trata de una cuestión burocrática. Llega a la hora indicada y entra en un largo pasillo donde hay gente esperando y luego la puerta del otro lado, que es la puerta de entrada a la oficina. Tiene que sentarse porque hay varias personas que tienen que pasar antes. Como sucede siempre en esos casos, entabla una conversación con quienes la rodean, entre ellos con un muchacho joven que le explica que él ya viene por segunda vez porque hay una primera convocatoria en la que hay que llenar papeles y contestar preguntas y luego hay una segunda convocatoria; la chica viene por primera vez y en cambio él está por la segunda. Mientras van hablando de estas cosas las otras personas van entrando sucesivamente, se quedan cinco o diez minutos y vuelven a salir porque hay solamente las dos puertas: la de la oficina y la que a través del pasillo lleva a la escalera. En un momento dado le llega el turno al muchacho y como los dos son más o menos de la misma edad y han tenido tiempo de charlar un rato, fumar un cigarrillo, contarse en qué zona de la ciudad viven y en qué trabajan, se ha creado una relación cordial entre ellos. La muchacha confía en que él entre en la oficina y vuelva a salir en seguida para que también ella pueda entrar en seguida y todo se termine muy rápidamente. Pasan dos o tres minutos, se abre la puerta y en vez de salir el muchacho aparece uno de los empleados que le hace señas a la muchacha para que entre. Ella se queda un poco sorprendida porque no había más que esa puerta y todo el mundo había salido por ahí: todos los que habían entrado antes habían salido por ahí y habían saludado; todos ellos, cuatro personas. Piensa entonces que a lo mejor el muchacho está todavía en la oficina atendido por algún otro empleado y que su trámite es un poco más largo, pero cuando entra en la oficina —que es en efecto bastante grande y hay muchas mesas— mira y no lo ve. Entretanto la llaman a una mesa y tiene que empezar a llenar unos interminables formularios como siempre en esa clase de oficinas. Sigue preocupada, le parece una cosa extraña y piensa que quizá haya una segunda puerta que ella no vio y que a él lo han hecho salir por la otra puerta porque en ese momento se acuerda de que venía por segunda vez; ella, por primera. Entonces piensa que tal vez a los que vienen por segunda vez los hacen salir por otra puerta. Mira pero no ve ninguna. Finalmente le toman los papeles y le dicen que se vaya, que la van a citar de nuevo, que va a tener que volver una segunda vez. Ella sale y baja lentamente la escalera, llega a la calle, mira y se pregunta dónde puede estar el muchacho. Todavía se queda un momento esperando porque le había tomado simpatía pero luego, como mujer, se siente incómoda de estar ahí esperando a un hombre al que prácticamente no conoce y se marcha.

Ésa es la síntesis del cuento. Lo escribí en momentos en que en la Argentina empezaba una de las formas más siniestras de la represión, lo que se dio en llamar las desapariciones: gente de la cual bruscamente se deja de tener noticias total y definitivamente salvo casos aislados de algunos que puedan reaparecer. Según las comisiones internacionales de encuestas esas desapariciones llegan a sumar quince mil en los últimos años. El tema de las desapariciones en Argentina se ha vuelto uno de los traumatismos más angustiosos para una parte de la población, para los que cuentan con alguien de su familia que ha "desaparecido" (la palabra uno siempre la piensa entre comillas porque puede imaginarse todo lo que puede haber habido después de la desaparición por cuanto la persona no ha reaparecido y no se sabe que esté presa ni hay señales de su presencia). Era lógico que el cuento no fuera aceptable en ese momento pero, para hablar del cuento en sí mismo, ustedes se habrán dado cuenta de que es un relato perfectamente lineal donde hay un pequeño misterio de alguien que entró en una oficina y no volvió a salir. (Bueno, tal vez salió y la muchacha estaba distraída y no lo vio, aunque eso no puede ser por la historia del pasillo pero tal vez finalmente había una segunda puerta disimulada por algunos afiches y ella no la vio.) El cuento no explica lo que pasa porque justamente las desapariciones no se pueden explicar: la gente desaparece y no hay explicación sobre esas desapariciones. En mi espíritu, cuando lo escribí, el cuento contenía una denuncia pero no hay absolutamente ninguna referencia concreta a ese tipo de desapariciones (salvo el hecho de que sucede en Buenos Aires), es simplemente un pequeño episodio burocrático en una oficina. Es el lector el que en su segunda lectura del cuento verá hasta qué punto ese mecanismo tan pedestremente realista puede tener un enriquecimiento desde abajo, en este caso bastante horrible: mostrar que la realidad es mucho más compleja y mucho más complicada de lo que parecería por la simple anécdota, el simple relato.

Hay otro cuento en donde los mecanismos son parecidos y también lo resumo muy brevemente. Se llama "Los buenos servicios", lo escribí en París hace ya muchos años y está basado en la realidad más absoluta y total. Yo estaba de visita en casa de una amiga argentina, escritora, y en un momento dado charlando de cualquier cosa me contó muerta de risa —encontraba que la cosa era muy graciosa— de una señora ya viejita, francesa, que iba dos veces por semana a limpiar su departamento, digamos una criada (ahora, en los grandes liberalismos de nuestro tiempo, la palabra criada la gente no se atreve a usarla; dicen: "asistenta", "auxiliar") a quien se le pagaba para que limpiara los pisos y lavara los platos. Esta señora ya viejecita y con una mentalidad muy primaria le contó a mi amiga (esas señoras hablan mucho, en París sobre todo) que una vez la habían *alquilado* —usó la palabra— para cuidar perros en una casa porque había una fiesta y los perros iban a molestar; era un departamento de lujo y había que tener a los perros quietos en una habitación mientras durara la fiesta, toda la noche. La alquilaban a ella para que estuviera sentada allí dando agua y comida a los perros y para que evitara que se peleasen. Eso era ya de por sí una historia bastante insólita pero a continuación le contó que otra vez (evidentemente a esta señora le sucedían cosas así) también la habían alquilado para que representara el papel de la madre de un señor al que iban a enterrar: que fuera a los funerales y llorara cerca del ataúd y se presentara como la madre desesperada porque ese señor, que pertenecía a la altísima burguesía de París y era un modisto, un diseñador de modelos muy conocido y joven, había muerto en circunstancias misteriosas, tal vez un poco sospechosas, y la gente que lo rodeaba habían pensado que si "su madre" (entre comillas) estaba ahí, eso le daba al velorio y al entierro un aire de respetabilidad muy grande. Detrás había una sombría historia, probablemente de drogas o de homosexualidad, pero la señora no se daba cuenta, era totalmente inocente, simplemente se acordaba de que la habían alquilado para hacer el papel de la madre del muerto. Aceptó porque era muy pobre. Lo hizo y lo hizo muy bien, le dieron una propina y todo terminó bien. Mi amiga me contó estas dos cosas y yo le dije: "¡Pero con esto se podría escribir un cuento que podría ser un señor cuento!". Ella, que es escritora, es curioso, me dijo: "Yo creo que no tiene interés para un cuento". Yo me quedé pensando y le dije: "Bueno, ¿me regalás las ideas? Tal vez yo algún día...". Me dijo: "Sí, si querés escribir con eso, escribí". Lo escribí unos días después y se lo dediqué a ella porque me había regalado muy generosamente las ideas de la vieja señora. Lo único que hice como trabajo literario fue unir los dos episodios porque la señora le había contado lo de los perros y lo de la madre pero eran cosas separadas y en casas diferentes; me di cuenta de que se podía establecer literariamente una muy buena conexión entre la primera y la segunda parte, y efectivamente el cuento se cumple entonces en ese plano. Es quizá el cuento más realista que he escrito por la sencilla razón de que está contado en primera persona: la que habla es Madame Francinet, la vieja criada que cuenta esas historias que le sucedieron en la vida. Las cuenta como las siente, como las vivió; tiene una noción totalmente superficial de lo que le sucedió, empezando porque se coloca en una situación de gran respeto porque la llevan a casas de lujo en el distrito de las grandes residencias de París donde hay muchísimas criadas y mayordomos y donde la fiesta de la noche de los perros es extraordinaria, y cuando le toca ser la madre del modisto muerto también es en una residencia de lujo en las afueras de París. Ella estaba totalmente aplastada por eso, llena de respeto y además convencida de que lo que había hecho era en el fondo perfectamente natural y no tenía nada de humillante: le habían pagado, no era ilegal y ella había cumplido con las dos cosas que le habían pedido. Preferí escribir así el cuento para que un lector que sea tan ingenuo como Madame Francinet no se dé cuenta de nada, lo lea y diga: "¡Qué curioso esta mujer cuidando perros y después pasando por la madre de un modisto que murió!". Una cosa un poco absurda, pero sabía perfectamente que el cuento iba dirigido a lectores que inmediatamente iban a comprender el mecanismo de ese realismo, es decir que la visión totalmente ingenua de Madame Francinet al ir diciendo las cosas haría que uno viera construirse debajo de cada una de esas frases los exponentes de una sociedad en un avanzado grado de decadencia moral, profundamente corrompida, una sociedad de —para usar la palabra bíblica— sepulcros blanqueados donde hay que cuidar las apariencias, disimular, inventar una madre cuando la madre verdadera no existe o no está allí: una sociedad que no vacilará ante nada para cumplir sus ritos, sus ceremonias que la preservan, la sostienen y la defienden. Ésa es la segunda lectura del cuento y creo que no le quita absolutamente nada de realista porque qué puede ser más realista que una sociedad decadente de nuestro tiempo, de cualquier tiempo: es una de las muchas sociedades humanas y es perfectamente realista. Si les he dado ese ejemplo es porque creo que ahora sí debe estar perfectamente claro qué entiendo yo por literatura realista.

Veo que todavía nos queda un momento más y tal vez se puede hacer también una síntesis, por las dudas, para completar todavía más esta noción de realismo de un cuento donde la segunda lectura está también incluida en la primera pero el lector tiene que establecer él mismo la distinción y las diferencias. No es que haya dos planos, hay un plano un poco interfusionado. Es un cuento que escribí hace unos diez años y que se llama "Lugar llamado Kindberg", un cuento de dimensión mediana y de una línea argumental muy simple: Un argentino de unos cuarenta y tantos años de edad está viajando por Austria en automóvil una noche en que en la carretera hay una lluvia espantosa, absolutamente torrencial. Está deseando llegar a un pueblo y encontrar un hotel porque tiene miedo de un accidente por el estado del camino y la lluvia. De golpe al lado de un bosque ve una muchacha que le hace la típica seña —lo que en Argentina se llama "hacer dedo"— para que la socorra, la levante en el automóvil. Entonces frena, la hace entrar y continúa hasta llegar al pueblo para encontrar un hotel. En el camino cambian algunas palabras, se da cuenta de que la chica es muy jovencita; tendrá dieciocho, diecinueve años, un poco aniñada y al mismo tiempo muy segura de sí misma en el sentido de que le dice casi de inmediato que es chilena, lo tutea como se hace ahora cada vez más en América Latina sin preocuparse de que esté en un automóvil bastante lujoso, que esté bien vestido y sea un hombre tres veces mayor, dos veces y media mayor que ella. Le cuenta que está viajando por toda Europa, que se ha ido de Chile porque está un poco cansada de estar siempre en el mismo lugar, que se vino con unos amigos un poco como *hippies,* con muy poco dinero. Efectivamente está mal vestida y simplemente con un saco al hombro —que es todo lo que tiene en el mundo— está paseando, yendo de un sitio a otro haciendo autoestop o dedo. Llegan al pueblo y el hombre encuentra un hotel. Como es lo que se llama "un caballero argentino" inmediatamente pide dos habitaciones para pasar la noche, una habitación para la niña y otra para él. Se queda profundamente sorprendido cuando la chica con toda naturalidad le dice: "Pero no seas tonto, ¿para qué vas a gastar el doble en dos habitaciones? Saca una sola habitación, da lo mismo". Le llama un poco la atención pero saca una sola habitación. Se secan un poco, cenan y siguen hablando; ella le sigue contando episodios de su vida, le empieza a hablar de una música de la que él no tiene mayor idea porque se ha quedado atrás en materia de música, incluso de música popular. Le habla de un tal Archie Shepp; él no sabe quién es y ella entonces le silba melodías, temas de Archie Shepp y le parece extraño que no sepa quién es. Le habla de poemas, de poetas, del viaje que hicieron. Cuando él trata de razonar con ella y le dice "bueno, pero ya tienes diecinueve años, ¿qué vas a hacer después?", ella lo mira un poco sorprendida y le dice: "¿Qué voy hacer? Ahora quiero llegar a Holanda". Y él responde: "Pero ¿después?". "Después, si puedo llegar a Noruega me han dicho que hay unos osos polares en tal lugar. Quiero ver los osos polares", dice ella. Le da respuestas así, del presente inmediato pero a la vez muy bellas porque son respuestas en las que se siente que esa niña está viviendo para la poesía, para la música, para el arte y sobre todo para la libertad. Eso es lo que lentamente él comienza a entender y llega un momento en que cuando le hace preguntas de tipo razonable ella muy amablemente se las contesta bien, a veces con alguna ironía como diciéndole "eres un viejo y me haces preguntas de viejo". Eso comienza a dolerle porque finalmente no se considera tan viejo, pero poco a poco en ese diálogo a lo largo de la cena descubre algo que teóricamente conocía porque sin duda había leído muchos libros donde había personajes así y había oído hablar mucho de gente que vive de una forma un poco anárquica en el mundo tratando de descubrir cosas que no tiene en su país o en su medio, con lo que eso pueda tener de positivo y de negativo, pero nunca había enfrentado vitalmente la experiencia; nunca había estado al lado de una muchacha joven que con toda claridad, sin ninguna vergüenza, con toda tranquilidad se siente cómoda a su lado sabiendo que pase lo que pase estará bien que pase si los dos aceptan que pase. Además no tiene ningún empacho, ninguna dificultad en hablarle con toda franqueza de su deseos, de sus ideales, de sus esperanzas, de sus pequeños fracasos... y de Archie Shepp. El resultado es que vuelven a la habitación y él se siente cada vez más extrañamente atraído y al mismo tiempo preocupado por ese diálogo que está manteniendo con la chica. Terminan pasando la noche juntos, una maravillosa noche que pasan en común sin que en ningún momento la chica se muestre hipócrita sino que es perfectamente franca: está contenta de acostarse con él y al mismo tiempo él sabe perfectamente que es un episodio que no va a durar, que es simplemente una etapa en el camino y que la vida deberá continuar de otra manera al día siguiente. Ella no se lo dice nunca, pero él siente eso y lo sabe. Como no puede dormir (ella sí, con sus diecinueve años, su cansancio y además lo mucho que ha comido porque ha aprovechado para cenar todo lo que él la invitó porque tenía hambre...), en el insomnio piensa en su vida. Hay una serie de evocaciones que aparentemente no tienen mucho que ver con el cuento ni con la chica ni con lo que está sucediendo en ese momento: se acuerda por ejemplo de que siendo estudiante universitario o preuniversitario con sus amigos en los cafés se miraban los unos a los otros aburridos porque Buenos Aires se les había convertido en una ciudad tediosa sin mucho interés y hablaban de irse pero ninguno se iba; se acuerda de que una vez alguien descubrió que había unos veleros o cargueros que por muy poco dinero aceptaban muchachos jóvenes para que fueran entre pasajeros y ayudaran un poco y por una suma bastante ridícula se podía salir de Buenos Aires a bordo de ese velero y luego de dos o tres meses llegar a cualquier puerto de Asia o de Europa. ¡La aventura! A esa edad, porque tenían la edad de la chica, soñaban todos con hacerlo y se habían juramentado pero ninguno de ellos tomó el barco, ninguno salió. Entonces se ve a sí mismo terminando los estudios, su entrada en una carrera muy deseada por su padre y su madre y que él había aceptado por ese muy respetable motivo; ve el lento ascenso en el plano financiero, en el plano de la respetabilidad, descubre que viajar a Europa es muy agradable porque su trabajo lo obliga como representante de una gran compañía a viajar de capital en capital y por eso está haciendo ese viaje en el automóvil; tiene cada vez más dinero y es finalmente lo que se llama "un hombre que ha triunfado". Ese hombre que ha triunfado está pensando en por qué y cómo y de qué manera ha triunfado, mientras la pequeña ronca feliz y satisfecha a su lado. Y a la mañana siguiente el cuento termina en tres frases: Se levantan, salen y al llegar a la primera encrucijada ella le dice que se va a quedar allí para buscar otro automovilista porque su camino va en otra dirección. Duda un segundo y luego se despide de ella, le da un beso, la deja; ella carga su mochila y se va caminando a un tronco donde la ve que se sienta para esperar. Él sale con el auto, lo pone en tercera velocidad, acelera al máximo y se estrella deliberadamente en un árbol: se suicida estrellándose contra un árbol. Es el final del cuento. Visto desde fuera, como un relato superficialmente realista, ese suicidio —puesto que es un suicidio— no parece demasiado comprensible. Visto como yo quise escribirlo (y ojalá lo haya escrito, son ustedes que tienen que sentir eso o no), el realismo del cuento está en esa confrontación de dos concepciones de la vida diferentes. No se trata de decir que una es buena y la otra es mala porque también la vida de la chica tiene aspectos negativos; las sociedades no se han construido con gente como la chica sino en general con gente como ese señor, pero las sociedades se están destruyendo por culpa de ese señor y no por culpa de la chica, que tiene aspectos positivos y negativos. Lo que interesa es que ha habido una confrontación esencial, existencial en ese hombre que a lo largo de la noche ha visto en la chica lo que él hubiera podido ser en otra dimensión si aquella vez hubiera tomado el velero, si en vez de aceptar lo que su padre quería de él, hubiera aceptado su propia vocación, que era la música o la pintura, y no la aceptó. De golpe, esa niña que no ha dicho nada, que no ha hecho la menor crítica, lo ha desnudado existencialmente, lo ha puesto frente al espejo donde se ve como un importantísimo personaje y al mismo tiempo como el más miserable y el más fracasado de los hombres y se da cuenta de que en el fondo no es feliz, que todo ha sido una aceptación continua en busca de un estatus, de una situación que no es su verdadera personalidad, y tiene el coraje instantáneo de dejar a la niña y terminar.

Eso es lo que yo pienso que la literatura realista, entre tantas otras cosas, puede dar a sus lectores. No ya la famosa *tranche de vie* o tajada de vida como buscaban los naturalistas franceses, no ya ese realismo que consiste simplemente en poner un espejo tipográfico delante de cosas que podemos ver igual o mejor en la calle todos los días, sino esa alquimia profunda que mostrando la realidad tal cual es, sin traicionarla, sin deformarla, permita ver por debajo las causas, los motores profundos, las razones que llevan a los hombres a ser como son o como no son en algunos casos.

Estoy muy cansado. Si alguien quiere hacerme preguntas... Ustedes estarán más cansados que yo. ¿Sí, dime?

ALUMNO: *¿Por qué mata al protagonista?*

Será por eso que dije de que me gusta la criminología... A lo mejor soy un criminal, en el sentido freudiano, que se sublimó en escritor. No, es en serio, estoy hablando muy en serio: Una de las teorías más fascinantes del psicoanálisis es que en ciertos individuos que tienen tendencias criminales y para quienes el asesinato es una especie de impulso profundo (lo que podríamos llamar el criminal nato, no el criminal por accidente, por pasión o por impulso, sino el hombre que es un criminal nato y lo sabe; puede suceder si es una persona que pertenece a medios relativamente educados y cultivados de la sociedad), Freud sostiene que muchas veces los impulsos sádicos profundos buscan su salida a través de una sublimación, y por eso su teoría —que causó mucho escándalo— de que muchos cirujanos hubieran podido ser criminales si no fueran cirujanos. Se produce una sublimación maravillosa: el cirujano puede usar un bisturí, puede hacer lo que su psiquis más profunda le pide —la sangre y las heridas— pero está utilizando eso para el bien, salvando gente. Es un hombre que hace el bien, o sea que sus instintos profundos han quedado totalmente invertidos. Esto, que parece una broma, lo descubrió a través de una serie de coincidencias muy curiosas porque trató psicoanalíticamente a dos o tres cirujanos de su época que le dijeron que, cuando por razones de edad la mano no puede manejar bien el bisturí, habían tenido que abandonar la profesión y muy poco tiempo después habían comenzado a tener toda clase de neurosis y de complejos; se sentían como si en ellos nacieran diferentes personalidades, aparecían el Doctor Jekyll y Mister Hyde un poco escondidos. A Freud se le ocurrió pensar: "¿No será precisamente que a lo largo de su vida esa verdadera personalidad estuvo perfecta y maravillosamente compensada porque eligieron el camino del bien, de la ciencia?". Lo creeremos o no pero a lo mejor es por eso que yo mato a tantos personajes y que me gusta la criminología. Es bueno hacer bromas así porque..., porque detrás de las bromas *se agazapan a veces otras cosas.*

ALUMNA: *¿Su tendencia de justicia?*

¿Tendencia de justicia? Sí, creo tener una pero no es ninguna tendencia extraordinaria. La noción de injusticia no la puedo aceptar y por eso en alguien que muchas veces participa en problemas de tipo social, histórico o político, todo hombre que tiene una idea muy precisa y muy rigurosa de la justicia sufre mucho en el curso de su trabajo personal y de militancia, porque eso que se llama la *realpolitik,* la política realista, ha obligado tantas veces a tener que dejar de lado la justicia en determinados casos para que triunfen otras causas, renunciar a principios para que otros principios igualmente importantes puedan imponerse. Tengo una idea muy clara de la justicia pero también tengo una idea muy clara de la forma en que en general no se la aplica en el planeta.

La semana que viene nos vamos a divertir más porque vamos a dedicar toda la charla a la música, al juego y a los cronopios; a cosas así.

Quinta clase
Musicalidad y humor en la literatura

El otro día, tal vez por culpa del tema porque estábamos metidos en el realismo, fui demasiado realista y me olvidé completamente de que tenemos la costumbre de hacer un intermedio y los tuve a ustedes dos horas sin moverse, con el calor que hace aquí... Yo mismo me cansé bastante, de manera que trataremos de ser un poco menos realistas hoy y darnos diez minutos de fantasía.

Los temas sobre los cuales me gustaría hablar hoy —de una manera obligadamente corta y superficial porque nos va quedando cada vez menos tiempo— son para mí muy hermosos pero muy evasivos, difíciles de captar. Sobre cosas como el humor en la literatura y en mis cosas, la música, el juego, lo lúdico, uno tiene más una intuición que un concepto, más una práctica que una teoría, y cuando los quiere atrapar teóricamente tienden a escapar. De todas maneras quedan algunos procedimientos o métodos de acercamiento, por ejemplo con respecto a la música y la literatura o la música en la literatura. No estoy hablando de la música como tema literario sino de la fusión que en algunas obras literarias se puede advertir entre la escritura y la música, cierta línea musical de la prosa.

Hay prosas que, siendo muy buenas e incluso perfectas, nuestro oído no las reconoce como musicales, y en cambio hay otras en el mismo alto nivel que inmediatamente nos colocan en una situación muy especial, auditiva e interior al mismo tiempo, porque en el noventa y nueve por ciento de los casos no escuchamos lecturas en alta voz, ni las hacemos: leemos con los ojos y sin embargo, cuando hay una prosa que podemos calificar de musical, el oído interno la capta de la misma manera que la memoria también puede repetir melodías u obras musicales íntegras en el más profundo silencio. Aquí hay que tener cuidado con un malentendido: cuando estoy hablando de prosa o estilo musical no me estoy refiriendo a esos escritores, sobre todo del pasado, que buscaban acercarse a la música como sonido en su prosa —eso se notaba sobre todo en la poesía pero muchas veces también en la prosa—, es decir escritores que buscaban conseguir efectos musicales mediante el juego de repeticiones de vocales, aliteraciones o rimas internas. Ésa fue por cierto una de las grandes preocupaciones de la poesía llamada simbolista a fines del siglo pasado: el simbolismo francés buscó que la poesía se aproximara cada vez más a la música en ese plano de contacto auditivo; en el fondo había algo de imitación, se buscaba reflejar la música a través de las palabras. En América Latina hubo grandes poetas en esa misma época (Rubén Darío es uno de ellos, y José [*sic*] Herrera y Reissig en el Uruguay) que escribían sonetos donde había una dominante que podía ser la *a,* la *o,* la *e* o la ele. Un soneto que empezara diciendo "Ala de estela lúcida, en la albura libre de los levantes policromos" está evidentemente instalado en el sonido de la ele; inmediatamente el oído reconoce que en "ala de estela lúcida en la albura" la ele entra como elemento musical dominante.

Desde luego, cuando hablo de mi contacto con la música no es en absoluto en ese plano. Eventualmente puedo haber escrito alguna frase en donde el sonido me gustaba,* pero ésa no es mi noción más honda de la presencia de la música en algo de lo que he podido hacer. Es otra cosa: el sentimiento más que la conciencia, la intuición de que la prosa literaria —en este caso me estoy viendo a mí mismo en el momento de escribir prosa literaria— puede darse como pura comunicación y con un estilo perfecto pero también con cierta estructura, cierta arquitectura sintáctica, cierta articulación de las palabras, cierto ritmo en el uso de la puntuación o de las separaciones, cierta cadencia que infunde algo que el oído interno del lector va a reconocer

---

* De hecho, "Ala de estela lúcida, en la albura / libre de los levantes policromos" son los versos iniciales de "Música", el primer soneto de su primer libro, *Presencia.*

150

de manera más o menos clara como elementos de carácter musical. Es un tipo de prosa que llamaría (la palabra no es castiza pero no importa porque hay que inventar palabras cuando hace falta) encantatoria o incantatoria, una palabra que abarca dos conceptos diferentes en apariencia: el de encanto en el sentido mágico de sortilegio, de encantamiento, de *charm* en inglés, de crear una atmósfera de hipnotización o de encantamiento que podemos llamar mágica como una pura imagen; y además en encantación o encantamiento está el sentido de canto: cantar está en encantar. Estoy hablando de una prosa en la que se mezclan y se funden una serie de latencias, de pulsaciones que no vienen casi nunca de la razón y que hacen que un escritor organice su discurso y su sintaxis de manera tal que, además de transmitir el mensaje que la prosa le permite, transmite junto con eso una serie de atmósferas, aureolas, un contenido que nada tiene que ver con el mensaje mismo pero que lo enriquece, lo amplifica y muchas veces lo profundiza.

Todo esto, como ven, es una penosa tentativa por explicar algo en el fondo inexplicable para mí. Lo que puedo decir como actor, como alguien que vive la experiencia de escribir muchos cuentos y muchos pasajes de novelas, es que en determinados momentos de la narración no me basta lo que me dan las posibilidades sintácticas de la prosa y del idioma; no me basta explicar y decir: tengo que decirlo de una cierta manera que viene ya un poco dicha no en mi pensamiento sino en mi intuición, muchas veces de una manera imperfecta e incorrecta desde el punto de vista de la sintaxis, de una manera que por ejemplo me lleva a no poner una coma donde cualquiera que conozca bien la sintaxis y la prosodia la pondría porque es necesaria. Yo no la pongo porque en ese momento estoy diciendo algo que funciona dentro de un ritmo que se comunica a la continuación de la frase y que la coma mataría. Ni se me ocurre la idea de la coma, no la pongo.

Eso me ha llevado a situaciones un poco penosas pero al mismo tiempo sumamente cómicas: cada vez que recibo pruebas de imprenta de un libro de cuentos mío hay siempre en la editorial ese señor que se llama "El corrector de estilo" que lo primero que hace es ponerme comas por todos lados. Me acuerdo que en el último libro de cuentos que se imprimió en Madrid (y en otro que me había llegado de Buenos Aires, pero el de Madrid batió el récord) en una de las páginas me habían agregado treinta y siete comas, ¡en una sola página!, lo cual mostraba que el corrector de estilo tenía perfecta razón desde un punto de vista gramatical y sintáctico: las comas separaban, modulaban las frases para que lo que se estaba diciendo pasara sin ningún inconveniente; pero yo no quería que pasara así, necesitaba que pasara de otra manera, que con otro ritmo y otra cadencia se convirtiera en otra cosa que, siendo la misma, viniera con esa atmósfera, con esa especie de luces exterior o interior que puede dar lo musical tal como lo entiendo dentro de la prosa. Tuve que devolver esa página de pruebas sacando flechas para todos lados y suprimiendo treinta y siete comas, lo que convirtió la prueba en algo que se parecía a esos pictogramas donde los indios describen una batalla y hay flechas por todos lados. Eso sin duda produce sorpresa en los profesionales que saben perfectamente dónde hay que colocar una coma y dónde es todavía mejor un punto y coma que una coma. Sucede que mi manera de colocarlas es diferente, no porque ignore dónde deberían ir en cierto tipo de prosa sino porque la supresión de esa coma, como muchos otros cambios internos, son —y esto es lo difícil de transmitir— mi obediencia a una especie de pulsación, a una especie de latido que hay mientras escribo y que hace que las frases me lleguen como dentro de un balanceo, dentro de un movimiento absolutamente implacable contra el cual no puedo hacer nada: tengo que dejarlo salir así porque justamente es así que estoy acercándome a lo que quería decir y es la única manera en que puedo decirlo.

Creo que esto aclara el posible malentendido entre la musicalidad entendida únicamente como imitación de sonidos y de armonías musicales y esta otra presencia de elementos musicales en la prosa, fundamentalmente el ritmo más que la melodía y la armonía. Cuando escribo un cuento y me acerco a su desenlace, al momento en el que todo sube como una ola y la ola se va a romper y será el punto final, en ese último momento dejo salir lo que estoy diciendo, no lo pienso porque eso viene envuelto en una pulsación de tipo musical. Lo sé porque sería absolutamente incapaz de cambiar una sola palabra, no podría sustituir una palabra por un sinónimo; aunque el sinónimo dijera prácticamente lo mismo, la palabra tendría otra extensión y cambiaría el ritmo, habría algo que se quebraría como se quiebra si se pone una coma donde yo no la he puesto. Eso me ha llevado a pensar que una prosa que acepta y que busca incluso darse con esa obediencia profunda a un ritmo, a un latido, a una palpitación que nada tiene que ver con la sintaxis, es la prosa de muchos escritores que amo particularmente y que cumple una doble función que no siempre se advierte: la primera es su función específica en la prosa literaria (transmite un contenido, relata una historia, muestra una situación) pero junto con eso está creando un contacto especial que el lector puede no sospechar pero que está despertando en él esa misma cosa quizá ancestral, ese mismo sentido del ritmo que tenemos todos y que nos lleva a aceptar ciertos movimientos, ciertas fuerzas y ciertos latidos. Leemos esa prosa de alguna manera como cuando escuchamos ciertas músicas y entramos totalmente en una especie de corriente que nos saca de nosotros mismos y nos mete en otra cosa. Una prosa musical, tal como yo la entiendo, es una prosa que transmite su contenido perfectamente bien (no tiene por qué no transmitirlo, no sufre en absoluto teniendo esos valores musicales) pero además establece otro tipo de contacto con el lector. El lector la recibe por lo que contiene como mensaje y además por el efecto de tipo intuitivo que produce en él y que ya nada tiene que ver con el contenido: se basa en cadencias internas, en obediencias a ciertos ritmos profundos.

Sé que todo esto no es fácil, tampoco es fácil para mí mismo pero puedo explicarlo un poco por la negativa. Mi problema es cuando me traducen: cuando se traducen cuentos míos a un idioma que conozco, muchas veces me encuentro con que la traducción es impecable, todo está dicho y no falta nada pero no es el cuento tal como yo lo viví y lo escribí en español porque falta esa pulsación, esa palpitación a la cual el lector es sensible porque si a algo somos sensibles es a las intuiciones profundas, a las cosas irracionales; lo somos aunque muchas veces la inteligencia se pone a la defensiva y nos prohíbe, nos niega ciertos accesos. Las grandes pulsaciones de la sangre, de la carne y de la naturaleza pasan por encima y por debajo de la inteligencia y no hay ningún control lógico que pueda detenerlas. Cuando el traductor no ha recibido eso, no ha sido capaz de poner en otro idioma un equivalente a esa pulsación, a esa música, tengo la impresión de que el cuento se viene al suelo, y es muy difícil explicarlo a ciertos traductores porque se quedan asombrados. "¡Sí, pero está bien traducido! Tú dijiste esto, aquí dice así: es exactamente lo mismo." "Sí, es exactamente lo mismo pero le falta algo." Es exactamente lo mismo en el plano de la prosa, como transmisión de un mensaje, pero le falta esa aura, esa luz, ese sonido profundo que no es un sonido auditivo sino un sonido interior que viene con ciertas maneras de escribir prosa en español.

Para no extendernos demasiado sobre el tema de la música agregaría que, así como hay escritores que son admirables maestros de la lengua y al mismo tiempo son totalmente sordos a estas pulsiones musicales y ni siquiera les gusta la música como arte, hay otros para quienes la música es una presencia incontenible y avasalladora en lo que escriben. Es una discusión que he tenido muchas veces con un escritor tan grande y tan admirable como Mario Vargas Llosa. Es totalmente sordo a la música: no le gusta, no le interesa, no existe para él. Su prosa es una prosa magnífica que transmite todo lo que él quiere transmitir pero, para quienes tenemos otra noción, es una prosa que no contiene ese otro tipo de vibración, esa otra arquitectura interna que transmite este otro tipo de valores musicales. Eso no quiere decir que el estilo de Vargas Llosa sea inferior al estilo de un autor que es sensible a la música, son simplemente manifestaciones diferentes de la literatura.

En mi caso soy una víctima de mi vocación porque en realidad yo nací para ser músico pero me pasó una cosa cruel:

se ve que de esas hadas que echan bendiciones y maldiciones en la cuna del niño que nace, hubo una que decidió que yo podía ser músico pero hubo otra que decidió que jamás sería capaz de manejar un instrumento musical con alguna eficacia y además carecería de la capacidad que tiene el músico para pensar melodías y crear armonías. Soy alguien que ama la música como oyente, soy un gran melómano y desde niño he escuchado muchísima música sin poder ser un músico. Una vez un periodista me preguntó el famoso juego de "si tuvieras que estar solo en una isla desierta qué llevarías". Le dije: "Para tu sorpresa no llevaría libros, llevaría discos porque si voy a estar solo en una isla desierta prefiero tener música que literatura". Esto parece un poco escandaloso dicho por un escritor y sin embargo es profundamente cierto. Me siento un músico frustrado. Si algo me hubiera gustado es poder ser si no un creador de música, por lo menos un gran intérprete; grande en el sentido de ser feliz, no por los públicos ni nada de eso sino realmente dominar un instrumento y gozar como puede gozar un pianista o un clarinetista ejecutando su instrumento. No me fue dado porque había el hada esa que me fastidió, pero en cambio hubo una vocación total hacia la música de los demás que venía hacia mí.

Cuando empecé a escribir los primeros balbuceos a los diez, once años, era un momento en que ya escuchaba música continuamente y el sentido del ritmo y de la melodía, todo lo que la música abría en mí desde el comienzo, se manifestó en lo que escribía porque incluso de manera muy ingenua, como un niño, buscaba formas musicales también ingenuas en lo que escribía. Yo mismo me delataba porque trataba de imitar melodías por escrito; con hermosas palabras, con acentos que subían y bajaban, andaba buscando ritmos sacados directamente de la música. Cambié, por supuesto, y entré en otra manera de sentir lo musical pero eso no se perdió, se mantuvo siempre. Pasé por todas las etapas de alguien que ama intensamente la música: las etapas iniciales en mi tiempo eran la ópera sobre todo —se escuchaba mucho más que ahora—, luego la gran música sinfónica y luego la música de cámara. Después empecé a descubrir las músicas populares, folclóricas: el tango que en mi generación de la Argentina no era muy bien visto porque se lo consideraba vulgar. Descubrí el tango y me apasioné. (Además, por cierto, esto es un poco al margen, las palabras de los tangos me enseñaron mucho del habla del pueblo, de la manera como el pueblo expresa su propia poesía. A veces un tango de Carlos Gardel me enseñó más que un artículo de Azorín en el plano de aprendizaje de técnicas de idioma.) Y un buen día descubrí el jazz y eso no es una novedad para ustedes porque saben bien que el jazz aparece como tema en muchas cosas que he escrito, desde "El perseguidor" hasta largos capítulos de *Rayuela* y otros textos donde está en el centro de la cosa. El jazz tuvo una gran influencia en mí porque sentí que contenía un elemento que no contiene la música que se toca a partir de una partitura, la música escrita: esa increíble libertad de la improvisación permanente. El músico de jazz toca creando él mismo a partir de una melodía dada o de una serie de acordes y, si es un gran músico, nunca va a repetir una improvisación, siempre buscará nuevos caminos porque eso es lo que lo divierte. El elemento de creación permanente en el jazz, ese fluir de la invención interminable tan hermoso, me pareció una especie de lección y de ejemplo para la escritura: dar también a la escritura esa libertad, esa invención de no quedarse en lo estereotipado ni repetir partituras en forma de influencias o de ejemplos sino simplemente ir buscando nuevas cosas a riesgo de equivocarse. También un músico de jazz tiene malos momentos y pasajes que son muy pesados, pero de golpe puede saltar nuevamente porque está trabajando en un clima de total y absoluta libertad.

Para terminar con este tema de la música, les voy a leer un texto muy pequeño que es una especie de comentario a lo que acabamos de decir y que refleja un poco mi amor personal como escritor por la música y todo lo que ha significado para mí. Se habla exclusivamente de pianistas; la mayoría de esos nombres serán desconocidos para ustedes por razones de edad y de generación. Son pianistas de mi juventud pero hacia el final se menciona a uno que vive todavía y es uno de los más grandes pianistas del jazz, Earl Hines. Sé que no es todo lo conocido que debiera ser en la generación joven actual pero para hombres de mi edad Earl Hines ha llenado exactamente cincuenta años de jazz de la más alta calidad.* Ese pequeño texto, que es una manera de cerrar el tema, se llama…, se llama, si lo encuentro…, es de un libro que se llama *Un tal Lucas* y del que hablaremos un poco después. El personaje, que se llama Lucas, va hablando de diversos temas y este pequeño texto se llama "Lucas, sus pianistas" y dice:

> Larga es la lista como largo el teclado, blancas y negras, marfil y caoba; vida de tonos y semitonos, de pedales fuertes y sordinas. Como el gato sobre el teclado, cursi delicia de los años treinta, el recuerdo apoya un poco al azar y la música salta de aquí y de allá, ayeres remotos y hoyes de esta mañana (tan cierto, porque Lucas escribe mientras un pianista toca para él desde un disco que rechina y burbujea como si le costara vencer cuarenta años, saltar al aire aún no nacido el día en que alguien grabó *Blues in Thirds*).
>
> Larga es la lista, Jelly Roll Morton y Wilhelm Backhaus, Monique Haas y Arthur Rubinstein, Bud Powell y Dinu Lipatti. Las desmesuradas manos de Alexander Brailowsky, las pequeñitas de Clara Haskil, esa manera de escucharse a sí misma de Margarita Fernández, la espléndida irrupción de Friedrich Gulda en los hábitos porteños del cuarenta, Walter Gieseking, Georges Arvanitas, el ignorado pianista de un bar de Kampala, don Sebastián Piana y sus milongas, Maurizio Pollini y Marian McPartland, entre olvidos no perdonables y razones para cerrar una nomenclatura que acabaría en cansancio, Schnabel, Ingrid Haebler, las noches de

---

* En mayo de 1983 y a propósito de la muerte de Earl Hines, Cortázar comentó en una carta a Saúl Sosnowski lo siguiente: "Nunca olvidaré que lo cité en una de mis clases en Berkeley, y que *nadie,* entre más de cien estudiantes, sabía quién era".

Solomon, el bar de Ronnie Scott, en Londres, donde alguien que volvía al piano estuvo a punto de volcar un vaso de cerveza en el pelo de la mujer de Lucas, y ese alguien era Thelonious, Thelonious Sphere, Thelonious Sphere Monk.

A la hora de su muerte, si hay tiempo y lucidez, Lucas pedirá escuchar dos cosas, el último quinteto de Mozart y un cierto solo de piano sobre el tema de *I ain't got nobody*. Si siente que el tiempo no alcanza, pedirá solamente el disco de piano. Larga es la lista, pero él ya ha elegido. Desde el fondo del tiempo, Earl Hines lo acompañará.

Hablar del humor con ustedes me inquieta porque no hay nada más terrible que hablar en serio del humor, y al mismo tiempo es difícil hablar del humor con humor porque entonces el humor se las ingenia para que uno diga cosas que no son las que quiere decir; empezando porque nadie sabe lo que es el humor y, como en el caso de la música en la literatura, suele haber también una confusión bastante peligrosa entre el humor y la simple comicidad. Hay cosas que son cómicas pero no contienen eso de inexpresable, indefinible que hay en el verdadero humor. Para dar un ejemplo muy simple sacado del cine: dos actores muy conocidos de nuestra época: alguien como Jerry Lewis es para mí un cómico y alguien como Woody Allen, un humorista. La diferencia está en que alguien como Jerry Lewis busca simplemente crear situaciones en las que va a hacer reír un momento pero que no tienen ninguna proyección posterior; terminan en el chiste, son sistemas de circuito cerrado, muy breves, que pueden ser muy hermosos y es una suerte que existan pero que en la literatura no creo que hayan tenido consecuencias importantes. En cambio, cualquiera de los efectos cómicos que consigue Woody Allen en sus mejores momentos están llenos de un sentido que va muchísimo más allá del chiste o de la situación misma: contienen una crítica, una sátira o una referencia que puede ser incluso muy dramática, como se empieza a ver ahora en sus últimas películas.*

Tal vez el ejemplo, muy primario, sirva para separar bien lo cómico que podemos dejar de lado —con perdón de Jerry Lewis— y concentrarnos un poco más en el humor, porque me parece que ya lo hemos atrapado un poquito y lo podemos atrapar todavía más si decimos, pensando en el humor de la literatura, que si uno analiza el fragmento que contiene ese elemento de humor, la intención es casi siempre desacralizar, echar hacia abajo una cierta importancia que algo puede tener, cierto prestigio, cierto pedestal. El humor está pasando continuamente la guadaña por debajo de todos los pedestales, de todas las pedanterías, de todas las palabras con muchas mayúsculas. El humor desacraliza; no lo digo en un sentido religioso porque no estamos hablando de lo sacro religioso: desacraliza en un sentido profano. Esos valores que se dan como aceptados y que suelen merecer un tal respeto de la gente, el humorista suele destruirlos con un juego de palabras o con un chiste. No es exactamente que los destruya pero por un momento los hace bajar del pedestal y los coloca en otra situación; hay como una derogación, un retroceso en la importancia aparente de muchas cosas y es por eso que el humor tiene en la literatura un valor extraordinario porque es el recurso que muchos escritores han utilizado y utilizan admirablemente bien para, al disminuir cosas que parecían importantes, mostrar al mismo tiempo dónde está la verdadera importancia de las cosas que esa estatua, ese figurón o esa máscara cubría, tapaba y disimulaba.

El humor puede ser un gran destructor pero al destruir construye. Es como cuando hacemos un túnel: un túnel es una construcción pero para construir un túnel hay que destruir la tierra, hay que destruir un largo pedazo haciendo un agujero que destruya todo lo que había; construimos el túnel con esa destrucción. El mecanismo del humor funciona un poco así:

---

* Las últimas películas de Woody Allen eran *Annie Hall* (1977), *Interiors* (1978), *Manhattan* (1979) y *Stardust Memories* (1980).

echa abajo valores y categorías usuales, las da vuelta, las muestra del otro lado y bruscamente puede hacer saltar cosas que en la costumbre, en el hábito, en la aceptación cotidiana, no veíamos o veíamos menos bien.

Todo el mundo sabe que el humor es un producto literario que viene casi directamente de la literatura anglosajona, sobre todo a partir del siglo XVIII. Las restantes literaturas del mundo contienen por supuesto sus dosis de humor porque siempre ha habido grandes humoristas, desde los griegos y los romanos, pero el empleo sistemático que los escritores ingleses hicieron a partir de los siglos XVII y XVIII mostró poco a poco a la literatura moderna que el humor no era un elemento secundario que sólo podía utilizarse como complemento sino que, al contrario, podía situarse en los momentos más críticos y capitales de una obra para mostrar por contragolpe sus trasfondos trágicos, su dramatismo que a veces se escapaba. Cuando estaba escribiendo *Rayuela* (me cito porque fue una experiencia que yo mismo viví) había algunos momentos absolutamente insoportables que no hubiera podido escribir como un escritor dramático, poniendo directamente la tragedia, el *pathos,* el drama; hubiera sido absolutamente incapaz de hacerlo. Entonces un humor a veces muy negro, muy sombrío, vino en mi ayuda y me permitió que a lo largo de extensos diálogos donde se está hablando de una cosa en un plano trivial y casi chistoso, por debajo se está ventilando una situación de vida o muerte. Como ejemplo para los que conocen *Rayuela,* hay un largo diálogo la noche en que muere el niño de la Maga tratado así porque para mí era insoportable contar ese episodio. Hay otro largo diálogo de ruptura entre Oliveira y la Maga tratado también con un humor muy negro. En los dos casos lo que me permitió llegar al final del capítulo fue la utilización del humor.

En la Argentina y en general en América Latina el sentido del humor es una conquista bastante tardía: si uno lee los escritores de los siglos XVI, XVII, XVIII y buena parte del XIX, ve que el humor es esporádico. Hay lo que se llama "los humoristas", pero es una cosa diferente, un humorista un poco profesional que únicamente escribe textos humorísticos; no es de lo que estamos hablando, estamos hablando de la presencia del humor en la literatura que no es humorística y eso empieza bastante tarde en América Latina. A mí me costó bastante entrar en el terreno del humor porque lo que me dieron a leer siendo niño no contenía absolutamente ningún humor: eran textos que podían ser muy buenos pero no tenían humor, o muy poco. Un día, debía tener dieciocho o veinte años, de golpe empecé a leer por un lado literatura extranjera y por otro lado en lo que me rodeaba comencé a descubrir la presencia de un humor muy secreto, muy escondido pero de una eficacia extraordinaria en escritores como por ejemplo Macedonio Fernández.

Es un gran desconocido todavía hoy, casi un escritor para especialistas y de alguna manera es una gran culpa de todos nosotros y de los recintos universitarios que Macedonio Fernández en general sea tan poco conocido porque, incluso habiendo hecho una obra de muy poca extensión, es de una enorme riqueza. Ahí el sentido del humor se mostró para mí por primera vez como un potenciador de las cosas más serias y profundas. Profesionalmente Macedonio Fernández era un filósofo y escribió textos, quizá los más famosos de él, que contienen teorías y disertaciones filosóficas en un alto grado de complejidad. Él sabía presentarlo todo, mostrarlo y enriquecerlo con un sentido del humor absolutamente extraordinario que asomaba a veces en pequeños aforismos, pequeñas frases que bruscamente daban vuelta una situación. Un aforismo de Macedonio Fernández por ejemplo es éste: "Al concierto de piano de la señorita López faltó tanta gente que si llega a faltar uno más no cabe". La misma inversión: convertir ese terrible vacío en una especie de plenitud total de lo negativo.

En su vida personal Macedonio decía cosas maravillosas. Tenía un complejo; era muy pequeñito y en general los hombres muy pequeñitos, como las mujeres muy altas, no se sienten demasiado cómodos en algunas circunstancias y no les gusta que se lo recuerden demasiado. Sus amigos sabían muy bien que no había que hablarle de su estatura porque se enojaba. Un día, una señora que no lo sabía le preguntó en una fiesta: "¿Y usted cuánto mide, don Macedonio?". Y Macedonio le dijo: "Señora, tengo la estatura suficiente para llegar al suelo". Ese tipo de humor lo introdujo en mucho de lo que escribió y nos enseñó a los jóvenes de ese tiempo que, si sabíamos asimilarlo y utilizarlo, teníamos también en el humor no un auxiliar sino uno de los componentes más valiosos y más fecundos que las armas literarias pueden dar a un escritor.

Si ustedes quieren, hacemos una pausa y después leemos textos que espero tengan algún humor.

Este breve texto pertenece a una serie titulada *Manual de instrucciones* donde se dan instrucciones para diversas cosas. Esto es "Instrucciones para subir una escalera":

> Nadie habrá dejado de observar que con frecuencia el suelo se pliega de manera tal que una parte sube en ángulo recto con el plano del suelo, y luego la parte siguiente se coloca paralela a este plano, para dar paso a una nueva perpendicular, conducta que se repite en espiral o en línea quebrada hasta alturas sumamente variadas. Agachándose y poniendo la mano izquierda en una de las partes verticales, y la derecha en la horizontal correspondiente, se está en posesión momentánea de un peldaño o escalón. Cada uno de esos peldaños, como se ve formado por dos elementos, se sitúa un tanto más arriba y más adelante que el anterior, principio que da sentido a la escalera, ya que cualquier otra combinación produciría formas quizá más bellas o pintorescas, pero incapaces de trasladar de una planta baja a un primer piso.
>
> Las escaleras se suben de frente, pues hacia atrás o de costado resultan particularmente incómodas. La actitud natural consiste en mantenerse de pie, los brazos colgan-

do sin esfuerzo, la cabeza erguida aunque no tanto que los ojos dejen de ver los peldaños inmediatamente superiores al que se pisa, y respirando lenta y regularmente. Para subir una escalera se comienza por levantar esa parte del cuerpo situada a la derecha y abajo, envuelta casi siempre en cuero o gamuza, y que salvo excepciones cabe exactamente en el escalón. Puesta en el primer peldaño dicha parte, que para abreviar llamaremos pie, se recoge la parte equivalente de la izquierda (también llamada pie, pero que no ha de confundirse con el pie antes citado), y llevándola a la altura del pie, se la hace seguir hasta colocarla en el segundo peldaño, con lo cual en éste descansará el pie, y en el primero descansará el pie. (Los primeros peldaños son siempre los más difíciles, hasta adquirir la coordinación necesaria. La coincidencia de nombres entre el pie y el pie hace difícil la explicación. Cuídese especialmente de no levantar al mismo tiempo el pie y el pie.)

Llegado en esta forma al segundo peldaño, basta repetir alternadamente los movimientos hasta encontrarse con el final de la escalera. Se sale de ella fácilmente, con un ligero golpe de talón que la fija en su sitio, del que no se moverá hasta el momento del descenso.

Aquí creo que, si hay algún humor, es un humor que vale por sí mismo pero al mismo tiempo sé que, cuando lo escribí, intenté crear en el lector ese sentimiento de extrañeza que produce el hecho de que de golpe nos expliquen algo que desde luego conocemos tan bien y que hacemos sin pensar como es subir una escalera: descomponer los diversos elementos de ese proceso en sus distintos tiempos era un poco la intención al escribirlo porque eso se puede proyectar a cosas mucho más complicadas y más importantes que una escalera. En ese sentido este texto y los que voy a leer a continuación no tienen ninguna pretensión de importancia; buscan simplemente movernos un poquito ahí donde estamos y que por ahí a veces al subir una escalera pensemos en cuántas otras cosas hacemos sin pensar cómo y por qué las hacemos. Sin ninguna intención moralizante, ética o sociológica; simplemente por el juego que eso significaba. Es un poco lo que pasa con un cuentecito que se llama "Las buenas inversiones" y muestra cómo el azar puede provocar consecuencias inesperadas y al mismo tiempo cómo el humor puede iluminar y darle acaso una proyección un poco mayor.

Las buenas inversiones

Gómez es un hombre modesto y borroso que sólo le pide a la vida un pedacito bajo el sol, el diario con noticias exaltantes y un choclo hervido con poca sal pero, eso sí, con mucha manteca. A nadie le puede extrañar entonces que apenas haya reunido la edad y el dinero suficientes este sujeto se traslade al campo, busque una región de colinas agradables y pueblecitos inocentes y se compre un metro cuadrado de tierra para estar lo que se dice en su casa. Esto del metro cuadrado puede parecer raro y lo sería en circunstancias ordinarias, es decir sin Gómez y sin Literio. Como a Gómez no le interesa nada más que un pedacito de tierra donde instalar su reposera verde y sentarse a leer el diario y a hervir su choclo con ayuda de un calentador Primus, sería difícil que alguien le vendiera un metro cuadrado, porque, en realidad, nadie tiene un metro cuadrado sino muchísimos metros cuadrados, y vender un metro cuadrado en mitad o al extremo de los otros metros cuadrados plantea problemas de catastro, de convivencia, de impuestos y además, es ridículo y no se hace, qué tanto. Y cuando Gómez, llevando la reposera con el Primus y los choclos empieza a desanimarse después de haber recorrido gran parte de los valles y las colinas, se descubre que Literio tiene entre dos terrenos un rincón que mide exactamente un metro cuadrado y que por hallarse entre dos solares comprados en épocas diferentes posee una especie de personalidad propia, aunque en apariencia no sea más que un montón de pastos con un cardo apuntando hacia el norte. El notario y Literio se mueren de risa durante la firma de la escritura, pero dos días después, Gómez ya está instalado en su terreno en el que pasa todo el día leyendo y comiendo hasta que al atardecer regresa al hotel donde tiene alquilada una buena habitación, porque Gómez será loco pero nada idiota, y eso hasta Literio y el notario están prontos a reconocer, con lo cual el verano en los valles va pasando agradablemente aunque de cuando en cuando hay turistas que han oído hablar del asunto y se asoman para mirar a Gómez leyendo en su reposera. Una noche un turista venezolano se anima a preguntarle a Gómez por qué ha comprado solamente un metro cuadrado de tierra y para qué puede servir esa tierra, aparte de colocar la reposera, y tanto el turista venezolano como los otros estupefactos contertulios del hotel, escuchan esta respuesta: "Usted parece ignorar que la propiedad de un terreno se extiende desde de la superficie hasta el centro de la tierra: ¡Calcule entonces!". Nadie calcula, pero todos tienen como la visión de un pozo cuadrado que baja, baja y baja hasta no se sabe dónde y de alguna manera eso parece más importante que cuando se tienen trece hectáreas y hay que imaginar un agujero de semejante superficie que baje y baje y baje. Por eso, cuando los ingenieros llegan tres semanas después, todo el mundo se da cuenta de que el venezolano no se ha tragado la píldora y ha sospechado el secreto de Gómez, o sea, que en esa zona debe haber petróleo. Literio es el primero en permitir que le arruinen sus campos de alfalfa y girasol con insensatas perforaciones que llenan la atmósfera de malsanos humos, los demás propietarios perforan noche y día en todas partes y hasta se da el caso de una pobre señora que, entre grandes lágrimas, tiene que correr la cama de tres generaciones de honestos labriegos, porque los ingenieros han localizado una zona neurálgica en el mismo medio del dormitorio. Gómez observa de lejos las operaciones, sin preocuparse gran cosa aunque el ruido de las máquinas lo distrae de las noticias del diario. Por supuesto, nadie le ha dicho nada sobre su terreno y él no es hombre curioso y sólo contesta cuando le hablan, por eso contesta que no cuando el emisario del consorcio petrolero venezolano se confiesa vencido y va a verlo para que le venda el metro cuadrado. El emisario tiene órdenes de comprar a cualquier precio y empieza a mencionar cifras que suben a razón de cinco mil dólares por minuto, con lo cual al cabo de tres horas, Gómez pliega la reposera, guarda el Primus y el choclo en la valijita y firma un papel que lo convierte en el hombre más rico del país, siempre y cuando se encuentre petróleo en su terreno, cosa que ocurre exactamente una semana más tarde, en forma de un chorro que deja empapada a la familia de Literio y a todas las gallinas de la zona. Gómez, que está muy sorprendido, se vuelve a la ciudad donde comenzó su existencia y se compra un departamento en el piso más alto de un rascacielos, pues ahí hay una terraza a pleno sol para leer el diario y hervir el choclo sin que vengan a distraerlo venezolanos aviesos y gallinas teñidas de negro que corren de un lado al otro con la indignación que siempre manifiestan estos animales cuando se los rocía con petróleo bruto.

A veces, en cambio, el humor se convierte en un humor intencionado e intencional. Hay por ahí un breve texto que se refiere a problemas típicamente argentinos, problemas con los que yo como argentino he convivido y que he conocido a lo largo de mi vida. Tienen que ver con la psicología de la gente de nuestro país, una cierta imposibilidad a veces muy triste y muy patética que tenemos nosotros de abrirnos plenamente al mundo —estoy hablando en general, no de casos individuales—, una cierta tendencia a vivir con el cinturón siempre muy apretado —no sólo el cinturón de cuero sino los cinturones mentales, psicológicos—, una tendencia a meternos hacia adentro de nosotros mismos que hace que por ejemplo nuestros vecinos los brasileños, que son tan extrovertidos y que se dan de tal manera, nos miran siempre como si fuéramos unos bichos extraños y nos preguntan: "¿Pero qué te pasa?, ¿estás triste?". Mis amigos brasileños en Buenos Aires me preguntaban siempre si yo estaba triste, si me pasaba algo; no me pasaba nada, yo estaba muy contento pero no era capaz de manifestarlo en la forma en que lo hacían ellos. Esa manera de ser del argentino, que no es un defecto, nos crea diferentes problemas de conducta. A lo largo de mucho tiempo hemos tenido algunas dificultades de comunicación que se han ido zanjando en las nuevas generaciones, afortunadamente; esos problemas a veces tontos pero que tienen también su importancia quise reflejarlos en un pequeño texto que se llama "Grave problema argentino: querido amigo, estimado, o el nombre a secas", ése es el título del texto:

Usted se reirá, pero es uno de los problemas argentinos más difíciles de resolver. Dado nuestro carácter (problema central que dejamos por esta vez a los sociólogos) el encabezamiento de las cartas plantea dificultades hasta ahora insuperables. Concretamente, cuando un escritor tiene que escribirle a un colega de quien no es amigo personal, y ha de combinar la cortesía con la verdad, ahí empieza el crujir de plumas. Usted es novelista y tiene que escribirle a otro novelista; usted es poeta, e ídem; usted es cuentista. Toma una hermosa hoja de papel, y pone: "Señor Oscar Frumento, Garabato 1787, Buenos Aires". Deja un buen espacio (las cartas ventiladas son las más elegantes) y se dispone a empezar. No tiene ninguna confianza con Frumento; no es amigo de Frumento; él es novelista y usted también; en realidad usted es mejor novelista que él, pero no cabe duda de que él piensa lo contrario. A un señor que es un colega pero no un amigo no se le puede decir: "Querido Frumento". No se le puede decir por la sencilla razón de que usted no lo quiere a Frumento. Ponerle querido es casi lascivo, en todo caso una mentira que Frumento recibirá con una sonrisa tetánica. La gran solución argentina parece ser, en esos casos, escribir: "Estimado Frumento". Es más distante, más objetivo, prueba un sentimiento cordial y un reconocimiento de valores. Pero si usted le escribe a Frumento para anunciarle que por paquete postal le envía su último libro, y en el libro ha puesto una dedicatoria en la que se habla de admiración (es de lo que más se habla en las dedicatorias), ¿cómo lo va a tratar de estimado en una carta? Estimado es un término que rezuma indiferencia, oficina, balance anual, desalojo, ruptura de relaciones, cuenta del gas, cuota del sastre. Usted piensa desesperadamente en una alternativa y no la encuentra; en la Argentina somos queridos o estimados y sanseacabó. Hubo una época (yo era joven y usaba sombrero de paja) en que muchas cartas empezaban directamente después del lugar y la fecha; el otro día encontré una, muy amarillita la pobre, y me pareció un monstruo, una abominación. ¿Cómo le vamos a escribir a Frumento sin primero identificarlo (Frumento) y luego calificarlo (querido/estimado)? Se comprende que el sistema de mensaje directo haya caído en desuso o quede reservado únicamente para esas cartas que empiezan: "Un canalla como usted, etc.", o "Le doy tres días para pagar el alquiler, etc.", cosas así. Más se piensa, menos se ve la posibilidad de una tercera posición entre querido y estimado; de algo hay que tratarlo a Frumento, y lo primero es mucho y lo segundo *frigidaire*.

Variantes como "apreciado" y "distinguido" quedan descartadas por tilingas y cursis. Si uno le llama "maestro" a Frumento, es capaz de creer que le está tomando el pelo. Por más vueltas que le demos, se vuelve a caer en querido o estimado. Che, ¿no se podría inventar otra cosa? Los argentinos necesitamos que nos desalmidonen un poco, que nos enseñen a escribir con naturalidad: "Pibe Frumento, gracias por tu último libro", o con afecto: "Ñato, qué novela te mandaste", o con distancia pero sinceramente: "Hermano, con las oportunidades que había en la fruticultura", entradas en materia que concilien la veracidad con la llaneza. Pero será difícil, porque todos nosotros somos o estimados o queridos, y así nos va.

Desde luego este texto —que me alegro que los haya divertido porque a mí también me divirtió escribirlo— no tiene ninguna intención muy seria, pero la verdad es que tuvo consecuencias para mí sorprendentes porque durante muchos años, en la correspondencia de lectores que todo escritor recibe y que me llegaba de América Latina, había montones de cartas que empezaban con el problema de si me iban a llamar querido o estimado. Empezaban jugando con ese problema. "No sé como llamarlo, no le puedo decir querido por tal motivo, no le puedo decir estimado..." Finalmente yo había creado un problema en mucha gente que antes automáticamente ponía cualquier cosa. No tiene importancia, pero es una prueba de cómo puede funcionar el humor en algunos casos.

A veces el humor puede encubrir realmente una visión mucho más seria y mucho más trágica de las cosas. Ya he hecho alguna mención de cómo lo utilicé en momentos dramáticos de *Rayuela;* quisiera referirme a otro momento que es la historia de un concierto de piano al que asiste el protagonista del libro, un episodio profundamente penoso y ridículo y patético por muchos motivos que se van comprendiendo. La única manera que pude encontrar para tratar ese tema y sacarlo adelante fue utilizando continuamente el humor; si hubiera mostrado hasta qué punto todo lo que sucedía allí era humillante y espantoso, hubiera escrito un capítulo bastante tremendista de una novela bastante realista, pero buscaba otra cosa y entonces el humor me ayudó.

En otro texto que tengo aquí y que se llama "Un pequeño paraíso", la intención la van a ver ustedes inmediatamente; no necesito ningún comentario porque el fondo del asunto es demasiado conocido. "Un pequeño paraíso" dice:

> Las formas de la felicidad son muy variadas, y no debe extrañar que los habitantes del país que gobierna el general Orangu se consideren dichosos a partir del día en que tienen la sangre llena de pescaditos de oro. De hecho los pescaditos no son de oro sino simplemente dorados, pero basta verlos para que sus resplandecientes brincos se traduzcan de inmediato en una urgente ansiedad de posesión. Bien lo sabía el gobierno cuando un naturalista capturó los primeros ejemplares, que se reprodujeron velozmente en un cultivo propicio. Técnicamente conocido por Z-8, el pescadito de oro es sumamente pequeño, a tal punto que si fuera posible imaginar una gallina del tamaño de una mosca, el pescadito de oro tendría el tamaño de esa gallina. Por eso resulta muy simple incorporarlo al torrente sanguíneo de los habitantes en la época en que éstos cumplen los dieciocho años; la ley fija esa edad y el procedimiento técnico correspondiente. Es así como cada joven del país espera ansioso el día en que le será dado ingresar en uno de los centros de implantación, y su familia lo rodea con la alegría que acompaña siempre a las grandes ceremonias. Una vena del brazo es conectada a un tubo que baja de un frasco transparente lleno de suero fisiológico y en el cual llegado el momento se introducen veinte pescaditos de oro. La familia y el beneficiado pueden admirar largamente los cabrilleos y las evoluciones de los pescaditos de oro en el frasco de cristal, hasta que uno tras otro son absorbidos por el tubo, descienden inmóviles y acaso un poco azorados como otras tantas gotas

de luz, y desaparecen en la vena. Media hora más tarde el ciudadano posee su número completo de pescaditos de oro y se retira para festejar largamente su acceso a la felicidad. Bien mirado, los habitantes son dichosos por imaginación más que por contacto directo con la realidad. Aunque ya no pueden verlos, cada uno sabe que los pescaditos de oro recorren el gran árbol de sus arterias y sus venas, y antes de dormirse les parece asistir en la concavidad de sus párpados al ir y venir de centellas relucientes, más doradas que nunca contra el fondo rojo de los ríos y los arroyos por donde se deslizan. Lo que más los fascina es la noción de que los veinte pescaditos de oro no tardan en multiplicarse, y así los imaginan innumerables y radiantes en todas partes, resbalando bajo la frente, llegando a las extremidades de los dedos, concentrándose en las grandes arterias femorales, en la yugular, o escurriéndose agilísimos en las zonas más estrechas y secretas. El paso periódico por el corazón constituye la imagen más deliciosa de esta visión interior, pues ahí los pescaditos de oro han de encontrar toboganes, lagos y cascadas para sus juegos y concilios, y es seguramente en ese gran puerto rumoroso donde se reconocen, se eligen y se aparean. Cuando los muchachos y las muchachas se enamoran, lo hacen convencidos de que también en sus corazones algún pescadito de oro ha encontrado su pareja. Incluso ciertos cosquilleos incitantes son inmediatamente atribuidos al acoplamiento de los pescaditos de oro en las zonas interesadas. Los ritmos esenciales de la vida se corresponden así por fuera y por dentro; sería difícil imaginar una felicidad más armoniosa. El único obstáculo a este cuadro lo constituye periódicamente la muerte de alguno de los pescaditos de oro. Longevos, llega sin embargo el día en que uno de ellos perece, y su cuerpo, arrastrado por el flujo sanguíneo, termina por obstruir el pasaje de una arteria a una vena o de una vena a un vaso. Los habitantes conocen los síntomas, por lo demás muy simples: la respiración se vuelve dificultosa y a veces se sienten vértigos. En ese caso se procede a utilizar una de las ampollas inyectables que cada uno almacena en su casa. A los pocos minutos el producto desintegra el cuerpo del pescadito muerto y la circulación vuelve a ser normal. Según las previsiones del gobierno, cada habitante está llamado a utilizar dos o tres ampollas por mes, puesto que los pescaditos de oro se han reproducido enormemente y su índice de mortalidad tiende a subir con el tiempo.

El gobierno del general Orangu ha fijado el precio de cada ampolla en un equivalente de veinte dólares, lo que supone un ingreso anual de varios millones; si para los observadores extranjeros esto equivale a un pesado impuesto, los habitantes jamás lo han entendido así, pues cada ampolla los devuelve a la felicidad y es justo que paguen por ellas. Cuando se trata de familias sin recursos, cosa muy habitual, el gobierno les facilita las ampollas a crédito, cobrándoles como es lógico el doble de su precio al contado. Si aun así hay quienes carecen de ampollas, queda el recurso de acudir a un próspero mercado negro que el gobierno, comprensivo y bondadoso, deja florecer para mayor dicha de su pueblo y de algunos coroneles. ¿Qué importa la miseria, después de todo, cuando se sabe que cada uno tiene sus pescaditos de oro, y que pronto llegará el día en que una nueva generación los recibirá a su vez y habrá fiestas y habrá cantos y habrá bailes?

Como creo que esto del humor finalmente se siente mejor con el humor mismo que con tentativas de explicación teórica que son siempre precarias, vamos a cerrar un poco este capitulejo con un texto que no tiene otra intención que la de ser humorístico, o sea que ahí por una vez el humor se da realmente toda la libertad a sí mismo. Es un cuento que está también en *Un tal Lucas* y se llama "Lucas, sus hospitales":

Como la clínica donde se ha internado Lucas es una clínica de cinco estrellas, los-enfermos-tienen-siempre-razón, y decirles que no cuando piden cosas absurdas es un problema serio para las enfermeras, todas ellas a cual más ricucha y casi siempre diciendo que sí por las razones que preceden.

Desde luego no es posible acceder al pedido del gordo de la habitación 12, que en plena cirrosis hepática reclama cada tres horas una botella de ginebra, pero en cambio con qué placer, con qué gusto las chicas dicen que sí, que cómo no, que claro, cuando Lucas que ha salido al pasillo mientras le ventilan la habitación y ha descubierto un ramo de margaritas en la sala de espera, pide casi tímidamente que le permitan llevar una margarita a su cuarto para alegrar el ambiente.

Después de acostar la flor en la mesa de luz, Lucas toca el timbre y solicita un vaso de agua para darle a la margarita una postura más adecuada. Apenas le traen el vaso y le instalan la flor, Lucas hace notar que la mesa de luz está abarrotada de frascos, revistas, cigarrillos y tarjetas postales, de manera que tal vez se podría poner una mesita a los pies de la cama, ubicación que le permitiría gozar de la presencia de la margarita sin tener que dislocarse el pescuezo para distinguirla entre los diferentes objetos que proliferan en la mesa de luz.

La enfermera trae en seguida lo solicitado y pone el vaso con la margarita en el ángulo visual más favorable, cosa que Lucas le agradece haciéndole notar de paso que como muchos amigos vienen a visitarlo y las sillas son un tanto escasas, nada mejor que aprovechar la presencia de la mesita para agregar dos o tres sillones confortables y crear un ambiente más apto para la conversación.

Tan pronto las enfermeras aparecen con los sillones, Lucas les dice que se siente sumamente obligado hacia sus amigos que tanto lo acompañan en el mal trago, razón por la cual la mesa se prestaría perfectamente, previa colocación de un mantelito, para soportar dos o tres botellas de whisky y media docena de vasos, de ser posible esos que tienen el cristal facetado, sin hablar de un termo con hielo y botellones de soda.

Las chicas se desparraman en busca de estos implementos y los disponen artísticamente sobre la mesa, ocasión en la que Lucas se permite señalar que la presencia de vasos y botellas desvirtúa considerablemente la eficacia estética de la margarita, bastante perdida en el conjunto, aunque la solución es muy simple porque lo que falta de verdad en esa pieza es un armario para guardar la ropa y los zapatos que están toscamente amontonados en un placard del pasillo, por lo cual bastará colocar el vaso con la margarita en lo alto del armario para que la flor domine el ambiente y le dé ese encanto un poco secreto que es la clave de toda buena convalecencia.

Sobrepasadas por los acontecimientos, pero fieles a las normas de la clínica, las chicas acarrean trabajosamente un vasto armario sobre el cual termina por posarse la margarita como un ojo ligeramente estupefacto pero lleno de benevolencia. Las enfermeras se trepan al armario para agregar un poco de agua fresca en el vaso, y entonces Lucas cierra los ojos y dice que ahora todo está perfecto y que va a tratar de dormir un rato. Tan pronto le cierran la puerta se levanta, saca la margarita del vaso y la tira por la ventana, porque no es una flor que le guste particularmente.

Hoy había tenido la intención, la esperanza, de que el tiempo se nos estirara un poco más y hablar de los cronopios y de sus amigos o enemigos, pero los dejaremos para la próxima vez porque en este poco tiempo que queda no quisiera dejar el tema por la mitad. Tal vez sería más agradable, también para ustedes, si puedo contestar alguna pregunta o completar algo que haya quedado un poco en el aire, aunque creo que casi todo queda en el aire. Sí, cómo no...

ALUMNA: *Hasta ahora usted no había comentado la cuestión del humor en textos más políticos como* Libro de Manuel. *Me gustaría que pudiera comentarlo un poco.*

La verdad es que, como nos vamos a ocupar en especial de *Libro de Manuel* en una de las clases próximas, hubiera preferido no adelantarme porque para explicar ese tema tengo que explicar un poco el libro y nos va a faltar tiempo para esto. Así que, si no tiene inconveniente, lo vemos cuando llegue el momento de hablar de *Libro de Manuel*.

Bueno, hemos hablado tanto del humor que espero que ustedes no estén de mal humor y que a eso se deba el silencio.

ALUMNO: *¿Qué le parece el humor de Ramón Gómez de la Serna en alguna greguería o en algún cuentecito?*

Tengo una gran admiración hacia Ramón Gómez de la Serna, escritor que no creo que sea tan leído como debería serlo ni en España ni en América Latina. Ramón Gómez de la Serna hizo gran parte de su obra —o lo más importante— en España, y en el momento de la guerra civil española emigró a la Argentina. Vivió entre nosotros en Buenos Aires, donde creo que murió (o tal vez en una ciudad del interior, no estoy seguro). Creo que Ramón —como a él le gustaba que lo llamaran: por su nombre de pila— es uno de los grandes humoristas de nuestro tiempo. Inventó unos pequeños aforismos que a veces son como pequeños poemas, casi como los haiku japoneses, que llamaba greguerías y en donde cualquier tema se convertía en un pequeño instante de poesía o de humor o a veces las dos cosas juntas. En sus novelas se adelantó en algún momento proféticamente al surrealismo; mucho antes de que se hablara de surrealismo él había escrito una novela que se llama *Gustavo el incongruente* que no es buena como novela (sus novelas eran

175

muy desordenadas pero no tiene ninguna importancia), pero tiene una atmósfera donde suceden cosas dentro de un espíritu verdaderamente surrealista que hacen pensar por momentos en un cuadro de Dalí o en un poema de André Breton. Hay un capítulo donde el personaje se pasea por una playa y, en vez de haber piedras o conchillas, la playa está totalmente cubierta de pisapapeles de cristal. A Ramón le encantaban personalmente los pisapapeles y tenía una gran colección; todos sus amigos le regalaban pisapapeles como aquí algún amigo —más bien una amiga— me acaba de regalar un unicornio porque sabe que me gustan mucho como animales fabulosos. En un poema muy hermoso de Rilke el unicornio habla de sí mismo y dice "yo soy el animal que no existe", o sea que se autodefine como ser fabuloso. Bueno, en ese caso son pisapapeles y esa atmósfera absolutamente surrealista que hay en esa novela de Ramón se repite después en muchos otros textos.

Mi admiración por Ramón va por un lado por su talento creador y por otro lado por su talento crítico. Como crítico era muy desordenado y nunca escribió nada que pudiera parecerse a una maestría, a una tesis o a un libro concreto de crítica, pero dejaba caer una crítica libre de una belleza y una intuición extraordinarias. Su introducción a la traducción en español de los pequeños poemas en prosa de Charles Baudelaire es absolutamente una obra maestra. Se llama "El desgarrado Baudelaire" y no he leído nunca en francés nada que se compare a esa visión de Baudelaire a través de un poeta español. Hizo también una introducción extraordinaria a la traducción al español de las obras de Oscar Wilde en una época en que Oscar Wilde era bastante mal conocido en España y América Latina. En fin, fue agregando una serie de trabajos críticos, muchos de ellos verdaderamente proféticos y en todo caso de una lucidez y una belleza extraordinarias.

Para terminar con Ramón, y me alegro de la pregunta, los otros días alguien también lo mencionó (creo que fue... no sé quién es... ¡usted!) y yo le contaba la anécdota de la conferencia: En Buenos Aires Ramón estaba pronunciando una conferencia sobre la vida de Felipe II y el tiempo de la época de la construcción de El Escorial; estaba llegando al final y hablaba de la última enfermedad y la lenta agonía de Felipe II. En ese momento vio entrar a alguien que venía muy mojado con el paraguas abierto y se dio cuenta de que en la calle estaba lloviendo a mares. Entonces interrumpió su conferencia, se dirigió al público y dijo: "Bueno, en vista de que está lloviendo tanto y no es cosa de que nos mojemos al salir, le voy a prolongar unos quince minutos la agonía a Felipe II". Siguió hablando y agregando detalles y fue maravilloso porque a la salida de la conferencia ya no llovía, con lo cual el público le estuvo muy agradecido.

Ramón es una figura particularmente asombrosa en la España de su época donde hay también escritores que han sido buenos humoristas; hay por ejemplo un aspecto de la obra de Pérez de Ayala que no habría que descuidar en ese plano, pero Ramón tiene características únicas. Si me dijeran si es o no un gran escritor (esas clasificaciones que no me gustan) diría que *es Ramón* y haber sido eso lo coloca para mí en un lugar aparte, un lugar muy privilegiado de la literatura moderna.

ALUMNA: *Habló de la música y del humor juntos, y me gustaría saber qué influencia hay de Boris Vian en su escritura.*

Hoy es el día de las muy buenas preguntas, para mí por lo menos. Me preguntan por Ramón y ahora me preguntan por otro escritor a quien quiero mucho, Boris Vian. Contesto directamente: No creo que se pueda hablar de influencia; cuando comencé a leer a Boris Vian creo que estaba viendo mi camino de una manera lo suficientemente clara como para que se pueda hablar de influencias, pero en cambio sí creo que hay muchas analogías y si hay algo que lamento es que el azar no me haya hecho encontrar con él. Es posible que nos hayamos cruzado en la calle o hayamos tomado el metro veinte veces a una cierta distancia sin reconocernos.

Desgraciadamente murió muy joven, en un momento en que estaba en plena creación. Durante mucho tiempo nadie lo tomó en serio; es lo que pasa con los humoristas: la gente tiende a no tomarlos en serio hasta que finalmente un día se descubre que en el fondo ciertos humoristas estaban hablando mucho más en serio que muchos escritores autocalificados de serios. Boris Vian comenzó siendo una especie de rebelde dentro del movimiento literario de la época, gran amigo de los surrealistas y por lo tanto se mezcló en una serie de aventuras descabelladas como hacían los surrealistas jóvenes y provocaban la reticencia de los críticos serios de la literatura del momento. Entonces empezó a demostrar lo que era verdaderamente: por un lado comenzó a escribir obras de teatro (algunas de las cuales son extraordinarias, como por ejemplo *La fiesta de los generales*) y paralelamente con poemas comenzó también a escribir novelas. Escribió cinco o seis en donde la influencia de la música —comprendo el sentido de su pregunta— y específicamente del jazz es muy fuerte.

Era músico de jazz, tocaba la trompeta y si lo buscaran podrían conseguir un disco en el que toca la trompeta con una formación de jóvenes de su tiempo en París; por cierto que tocaba muy bien y cultivaba un estilo tradicional, el llamado *Dixieland*. Era un excelente improvisador y, aunque no era un músico de primera línea, tocaba más que honorablemente. Amaba el jazz y a los músicos de jazz que desde los Estados Unidos empezaban a ir a Francia con mucha frecuencia todos los años. Él fue a esperar a muchos músicos al puerto o a los aeropuertos, los hospedó en su casa, se hizo entrañable amigo de músicos como Louis Armstrong al que cita tantas veces en sus obras. Finalmente vivió ese clima de libertad, de anarquía y de un cierto libertinaje mental que es el clima de los músicos de jazz de la vida nocturna de París. Esa época, que se llamó la Época de Saint-Germain-des-Prés, fue un momento en que los jóvenes escritores buscaron una serie de nuevas salidas y algunos —como es su caso— la encontraron; la suya es una obra sólida y firme, una obra que queda.

Ahora se escriben tesis sobre Boris Vian, cosa que en su tiempo le hubiera producido un ataque de hilaridad porque le hubiera parecido absolutamente increíble que él mismo pudiera ser alguna vez un tema de tesis. En ese sentido lo siento muy próximo y vuelvo a leerlo cada vez. Tengo la suerte de que creo que hay un libro de él que todavía no leí y voy a tener la suerte de leer otro libro suyo más.

ALUMNA: *¿No hay influencia de él?*

No lo creo, pero de las influencias no se tiene que ocupar el escritor porque es casi siempre incapaz de saberlo. Un escritor sabe cuándo está imitando, eso sí: los imitadores tienen siempre muy mala conciencia. Todos los pequeños Borges, los pequeños Roa Bastos, los pequeños Sábatos, viven un poco agazapados porque saben perfectamente que están imitando y lo hacen porque confían en que de todas maneras esa imitación dé algo bueno alguna vez. (En general no lo da.) La influencia es algo muy diferente de la imitación: la influencia es algo que puede entrar por un camino totalmente inconsciente y son los críticos los que casi siempre descubren las verdaderas influencias que puede haber en un escritor. Puede ser que un día un crítico demuestre perfectamente bien la influencia de Boris Vian en mí.

ALUMNO: *¿Qué estilo de trompeta toca usted?*

Yo no toco ninguna trompeta, toqué en alguna época para divertirme.

ALUMNO: *Unos amigos me han dicho que toca.*

Lo quisieran ellos, pero hace ya varios años que por razones de trabajo e incluso por razones muy prácticas he dejado de tocar la trompeta porque en París es muy difícil tocarla sin que inmediatamente venga la policía. ¡Todos los vecinos proceden a quejarse inmediatamente! La trompeta es un instrumento que no se puede esconder, de modo que es simplemente un recuerdo. Además siempre toqué muy mal y para mi propio placer. No salí de una etapa muy muy muy de aficionado.

ALUMNO: *Usted nos ha hablado de Macedonio Fernández como escritor argentino precursor en el humorismo. Creo que también podría citarse a Payró.*

¿Roberto J. Payró? ¿Entendí bien el nombre? Sí, quizá sea injusto de mi parte haber mencionado a Macedonio Fernández y no haber mencionado como un precursor a Payró. Efectivamente, Roberto J. Payró escribió cuentos de tema campesino muy bien hechos, muy bien escritos, con temas costumbristas con mucha ironía y con frecuencia con mucho humor. Tengo la impresión —pero me puedo equivocar— de que no tuvo una gran influencia en la Argentina; se lo quiso mucho en los años en que publicaba sus libros, pero después entró la generación de Jorge Luis Borges y fue tan espectacular la llegada de esos nuevos escritores que Payró retrocedió mucho en el tiempo y quedó como un abuelo de nuestras letras, situado muy honorablemente pero no me parece que haya sido una influencia particularmente viva. En todo caso yo leí con agrado los *Cuentos de Pago Chico,* por ejemplo. Inventó un pequeño lugar, digamos un Macondo de la época, donde suceden las aventuras de sus personajes. Ya me los he olvidado pero estaba muy bien observada la vida de un pueblecito de la pampa argentina con su alcalde, su político profesional, los tahúres, los comerciantes y sus pequeñas historias, sus aventuras. El problema de Payró es que nunca se comprometió profundamente, se quedó siempre en una superficie relativa; su obra podría haber sido una gran denuncia de muchas cosas graves que estaban sucediendo en la Argentina y no lo fue. Era un hombre que prefirió quedarse en un plano irónico, estético, y verdaderamente lo hizo muy bien.

Ah, ustedes tendrán muchas ganas de irse. A menos que haya alguna otra pregunta... No, ¿eh? Entonces nos veremos el jueves.

Sexta clase
Lo lúdico en la literatura y la escritura de *Rayuela*

Tengo una pequeña misión democrática que cumplir con respecto a esos trabajos que están haciendo sobre temas sobre los cuales ya nos hemos puesto de acuerdo individualmente con la mayoría de ustedes. Como sé que hay algunas dudas sobre cuál sería la fecha de entrega de esos trabajos, quiero señalarles que mi última clase aquí es el 20 de noviembre y sería necesario que ese mismo día, 20 de noviembre, los trabajos estuvieran en la secretaría del Departamento. Eso es todo. Es muy tonto decir cosas así cuando después uno va a empezar a hablar de cosas lúdicas...

El otro día tuvimos apenas tiempo para hablar de la música y el humor y de su relación con la literatura, no sólo con la mía por cierto. En el momento en que hubiéramos debido entrar en la tercera etapa que era alguna referencia a lo lúdico y su vinculación con la literatura, se nos acabó el tiempo de modo que vamos a dedicar hoy la primera mitad de esta clase —antes de nuestro bien merecido descanso intermedio— a hablar de lo lúdico, sobre todo tal como he querido utilizarlo y moverlo dentro de una parte de lo que he escrito partiendo de una idea que muchos escritores rechazan: la idea del juego. En América Latina sobre todo, y también en Europa y supongo que también en Estados Unidos, hay muchos escritores que se toman terriblemente en serio, tan en serio que la idea de que alguien pueda hacer una referencia a elementos lúdicos en sus textos los ofende, e incluso —ya que antes hablábamos del humor— hasta los últimos años en América Latina la etiqueta de humorista aplicada a un escritor lo definía desde un punto de vista inferior como apreciación estética de un escritor, un novelista, un cuentista o un poeta. Ser humorista era una definición muy precisa que colocaba a ese señor en una cierta línea temática y nada más; en el caso de lo lúdico en la literatura ha sucedido lo mismo durante mucho tiempo. Creo que esas categorías y esas etiquetas están cayendo estrepitosamente y eso lo saben no sólo los escritores sino también los lectores. Actualmente los lectores buscan en la literatura elementos que evadan las etiquetas, que los inquieten, los emocionen o los coloquen en un universo de juego o de humor que de alguna manera enriquezca lo que los rodea y aumente su captación, su apreciación de la realidad.

Que el juego entendido en su sentido más amplio no era demasiado bien visto en la literatura de las décadas precedentes es un hecho que se puede comprobar muy fácilmente a través de las bibliografías y de la crítica literaria, pero actualmente lo lúdico en América Latina —y yo me alegro particularmente— ha entrado a formar parte de toda nuestra riqueza de expresión, de todas nuestras posibilidades de manifestación literaria. Hay que tener cuidado como en el caso del humor: no hay que confundir la noción de lúdico con un juego trivial que no tenga sentido. Ustedes recordarán quizá que el otro día habíamos tratado de separar muy bien lo que podemos llamar humorismo y lo que podemos llamar comicidad; de la misma manera, cuando se habla de elementos lúdicos en la literatura no se está hablando de nada trivial o superficial, de lo que se habla es de la actitud que muchos escritores tienen frente a su propio trabajo y que frente a determinados temas puede ser francamente lúdica.

Para empezar, un escritor juega con las palabras pero juega en serio; juega en la medida en que tiene a su disposición las posibilidades interminables e infinitas de un idioma y le es dado estructurar, elegir, seleccionar, rechazar y finalmente combinar elementos idiomáticos para que lo que quiere expresar y está buscando comunicar se dé de la manera que le parezca más precisa, más fecunda, con una mayor proyección en la mente del lector. Si ustedes se acuerdan de su propia infancia —y creo que todos nos acordamos; aunque la hemos deformado un poco en el recuerdo, de todas maneras nos acordamos de nuestra infancia— estoy seguro que todos ustedes recordarán muy bien que cuando jugábamos, jugábamos en serio. El juego era una diversión, desde luego, pero era una diversión que tenía una gran profundidad, un gran sentido para nosotros, a tal punto que —no sé si ya lo he dicho aquí pero en todo caso me gusta repetirlo— me acuerdo muy bien que cuando siendo niño me interrumpían por cualquier motivo momentáneo en un juego solitario o con mis amigos, me sentía ofendido y humillado porque me daba la impresión de que no se daban cuenta hasta qué punto ese juego con mis amigos tenía para todos nosotros una importancia muy grande. Había todo un código, todo un sistema, todo un pequeño mundo: el mundo de una cancha de fútbol o de una cancha de tenis, de una partida de ajedrez, de un juego de barajas o un juego de bolitas. Desde el juego más complicado hasta el más simple habíamos entrado, mientras jugábamos, en un territorio exclusivamente nuestro que era importante mientras el juego durase.

Cuando un hombre entra luego en la literatura esto puede perdurar; en mi caso ha perdurado: siempre he sentido que en la literatura hay un elemento lúdico sumamente importante y que, paralelamente a lo que habíamos dicho del humor, la noción del juego aplicada a la escritura, a la temática o a la manera de ver lo que se está contando, le da una dinámica, una fuerza a la expresión que la mera comunicación seria y formal —aunque esté muy bien escrita y muy bien planteada— no alcanza a transmitir al lector, porque todo lector ha sido y es un jugador de alguna manera y entonces hay una dialéctica, un contacto y una recepción de esos valores.

Hacia los años cincuenta, después de un proceso que les voy a resumir en pocos minutos, escribí una serie de pequeños textos que luego se publicaron con el nombre de *Historias de cronopios y de famas*. Hasta ese momento había escrito una o dos novelas y una serie de cuentos fantásticos; todo lo que había escrito podía considerarse como "literatura seria" entre comillas, es decir que si había allí elementos lúdicos —y sé muy bien que los hay— estaban un poco más disimulados bajo el peso dramático y la búsqueda de valores profundos. Sucedió que, cuando di a leer esas historias de cronopios y de famas a mis amigos más cercanos, la reacción inmediata tendió a ser negativa. Me dijeron: "¿Pero cómo puedes perder el tiempo escribiendo estos juegos? ¡Estás jugando! ¿Por qué pierdes el tiempo haciendo eso?". Tuve ocasión de reflexionar y convencerme (y sigo convencido) de que no perdía el tiempo sino que simplemente estaba buscando y a veces encontrando un nuevo enfoque para dar mi propia intuición de la realidad. Seguí escribiendo esos pequeños relatos que se sumaron al punto que finalmente dieron un libro. Cuando ese libro apareció, sucedió para mi gran alegría que en América Latina había muchos, muchos lectores que también sabían jugar. Como dice la vieja canción infantil, "sabían abrir la puerta para ir a jugar" (es una canción que en Argentina cantan los niños de pequeños): sabían abrir la puerta y encontraban en el juego no una cosa trivial o superficial sino otro tipo de intenciones; dependía de ellos que las descubrieran o no pero en todo caso todos los lectores supieron en seguida que esos textos podían ser muy livianos, muy ligeros, que no tenían importancia en sí pero que la noción de juego que había en ellos era un mensaje: comunicaban algo que yo quería comunicar y que fue recibido.

Esas historias de cronopios y de famas empezaron de una manera bastante misteriosa para mí, nunca he sabido cómo. La anécdota es que un día estando en un teatro de París hubo un intervalo entre dos momentos de un concierto y yo estaba solo, distraído, pensando o no pensando, y en ese momento tuve la visión —una visión interior, desde luego— de unos seres que se paseaban en el aire y eran como globos verdes. Yo los veía como globos verdes pero con orejas, una figura un poco humana, pero no eran exactamente seres humanos. Al mismo tiempo me vino el nombre de esos seres que era *cronopios*. (Los críticos luego han buscado si la palabra cronopio tiene alguna relación con el tiempo, por lo de Cronos, el dios del tiempo. No, en absoluto; no tiene nada que ver con el tiempo. La palabra cronopio me vino como muchas otras palabras imaginarias que me han venido a lo largo de los años, y se asociaba con esa imagen de personajes muy simpáticos que flotaban un poco, hasta el momento en que el concierto continuó y me olvidé.) Cuando volví a mi casa, en los días siguientes, los tuve de nuevo presentes; entonces se produjo una especie de disociación: no sabía lo que eran los cronopios ni tampoco sabía cómo eran, no tenía la menor idea, pero la disociación se produjo porque aparecieron los antagonistas de los cronopios a los que llamé *famas*. (La palabra fama también me vino así. Quiere decir en español lo famoso, la fama, la gloria; evidentemente ahí había una intención un poco irónica porque a los famas los vi siempre con mucho cuello, mucha corbata, mucho sombrero y mucha importancia.) Esa disociación se produjo automáticamente: a los cronopios, por contraste con los famas, los sentí como lo que realmente eran: unos seres muy libres, muy anárquicos, muy locos, capaces de las peores tonterías y al mismo tiempo llenos de astucia, de sentido del humor, una cierta gracia; en tanto vi a los famas como los representantes de la buena conducta, del orden, de las cosas que tienen que marchar perfectamente bien porque si no habrá sanciones y castigos. En el momento en que se había producido esa disociación, creía que la cosa había terminado y era una simple fantasía mental pero de golpe aparecieron unos terceros personajes que no eran ni cronopios ni famas e inmediatamente los llamé *esperanzas*. (Nunca sabré por qué los llamé esperanzas, la palabra vino así.) Esos personajes se situaban un poco en la mitad porque tienen algunas características de los cronopios en el sentido de que tienden a ser bastante tontos algunas veces: son ingenuos, despreocupados, se caen de los balcones y de los árboles y al mismo tiempo, al contrario de los cronopios, tienen un gran respeto por los famas. En algunos casos he calificado a los esperanzas como elementos femeninos pero ahí entraban masculinos y femeninos, lo mismo que los cronopios: yo hablo de los cronopios pero puede haber cronopias y cronopios, aunque nunca usé el femenino al escribir. Las esperanzas por un lado admiran a los cronopios, pero les tienen mucho miedo porque los cronopios hacen tonterías y las esperanzas tienen miedo de eso porque saben que los famas se van a enojar.

Ese pequeño mundo —que ustedes saben hasta qué punto es un mundo lúdico, de juego— se fue articulando en una serie de pequeños cuentos. Si ustedes tienen la edición por ahí verán que las primeras páginas son muy confusas porque yo mismo no sabía cómo eran los famas y los cronopios. Al principio los famas tienen algunas características de los cronopios, pero después las cosas se separan y a partir del cuarto o quinto pequeño relato ya se los ve como he tratado de describirlos. Pienso que en el plano teórico no puedo decir nada sobre mis cronopios y sus amigos porque yo mismo no sé gran cosa; todo lo que sé lo he dicho y, como creo que los textos en que ellos se mueven los describen y los muestran bien, lo que quiero hacer es leerles algunas historias de cronopios y de famas que son muy breves y les mostrarán sus distintas actitudes y sus distintas reacciones. Aquí por ejemplo hay un breve texto que se llama "Viajes" y que dice:

Cuando los famas salen de viaje, sus costumbres al pernoctar en una ciudad son las siguientes: Un fama va al hotel y averigua cautelosamente los precios, la calidad de las sábanas y el color de las alfombras. El segundo se traslada a la comisaría y labra un acta declarando los bienes muebles e inmuebles de los tres, así como el inventario del contenido de sus valijas. El tercer fama va al hospital y copia las listas de los médicos de guardia y sus especialidades.

Terminadas estas diligencias, los viajeros se reúnen en la plaza mayor de la ciudad, se comunican sus observaciones, y entran en el café a beber un aperitivo. Pero antes se toman de las manos y danzan en ronda. Esta danza recibe el nombre de "Alegría de los famas".

Cuando los cronopios van de viaje, encuentran los hoteles llenos, los trenes ya se han marchado, llueve a gritos, y los taxis no quieren llevarlos o les cobran precios altísimos. Los cronopios no se desaniman porque creen firmemente que estas cosas les ocurren a todos, y a la hora de dormir se dicen unos a otros: "La hermosa ciudad, la hermosísima ciudad". Y sueñan toda la noche que en la ciudad hay grandes fiestas y que ellos están invitados. Al otro día se levantan contentísimos, y así es como viajan los cronopios.

Las esperanzas, sedentarias, se dejan viajar por las cosas y los hombres, y son como las estatuas que hay que ir a verlas porque ellas ni se molestan.

CONSERVACIÓN DE LOS RECUERDOS

Los famas para conservar sus recuerdos proceden a embalsamarlos en la siguiente forma: Luego de fijado el recuerdo con pelos y señales, lo envuelven de pies a cabeza en una sábana negra y lo colocan parado contra la pared de la sala, con un cartelito que dice: "Excursión a Quilmes", o: "Frank Sinatra".

Los cronopios, en cambio, esos seres desordenados y tibios, dejan los recuerdos sueltos por la casa, entre alegres gritos, y ellos andan por el medio y cuando pasa corriendo uno, lo acarician con suavidad y le dicen: "No vayas a lastimarte", y también: "Cuidado con los escalones". Es por eso que las casas de los famas son ordenadas y silenciosas, mientras en las de los cronopios hay gran bulla y puertas que se golpean. Los vecinos se quejan siempre de los cronopios, y los famas mueven la cabeza comprensivamente y van a ver si las etiquetas están todas en su sitio.

Este texto se llama "Comercio":

Los famas habían puesto una fábrica de mangueras, y emplearon a numerosos cronopios para el enrollado

187

y depósito. Apenas los cronopios estuvieron en el lugar del hecho, una grandísima alegría. Había mangueras verdes, rojas, azules, amarillas y violetas. Eran transparentes y al ensayarlas se veía correr el agua con todas sus burbujas y a veces un sorprendido insecto. Los cronopios empezaron a lanzar grandes gritos, y querían bailar tregua y bailar catala en vez de trabajar. Los famas se enfurecieron y aplicaron en seguida los artículos 21, 22 y 23 del reglamento interno. A fin de evitar la repetición de tales hechos.

Como los famas son muy descuidados, los cronopios esperaron *circunstancias favorables* y cargaron muchísimas mangueras en un camión. Cuando encontraban una niña, cortaban un pedazo de manguera azul y se la obsequiaban para que pudiera saltar a la manguera. Así, en todas las esquinas se vieron nacer bellísimas burbujas azules transparentes, con una niña adentro que parecía una ardilla en su jaula. Los padres de la niña aspiraban a quitarle la manguera para regar el jardín, pero se supo que los astutos cronopios las habían pinchado de modo que el agua se hacía pedazos en ellas y no servían para nada. Al final los padres se cansaban y la niña iba a la esquina y saltaba y saltaba.

Con las mangueras amarillas los cronopios adornaron diversos monumentos, y con las mangueras verdes tendieron trampas al modo africano en pleno rosedal, para ver cómo las esperanzas caían una a una. Alrededor de las esperanzas caídas los cronopios bailaban tregua y bailaban catala, y las esperanzas les reprochaban su acción diciendo así:

—Crueles cronopios cruentos. ¡Crueles!

Los cronopios, que no deseaban ningún mal a las esperanzas, las ayudaban a levantarse y les regalaban pedazos de manguera roja. Así las esperanzas pudieron ir a sus casas y cumplir el más intenso de sus anhelos: regar los jardines verdes con mangueras rojas.

Los famas cerraron la fábrica y dieron un banquete lleno de discursos fúnebres y camareros que servían el pescado en medio de grandes suspiros. Y no invitaron a ningún cronopio, y solamente a las esperanzas que no habían caído en las trampas del rosedal, porque las otras se habían quedado con pedazos de manguera y los famas estaban enojados con esas esperanzas.

Ésta es una historia muy muy breve que casi me ha sucedido a mí una vez:

HISTORIA

Un cronopio pequeñito buscaba la llave de la puerta de la calle en la mesa de luz, la mesa de luz en el dormitorio, el dormitorio en la casa, la casa en la calle. Aquí se detenía el cronopio, pues para salir a la calle precisaba la llave de la puerta.

Éste se llama "Los exploradores":

Tres cronopios y un fama se asocian espeleológicamente para descubrir las fuentes subterráneas de un manantial. Llegados a la boca de la caverna, un cronopio desciende sostenido por los otros, llevando a la espalda un paquete con sus sándwiches preferidos (de queso). Los dos cronopios-cabrestante lo dejan bajar poco a poco, y el fama escribe en un gran cuaderno los detalles de la expedición. Pronto llega un primer mensaje del cronopio: furioso porque se han equivocado y le han puesto sándwiches de jamón. Agita la cuerda, y exige que lo suban. Los cronopios-cabrestante se consultan afligidos, y el fama se yergue en toda su terrible estatura y dice: NO, con tal violencia que los cronopios sueltan la soga y acuden a calmarlo. Están en eso cuando llega otro mensaje, porque el cronopio ha caído justamente sobre las fuentes del manantial, y desde ahí comunica que todo va mal, entre injurias y lágrimas informa que los sándwiches son todos de jamón, que por más que mira y mira entre los sándwiches de jamón no hay ni uno solo de queso.

A veces las esperanzas y los cronopios tienen que mandarse telegramas y acá hay algunos, dos o tres modelos de telegramas.

Una esperanza cambió con su hermana los siguientes telegramas, de Ramos Mejía a Viedma:

OLVIDASTE SEPIA CANARIO. ESTÚPIDA. INÉS.
ESTÚPIDA VOS. TENGO REPUESTO. EMMA.

"Tres telegramas de cronopios". El primero:

INESPERADAMENTE EQUIVOCADO DE TREN EN LUGAR 7.21 TOMÉ 8.24 ESTOY EN SITIO RARO. HOMBRES SINIESTROS CUENTAN ESTAMPILLAS. LUGAR ALTAMENTE LÚGUBRE. NO CREO APRUEBEN TELEGRAMA. PROBABLEMENTE CAERÉ ENFERMO. TE DIJE QUE DEBÍA TRAER BOLSA AGUA CALIENTE. MUY DEPRIMIDO SIÉNTOME ESCALÓN ESPERAR TREN VUELTA. ARTURO.

Otro telegrama de cronopio:

NO. CUATRO PESOS SESENTA O NADA. SI TE LAS DEJAN A MENOS, COMPRA DOS PARES, UNO LISO Y OTRO A RAYAS.

Último telegrama:

ENCONTRÉ TÍA ESTHER LLORANDO, TORTUGA ENFER-
MA. RAÍZ VENENOSA, PARECE, O QUESO MALAS CONDICIO-
NES. TORTUGAS ANIMALES DELICADOS. ALGO TONTOS, NO
DISTINGUEN. UNA LÁSTIMA.

Y acordándome una vez de Esopo, aquel fabulista griego
que hacía hablar a los animales con propósitos morales, escribí
unas pequeñas fábulas que no tienen ningún propósito moral
y las llamé "Sus historias naturales", o sea las historias naturales
de los cronopios. Ésta se llama "León y cronopio":

Un cronopio que anda por el desierto se encuentra
con un león, y tiene lugar el diálogo siguiente:
León. —Te como.
Cronopio (afligidísimo pero con dignidad). —Y bueno.
León. —Ah, eso no. Nada de mártires conmigo.
Échate a llorar, o lucha, una de dos. Así no te puedo
comer. Vamos, estoy esperando. ¿No dices nada?
El cronopio no dice nada, y el león está perplejo, has-
ta que le viene una idea.
León. —Menos mal que tengo una espina en la mano
izquierda que me fastidia mucho. Sácamela y te perdonaré.
El cronopio le saca la espina y el león se va, gruñendo
de mala gana:
—Gracias, Androcles.

Es una referencia a la historia de Roma... Esta que es un
poco grosera se llama "Cóndor y cronopio":

Un cóndor cae como un rayo sobre un cronopio que
pasea por Tinogasta, lo acorrala contra una pared de gra-
nito, y dice con gran petulancia, a saber:

Cóndor. —Atrévete a afirmar que no soy hermoso.

Cronopio. —Usted es el pájaro más hermoso que he visto nunca.

Cóndor. —Más todavía.

Cronopio. —Usted es más hermoso que el ave del paraíso.

Cóndor. —Atrévete a decir que no vuelo alto.

Cronopio. —Usted vuela a alturas vertiginosas, y es por completo supersónico y estratosférico.

Cóndor. —Atrévete a decir que huelo mal.

Cronopio. —Usted huele mejor que un litro entero de colonia Jean-Marie Farina.

Cóndor. —Mierda de tipo. No deja ni un claro donde sacudirle un picotazo.

Éste se llama "Flor y cronopio":

Un cronopio encuentra una flor solitaria en medio de los campos. Primero la va a arrancar,
        pero piensa que es una crueldad inútil
        y se pone de rodillas a su lado y juega alegremente con la flor, a saber: le acaricia los pétalos, la sopla para que baile, zumba como una abeja, huele su perfume, y finalmente se acuesta debajo de la flor y se duerme envuelto en una gran paz.
    La flor piensa: "Es como una flor".

Éste se llama "Fama y eucalipto". Al final hay una referencia a unas pastillas contra la tos muy populares en la Argentina que se llaman pastillas Valda. No sé si son conocidas en Estados Unidos pero, en fin, allá son muy conocidas.

Un fama anda por el bosque y aunque no necesita leña mira codiciosamente los árboles. Los árboles tienen un miedo terrible porque conocen las costumbres de los famas y temen lo peor. En medio de todos está un eucalipto hermoso, y el fama al verlo da un grito de alegría y baila tregua y baila catala en torno del perturbado eucalipto, diciendo así:

—Hojas antisépticas, invierno con salud, gran higiene.

Saca un hacha y golpea al eucalipto en el estómago, sin importársele nada. El eucalipto gime, herido de muerte, y los otros árboles oyen que dice entre suspiros:

—Pensar que este imbécil no tenía más que comprarse unas pastillas Valda.

Y la última fábula se llama "Tortugas y cronopios" y dice:

Ahora pasa que las tortugas son grandes admiradoras de la velocidad, como es natural. Las esperanzas lo saben, y no se preocupan. Los famas lo saben, y se burlan. Los cronopios lo saben, y cada vez que encuentran una tortuga, sacan la caja de tizas de colores y sobre la redonda pizarra de la tortuga dibujan una golondrina.

Quería terminar con los cronopios leyéndoles el último texto pero se me perdió el señalador. ¡Ah, aquí esta! "Lo particular y lo universal" se llama:

Un cronopio iba a lavarse los dientes junto a su balcón, y poseído de una grandísima alegría al ver el sol de la mañana y las hermosas nubes que corrían por el cielo, apretó enormemente el tubo de pasta dentífrica y la pasta empezó a salir en una larga cinta rosa. Después de cubrir su cepillo con una verdadera montaña de pasta, el cronopio se encontró con que le sobraba todavía una cantidad, entonces empezó a sacudir el tubo en la ventana y los pedazos de pasta rosa caían por el balcón a la calle donde varios famas se habían reunido a comentar las novedades municipales. Los pedazos de pasta rosa caían sobre los sombreros de los famas, mientras arriba el cronopio cantaba y se frotaba los dientes lleno de contento. Los famas se indignaron ante esta increíble inconsciencia del cronopio, y decidieron nombrar una delegación para que lo imprecara inmediatamente, con lo cual la delegación formada por tres famas subió a la casa del cronopio y lo increpó, diciéndole así:

—Cronopio, has estropeado nuestros sombreros, por lo cual tendrás que pagar.

Y después, con mucha más fuerza:

—¡Cronopio, no deberías derrochar así la pasta dentífrica!

Se me ocurre que esta pequeña selección de las historias de cronopios y de famas da una idea de cómo he entendido siempre lo lúdico en la literatura y hasta qué punto jugar puede también tener a veces un poco más sentido que el juego mismo, que la gracia del chiste mismo. Si puedo decirles algo más que les pueda interesar sobre los cronopios, lo hacemos ahora y después ya nos pasamos a algo muy diferente.

ALUMNA: *Una pregunta: ¿Sigue haciendo series de ese estilo o eso sólo fue en cierto tiempo?*

Sólo fue un ciclo porque cuando escribí toda esta serie de cuentitos —creo que escribí el total en quince o veinte días— al final ya resultaban demasiado fáciles porque había el peligro de que los cronopios, los famas y las esperanzas se estereotiparan, se convirtieran demasiado en símbolos de algo. Siempre he tenido una gran desconfianza a seguir por un camino cuando se vuelve fácil. Me acuerdo que siendo muy joven leí una frase del escritor francés André Gide que quedó para mí como uno de los consejos o de las indicaciones más importantes que un escritor puede darle a otro. Gide dijo: "No hay que aprovechar nunca del impulso adquirido". Parece una paradoja pero la verdad es que cuando se trabaja largo tiempo en una obra y se llega a dominar ese camino y esa técnica, existe la tentación de continuar; es el caso de escritores, músicos o pintores que una vez que han encontrado una manera se repiten indefinidamente, a veces a lo largo de su vida. Un humorista le reprochó a otro novelista francés, François Mauriac, haber escrito sesenta veces la misma novela. Las cosas cambiaban un poco... Alejo Carpentier, en ese maravilloso relato que se llama "Concierto barroco" y que les recomiendo de todo corazón porque es una maravilla de humor, imagina un diálogo entre Vivaldi y Stravinsky, lo cual natural y cronológicamente no puede ser. Ellos dialogan en un momento dado y entonces Stravinsky, para burlarse de Vivaldi, le dice: "Finalmente usted escribió seiscientas veces el mismo concierto" (lo cual es un poquito cierto), y Vivaldi le contesta: "Sí, pero en cambio yo no escribí una polca para pulgas saltarinas del circo Barnum", que Stravinsky sí escribió por pedido...

Volviendo a esa noción de repetición, con los cronopios hubo un momento en el que realmente me andaban alrededor con una tal facilidad que dije: "Bueno, basta". La palabra cronopio, el uso del cronopio como metáfora, aparece en otros textos míos; muchas veces he dicho "Fulano de Tal es un cronopio o tiene una conducta de cronopio", pero no he vuelto a escribir historias sobre los cronopios. Eso se terminó ahí, siguiendo el consejo de Gide.

ALUMNO: *¿Esos estereotipos tienen alguna vinculación con lo que usted llama su etapa histórica, o están totalmente divorciados?*

No, porque para estar divorciado hay que estar casado antes... y no estaban ni siquiera comprometidos. Como les conté, los cronopios empezaron en un teatro de París al poco tiempo de llegar yo a Francia —habrá sido en el año 52— y casi todos los cuentos los escribí cuando estaba trabajando al año siguiente en Italia.

ALUMNO: *¿Qué función tienen estas historias para la gente joven de América Latina en estos momentos, es decir qué validez, qué importancia puede tener leer esas historias para una gente que está en Nicaragua, ahorita, reconstruyendo un país? De ahí venía la pregunta.*

Esas historias fueron escritas sin la menor intención de que tuvieran un sentido histórico, como acabo de mostrar. Lo que sucede es que las obras literarias cumplen a veces destinos muy extraños, azares muy extraños que escapan completamente a su autor. Por ejemplo —y para contestar directamente su pregunta— es obvio que para alguien que está enfrentando procesos políticos e históricos dramáticos y en general trágicos en América Latina estas historias de cronopios no tienen ningún sentido, no le pueden interesar. Pero ahí entran el azar y lo lúdico porque la gente que lucha y enfrenta muchas veces la muerte, en los momentos de descanso, de reposo, busca lo lúdico porque lo necesita y con mucha frecuencia lee textos y escucha músicas que nada tienen que ver con su trabajo inmediato. El Che Guevara llevaba en el bolsillo de su chaqueta los cuentos de Jack London que no son precisamente cuentos militantes: son aventuras en Alaska, en la selva, historias de gentes que luchan contra la muerte, contra los animales y contra las fieras. Los llevaba como podría llevar también un libro de poemas: como compensación en los momentos en que su trabajo personal aflojaba. Me alegro mucho de su pregunta porque es algo que nunca les hubiera dicho si usted no me hubiera provocado, y eso es lo bueno porque a mí me gusta que me provoquen como yo trato de provocarlos también a ustedes.

Estando en Cuba una noche me vino a buscar un amigo de toda confianza diciéndome: "Hay un grupo de personas que quieren hablar contigo". Digo: "Bueno". Como yo sospechaba que ese grupo de personas estaba de paso —esto sucedía muy al comienzo de la Revolución cubana, en el 64 o 65— pensé que no eran cubanos, que eran gente que estaba de paso allí y que no podían dar sus nombres. "Qué bueno, si quieren hablar conmigo, llévenme". Este amigo me llevó a una casa y me dijo: "Mira, por razones que comprenderás, vas a encontrar a esta gente en la oscuridad". Dije: "Claro, lo comprendo perfectamente bien. Si ellos me quieren ver, no me van a ver físicamente pero me van a oír y yo los voy a oír a ellos". Entramos, después de atravesar una serie de pasillos, a una habitación totalmente a oscuras. Por las voces alcancé a calcular que ahí había cinco muchachos y dos muchachas, todos ellos muy jóvenes, con acentos de un país que no voy a nombrar pero latinoamericanos, por supuesto. Esos muchachos me dijeron: "Mira, te queríamos ver y hablar un momento contigo para decirte que en los intervalos de algo que estamos haciendo (que yo me podía imaginar por el secreto que había en esa entrevista) nos encanta leer tus historias de cronopios. Siempre hay alguno de nosotros que las tiene en el bolsillo". Además, una de las chicas me dijo en un momento dado: "El libro se nos perdió y después lo encontramos medio mordido por un perro; quedan solamente quince páginas y cada uno tiene una página en el bolsillo". No sé si le contesto a su pregunta pero me da gusto relatar esa anécdota.

ALUMNO: *¿Podría comentar sobre el elemento poético que se encuentra en la estructura lúdica de su obra?*

El elemento poético es un largo y complicado tema, porque la poesía —que obviamente, elementalmente diferenciamos de la prosa— puede contener y contiene muchas veces elementos lúdicos: hay muchos poemas que contienen un elemento de juego y diría incluso que en ciertas formas muy precisas de la poesía, por ejemplo el soneto, la forma es un juego en sí mismo porque la regla del juego es que hay que desarrollar un pensamiento, una idea, lo que el poeta quiere decir, dentro de un rigor que no admite la menor excepción de la misma manera que en un *match* de tenis no se admite ninguna excepción a las reglas del juego; hay que cumplirlas, si no el jugador es descalificado. El sonetista que no cumple las reglas del juego es descalificado por sus lectores: si uno de sus versos en vez de endecasílabo le sale dodecasílabo, el soneto se cae al suelo para siempre.

El elemento lúdico en la poesía muchas veces está en la forma; el poeta juega a hacer un soneto y el ejemplo más maravilloso es el del poeta español que escribe un soneto explicando cómo tiene que escribirlo:

Un soneto me manda hacer Violante,
y en mi vida me he visto en tal aprieto.
Catorce versos dicen que es soneto;
burla burlando ya van tres delante.

Cuando cierra la primera cuarteta está explicando que ya escribió los tres primeros. Vieron ustedes hasta qué punto eso es lúdico; imposible imaginar nada más lúdico. Lope de Vega debía divertirse como un niño haciendo esos sonetos, pasa que además era un niño genial. También en muchísimos sonetos de Góngora y de Quevedo —además de la estructura del soneto u otra forma métrica: una décima, octava real, lo que sea— el poeta puede jugar con la rima interna. Tomen un ejemplo clásico de este país, "El cuervo", el gran poema de Edgar Allan Poe que tiene un doble sistema de rimas: la rima clásica al final de los versos y una rima en la mitad de cada verso, una rima interna que a Poe le tiene que haber dado un trabajo monstruoso que resolvió admirablemente porque es un tema encantatorio, un poema que va hipnotizando al lector y por eso es uno de los mejores poemas para leer en alta voz: ese juego de líneas internas que hacen como un eco de la rima final va creando una hipnosis que multiplica su efecto terriblemente dramático. Ya ve usted que lo lúdico es también cómplice del poeta en muchos casos.

ALUMNA: *Hablando de formas literarias que no se toman muy en serio, creo haber oído que en Francia hay una nueva onda de*

escribir novelas completamente con caricaturas, tipo comic strips.
¿Cree que esta forma literaria puede llegar a caminar?

Me gustaría poder contestarle la pregunta pero para eso tendría que haber leído esas novelas y no he leído ninguna. En Francia se han escrito estos años muchas novelas que contenían también un elemento lúdico pero que en mi opinión es más bien negativo (no es de lo que habla usted, es otra cosa). Por ejemplo, un escritor extraordinariamente inteligente y avezado que se llama Georges Perec escribió una novela cuyo título es *La desaparición*. Cuando uno comienza a leer el libro, le llama la atención que se llame *La desaparición* porque aparentemente no desaparece nadie pero, al mismo tiempo que uno va leyendo, nota que en el estilo hay algo extraño; es muy fluido, dice todo lo que quiere decir, cuenta una historia en varios capítulos y llega al final y no ha habido ninguna desaparición, pero en ese momento nos damos cuenta de que sí: lo que ha desaparecido es la vocal *e*. En todo el libro no hay ni una sola *e*. Como dicen los franceses *il faut le faire!;* hay que hacerlo, verdaderamente, porque me puedo imaginar las noches en vela de Perec tratando de armar una frase sin poner una sola *e*, y además que él se llama Perec y en su apellido tiene dos *e...* Quizá por esa razón las sacó del libro.

Sin querer ser severo en este plano porque son problemas muy complejos, noto en la literatura francesa de ficción de los últimos años una sustitución de la profundidad real por búsquedas a base de ingenio, a base de recursos retóricos como este que acabamos de contar. Lo que usted menciona: novelas en donde el escritor no tiene gran cosa que decir y lo sabe, y como sabe que no tiene una gran experiencia que transmitir, entonces se toma desesperadamente de lo lúdico e inventa un mecanismo: "Esta novela la voy a hacer de tal manera", "Quiero hacer tal o cual cosa". Eso en el plano técnico puede dar cosas muy bellas e incluso permite experimentar, pero como resultado literario personalmente pocas veces quedo satisfecho con ese tipo de rubros.

ALUMNO: *Hay un personaje en* Paradiso *del que usted habla en* La vuelta al día. *Lezama Lima juega también con el aspecto lúdico. ¿Podría hablar un poco de Lezama Lima y Góngora? ¿Conoció a Lezama Lima usted?*

Sí, claro...

ALUMNO: *¿Puede hablar un poco más sobre ese tema?*

Puedo hablar sobre Lezama Lima pero me llevaría varios días.

ALUMNO: *Especialmente del personaje que va por la calle y mira las vitrinas y hace las imágenes que crean transparencias...*

Tengo la impresión de que en una charla anterior ya hablamos de Lezama. Creo que hicimos referencia a que yo lo había conocido, que fuimos grandes amigos y que se reía mucho porque yo lo llamaba "el Gordo Cósmico". Era obeso, Lezama, y yo lo llamaba el Gordo Cósmico porque su mundo es un mundo que abarca el cosmos, no sólo la realidad inmediata. A él le gustaba mucho que yo le dijera eso; no era ninguna falta de respeto, muy al contrario.

Lo lúdico en Lezama Lima es muy importante y concretamente en *Paradiso* muchísimas de las imágenes que emplea, muy elaboradas y muy eruditas, contienen una carga de humor realmente extraordinario. Lamento no tener varias de ellas en la memoria; me acuerdo vagamente de una en que juega con el humor y hace una especie de desvalorización al final que es muy extraordinaria. Está hablando de una mujer, de una alemana y dice: "La famosa (estoy inventando pero la imagen es ésa) Gertrudis Widenstein que, después de haber sido la más famosa cantante wagneriana de su época y de haber conocido los triunfos y las famas más extraordinarias, decidió retirarse, se fue a China y pasó el final de su vida como la querida del emperador". Esa imagen me pareció extraordinaria por esa no-

200

ción de falsa modestia contentándose con ser nada menos que la favorita del emperador de China. Esa clase de imágenes eran muy frecuentes. Decir, por ejemplo, utilizando la noción del nirvana del budismo que es un estado (supongo, no soy budista ni entiendo mucho de eso) de beatitud total, hablando de un personaje que está muy mal en una fiesta, decía: "Se aburría como una marmota en el nirvana". Esa clase de imágenes prueban su sentido de lo lúdico y, cuando hablaba, Lezama Lima —creo que lo dije— era exactamente igual que cuando escribía. Muchos lo han acusado de artificioso en su escritura; su escritura no tenía nada de artificioso: él hablaba así. En su inmensa sabiduría —que era al mismo tiempo una sabiduría ingenua porque en él había una enorme ingenuidad— hablaba a cualquier persona, que podría ser por ejemplo el policía de la esquina, y después de dos o tres frases comenzaba a mencionar a Heráclito, aparecía Voltaire, aparecían los personajes que circulaban en su imaginación. Claro, el policía lo miraba estupefacto porque pensaba que estaba loco. Esa manera de hablar de Lezama, que utilizaba sus metáforas continuamente, entraba de la manera más natural en sus libros.

No me gustaría repetirme si el día en que hablamos de él les conté la anécdota de cuando estaba con asma y vino un amigo a visitarlo. (Es para mostrar cómo Lezama, hablando, era igual que cuando escribía: las metáforas le salían así.) Un amigo lo fue a visitar; era muy asmático y el amigo lo encontró muy fatigado, le zumbaba el pecho como cuando se tiene mucha asma y hay silbidos. En la calle había unos obreros trabajando con martillos mecánicos por lo que había un estrépito monstruoso. Lezama estaba allí y este amigo le dijo: "Bueno, maestro, ¿cómo está usted?". Lezama le dijo: "¿Cómo quieres que esté? Fíjate, con ese fragor wagneriano y yo aquí con mi chaleco mozartiano". Escena grandiosa porque todas las flautas y los violines de Mozart, y afuera Wagner... Eso podría decirlo un personaje de *Paradiso*. Lezama es una de las figuras más prodigiosas de nuestra literatura contemporánea, y estoy hablando mucho más que de América Latina: del mundo.

ALUMNO: *¿Podría hablar, porque no sé si sería cierto, pero aparentemente el gobierno de Fidel había prohibido* Paradiso *en Cuba? ¿A qué se debió esto y por qué?*

Muy buenas preguntas..., muy buenas preguntas provocativas. Vamos a ponernos de acuerdo sobre eso que usted llama "el gobierno de Fidel" porque los gobiernos —el de Fidel o el de cualquiera— se componen de todo un equipo formado por mucha gente, de los cuales hay los que tienen lucidez y ven claramente el camino y luego están los burócratas, los sectarios y evidentemente los tontos que abundan en todo gobierno de este mundo. Cuando *Paradiso* fue publicado en Cuba por la Sociedad de Escritores de Cuba, algún funcionario (nunca se ha sabido quién fue y si todavía está vivo tendrá especial interés en que no se sepa porque debe estar muerto de vergüenza) lo acusó de libro pornográfico. Eso coincidía con una situación que duró varios años en Cuba y en que hubo una enorme intolerancia y un gran sectarismo en materia sexual, una situación muy penosa que dejó muchas huellas. Hubo entonces una enorme persecución contra los homosexuales en Cuba que consistió en muchos casos en creer que el trabajo, multiplicar sus tareas, los iba a curar de lo que esos señores llamaban "una enfermedad". (Como ustedes saben muy bien éste es un problema que no se puede discutir así, yo estoy simplemente dando las líneas generales de la cosa.) En ese momento apareció *Paradiso* y el funcionario en cuestión dijo que era un libro inmoral, pornográfico; mucha gente se asustó, inclusive los libreros, y empezaron a retirarlo de la circulación. Lezama nunca dijo una palabra, se quedó tranquilamente en su casa, nunca dijo nada sobre eso. Entonces —por eso mi referencia al gobierno de Fidel— pasó esto que sé directamente y de primera mano: Una noche Fidel Castro fue a la universidad a hablar con los estudiantes; de vez en cuando hace una visita por sorpresa, llega a las escalinatas de la universidad, los estudiantes lo rodean durante una o dos horas, discuten muy violentamente entre ellos, exponen sus problemas y él escucha y contesta. Esa noche, en plena conversación un estudiante le dijo: "Oye, Fidel, ¿y por qué es que no podemos comprar *Paradiso*? Nos han dicho que lo han suspendido de las librerías y no lo podemos comprar". La respuesta de Fidel fue ésta, y me hago responsable de esa respuesta porque sé que fue así.*

Sí, me hacen una seña cronológica... Hoy hemos estado demasiado lúdicos y se nos han hecho como las tres y media de la tarde. Tratemos de aprovechar este rato que nos queda dejando entrar a los alumnos que llegan tarde.

Bueno, la verdad es que parece un salto un poco vertiginoso el que vamos a dar ahora después de haber franqueado a vuelo de pájaro estas últimas etapas pero en el fondo no es tan vertiginoso: en lo que nos queda de hoy y en la charla de la semana que viene, vamos a ocuparnos de ese libro que se llama *Rayuela* sobre el cual verdaderamente no sé qué decirles; no tengo la menor idea porque el problema de *Rayuela* es que se convirtió en una novela o antinovela o contranovela como la han llamado los críticos —ha habido muchas palabras para definirla— por una serie de circunstancias de tipo personal y literario. Aunque tengo suficiente conciencia de lo que quise hacer y de cómo y hasta dónde lo hice en las líneas que me había trazado, en mi recuerdo el libro se me escapa un poco de las manos por su propia estructura, no diría complejidad porque no es un libro complejo. Hay quienes han dicho que es una novela de una gran dificultad pero yo no lo creo; no es un libro al alcance de un niño de doce años, eso es cierto, pero tampoco es un libro particularmente difícil como podría serlo *Ulysses,* de James Joyce, donde se experimenta a fondo con el

---

* ¿Casualmente? la grabación de que disponemos se interrumpe en este momento. En una entrevista se refirió al mismo asunto con las palabras siguientes: "Fidel dijo esto que me parece muy lindo: 'Chico, mira, este libro realmente yo no entiendo gran cosa de lo que hay ahí adentro pero estoy seguro de que contrarrevolucionario no tiene nada, de manera que no veo por qué no lo van a vender'. Y los que estaban con él escuchaban muy bien y al otro día el libro volvió a salir". (Evelyn Picon Garfield: *Cortázar por Cortázar,* México, Universidad Veracruzana, 1978, página 48.)

lenguaje y cada frase plantea un problema de comprensión e interpretación. Sus dificultades son de otro orden y quizá para poder acercarnos un poco a su mundo lo mejor sería que les cuente qué fue lo que me pasó a mí en ese momento, por qué empecé a escribirlo y qué me pasó mientras lo estaba escribiendo.

Los que han leído *Rayuela* han visto que no se presenta de una manera lineal. (Después hablaremos de eso más en detalle.) Se lo puede leer linealmente hasta cierto punto, desde el principio hasta una cierta altura dejando de lado el resto, o se puede leer con un segundo sistema de lectura: pasando de un capítulo a otro hacia adelante y hacia atrás guiándose por un sistema de envíos, de remisiones de un capítulo a otro. Eso hace que la estructura del libro no sea fácil de captar pero refleja un poco dos cosas: las circunstancias en que fue escrito, concebido, y las intenciones del autor. Las circunstancias son que, cuando salí de la Argentina para irme a vivir a París a comienzos de la década del 50, pasé tres o cuatro o cinco años profundamente sumergido en una experiencia que en aquella época hubieran calificado de "existencial" porque el existencialismo era la posición filosófica que estaba de moda a través de Sartre y en alguna medida de Camus; sumido en una experiencia muy personal que consistía en dejarme llevar por todo lo que la ciudad me ofrecía o me negaba, tratando de alcanzar lo que me daba y de conocer a fondo lo que me ofrecía en el plano de las relaciones humanas, de los conocimientos, de la música, de todo lo que la Argentina no me había dado en esas dimensiones (me había dado otras cosas, pero no ésas). Entre el año 52 y el 55 o 56 no escribí nada más que cuentos pero en distintas circunstancias y en distintos lugares iba llenando páginas con instantáneas, recuerdos de cosas, invenciones a veces, todo muy calcado de mi experiencia cotidiana en la ciudad, en Francia, en París concretamente. No tenía la menor idea de que alguna vez esos papeles iban a formar parte de un libro: se iban quedando como quedan todos nuestros papeles cuando se nos cruza algo por la cabeza y nos gusta con frecuencia anotarlo y lo guardamos no sabemos bien por qué, pero ahí queda. Esos papeles se fueron acumulando y no los releí.

Hacia el año 56 escribí "El perseguidor" y no me di cuenta —no me podía dar cuenta en ese momento— de que lo que estaba escribiendo ahí era ya un esbozo de lo que luego sería *Rayuela*. Un crítico (creo que es Ángel Rama) calificó "El perseguidor" de *rayuelita; "*la rayuelita" le llamó y tiene toda la razón del mundo porque después, retrospectivamente, cuando terminé *Rayuela* me di cuenta de que en "El perseguidor" estaban ya esbozadas una serie de ansiedades, búsquedas y tentativas que en *Rayuela* encontraron un camino más abierto y más caudaloso. Efectivamente, ustedes pueden establecer la comparación entre los dos ejes de ambos textos, entre los personajes centrales: el personaje de "El perseguidor", Johnny Carter, es un hombre que está sometido al mismo tipo de angustias y ansiedades que luego van a ser las de Horacio Oliveira, el personaje de *Rayuela*. En ese sentido "El perseguidor", que conseguí terminar en ese momento, era una primera andanada de interrogaciones, de cuestiones que me planteaba a mí mismo a través del personaje.

Entretanto, los papelitos de que hablaba hace un momento se habían seguido acumulando. No los tenía en cuenta y un día me pasó como cuando escribo cuentos (eso lo he explicado al comienzo de estas charlas): de golpe me cayó encima no un cuento sino algo que evidentemente exigía un mayor desarrollo, una especie de situación en la que *vi* a dos personajes masculinos y a uno femenino enfrentándose antagónicamente en una situación totalmente absurda. Eso lo veía en Buenos Aires, en mi ciudad, en una calle muy estrecha con casas en las que había ventanas de ambos lados; uno de los personajes estaba en una ventana, el otro en la de enfrente, y cuando me di cuenta estaba escribiendo una cosa totalmente absurda en la que se trataba de colocar una plancha de madera para pasar de una ventana a la otra de manera que la mujer —que era ya un personaje— pudiera pasar de una ventana a la otra arrastrándose por la plancha a cuatro pisos de altura, o sea a riesgo de matarse, para llevar unos clavos y un poco de yerba mate que

205

el otro personaje quería para trabajar y para beber. Esa situación sin ningún contenido real, que es imposible imaginar más absurda e ilógica, me vino como una especie de obligación, de necesidad de escribirla, y sin saber quién era esa gente les puse los nombres que conservaron: Horacio Oliveira ya se llamó así, su amigo Traveler ya tenía ese nombre y la mujer, Talita, también. Vinieron en esa situación absurda de pasar por la plancha llevando los clavos y la yerba y escribí durante varios días porque —si ustedes lo recuerdan— es un capítulo larguísimo que tiene como treinta o cuarenta páginas donde hay un interminable diálogo en que se debaten cosas aparentemente absurdas y frívolas, pero por debajo se siente pasar un elemento dramático que es en definitiva la rivalidad de estos dos hombres con referencia al personaje femenino, una rivalidad que no está muy clara en ninguno de los tres en ese momento porque no estaba clara en mí: yo no los conocía, para mí era una cosa completamente vaga y sin embargo escribí de un solo tirón ese capítulo; le llamo capítulo ahora, pero en ese momento ni siquiera era un capítulo, era un texto muy largo que cuando lo terminé sentí que exigía una continuación.

En el momento de continuarlo me di cuenta —y eso es lo que va a explicar después muchas cosas en *Rayuela*— de que ese personaje, Horacio Oliveira, lo estaba viendo como alguien que volvía a la Argentina después de una larga y complicada experiencia en Europa, un poco como yo mismo cada vez que iba a Buenos Aires cuando estaba viviendo en Francia. Entonces me di cuenta de que no podía seguir adelante sino que tenía que dejar tranquilo ese capítulo o texto y empezar a hablar de ese Oliveira, empezar a conocerlo yo mismo a través de su experiencia en París; y fue en ese momento que aparecieron todos esos centenares de papelitos y de notas que había ido escribiendo y acumulando a lo largo de los años sin ninguna intención de ponerlos en un libro, cada uno de los cuales reflejaba momentos de mi propia experiencia, diferentes enfoques de la vida de un argentino en Francia. Automáticamente eso se armó en mí como un mosaico, como un *patchwork:* bruscamente sentí que cada uno de esos fragmentos había que organizarlo, había que empezar a hacerlos pasar por el hilo central del personaje y me puse a escribir.

El mecanismo del libro ya era en sí extraño: el capítulo del medio ya estaba escrito. Ese capítulo se quedó allí y yo me volví atrás y escribí toda la serie de París hasta encontrar el capítulo del medio —lo cual me llevó dos años— y sólo después seguí adelante. Eso creo que puede explicar como primera tentativa el hecho de que *Rayuela* no fue concebido como una arquitectura literaria precisa sino como una especie de aproximación desde diferentes ángulos y desde diferentes sentidos que poco a poco fue encontrando su forma.

Cuando estaba escribiendo *Rayuela* —al mismo tiempo que lo escribía, y llevó varios años— seguía leyendo libros y periódicos y continuamente encontraba frases, referencias e incluso anuncios periodísticos que despertaban en mí un eco con referencia a lo que estaba escribiendo: había cosas que tenían cierta conexión y entonces las cortaba o las copiaba y las iba acumulando. Cuando terminé de escribir la novela propiamente dicha tenía una pila de elementos accesorios: citas literarias, fragmentos de poemas, anuncios periodísticos, noticias de policía; había de todo. En el momento de armar el libro, o sea de sentarme a la máquina para pasarlo en limpio después de haberlo revisado, me dije: "¿Qué hago ahora? ¿Cuál va a ser la estructura de este libro? Todos los elementos que se han ido acumulando cuentan para mí, de alguna manera son parte del libro, pero no los puedo poner al final como un apéndice porque ya se sabe lo que pasa con los apéndices: nadie los lee, o muy pocos, no tienen mayor interés". (Los apéndices son como los prólogos, que un español decía que son una cosa que se escribe al final, se pone al principio y no se lee ni al principio ni al final. Con los apéndices pasa eso muchas veces.) Comprendí que el único sistema viable era crear un sistema de intercalación de esos elementos en la narración novelesca. Para cierto tipo de lectores podía ser un poco artificial y entonces de golpe dije: "Voy a hacer la locura total (verdaderamente me parecía una locura): voy a proponer dos lecturas de este libro. Yo he tenido cinco escrituras diferentes, porque lo he escrito de diferentes maneras; tengo entonces algún derecho de proponerle a mi lector por lo menos dos lecturas". Por eso *Rayuela* dice en su primera página que a su manera es muchos libros pero sobre todo es dos libros y que se puede leer de dos maneras: la primera es muy sencilla, es como cualquier libro sólo que hay que llegar hasta el capítulo, no sé, sesenta, y todo lo que sigue no hay para qué leerlo; entonces al que le guste leer una novela como cualquier novela, linealmente, lo lee del principio hasta ese capítulo y se olvida de lo demás porque si lo lee después no entiende nada porque son cosas aparentemente inconexas, sueltas, sin ninguna relación aparente. La segunda manera de leerlo consiste en seguir una especie de salto continuo que se hace en el interior del libro, que va remitiendo de un capítulo a otro y que a veces salta de un capítulo a un anuncio de un periódico, del anuncio del periódico vuelve a otro capítulo y del capítulo salta a la cita de un poema o de un fragmento de poema. Ésa es la segunda manera y con ella se abarca la totalidad del libro, no ya linealmente sino que el libro es como cuando abrimos una baraja y la cerramos y todas las cartas se entremezclan.

Debo decir que muchos críticos han pasado muchas horas analizando cuál pudo haber sido mi técnica para mezclar los capítulos y presentarlos en el orden irregular. Mi técnica no es la que los críticos se imaginan: mi técnica es que me fui a la casa de un amigo* que tenía una especie de taller grande como esta aula, puse todos los capítulos en el suelo (cada uno de los fragmentos estaba abrochado con un clip, un gancho) y empecé a pasearme por entre los capítulos dejando pequeñas calles y dejándome llevar por líneas de fuerza: allí donde el final de un capítulo enlazaba bien con un fragmento que era por ejemplo un poema de Octavio Paz (se cita uno), inmediatamente le ponía un par de números y los iba enlazando, armando un paquete que prácticamente no modifiqué. Me pareció que ahí

---

* Eduardo Jonquières.

el azar —lo que llaman el azar— me estaba ayudando y tenía que dejar jugar un poco la casualidad: que mi ojo captara algo que estaba a un metro pero no viera algo que estaba a dos metros y que sólo después, avanzando, iba a ver. Creo que no me equivoqué; tuve que modificar dos o tres capítulos porque la acción empezaba a ir hacia atrás en vez de adelantar, pero en su inmensa mayoría esa ordenación en diferentes capas funcionó de manera bastante satisfactoria para mí y el libro se editó en esa forma.

Toda ésta es la historia física de *Rayuela*. Ahora, el problema para mí más difícil y que no creo que vayamos a abordar mucho hoy es por qué diablos escribí ese libro. Había el antecedente de "El perseguidor", es decir que estaba en una línea de búsquedas personales que me angustiaban y me preocupaban, pero cuando comencé a escribirlo había otras cosas también y esas otras cosas son las que, simplificando un poco pero no demasiado, reduciría a tres. El hecho de haber escrito *Rayuela* responde a tres motivos fundamentales, hay otros subsidiarios pero había tres fundamentales: El primer motivo, el básico, es el que el lector encuentra cuando oye los monólogos y los diálogos de los personajes y lee los fragmentos teóricos de un tal Morelli —un escritor que inventé y metí ahí— en que expone sus ideas sobre literatura, sobre filosofía a veces aunque muy poco y sobre historia. El primer nivel, la primera intención de *Rayuela*, el lector la encuentra en la palabra y en el pensamiento de los personajes principales y de esa figura un poco misteriosa de Morelli cuyos textos aparecen intercalados a lo largo del libro. Ese contenido es lo que yo había calificado de "metafísica" el primer día, cuando nos conocimos y les hablé de mi propio paso por la vida de escritor: preocupaciones fundamentalmente de tipo metafísico. En el fondo *Rayuela* es una muy larga meditación —a través del pensamiento e incluso a través de los actos de un hombre sobre todo— sobre la condición humana, sobre qué es un ser humano en este momento del desarrollo de la humanidad en una sociedad como la sociedad donde se cumple el libro: en *Rayuela* todo está centrado en el individuo, eso es fácil de advertir. Oliveira piensa sobre todo en sí mismo, pocas veces sale de sí mismo, pocas veces se proyecta del yo al tú y mucho menos del tú al vosotros; se queda siempre centrado en una actitud fundamentalmente individualista a través de la cual mira en torno y trata de responder a las preguntas que continuamente se hace y que continuamente lo atormentan y lo preocupan. Casi en seguida se ve, en los primeros capítulos, que Oliveira es el hombre que directamente no acepta que le den el mundo prefabricado: tiene que vivir dentro de ese contexto y aceptar el peso de una sociedad que lo incluye pero mentalmente, profundamente, está en continua crítica y a veces en continua rebelión. Lo que sus amigos en la mayoría de los casos aceptan sin discutirlo demasiado, él lo pone inmediatamente en tela de juicio porque no solamente se está mirando a sí mismo sino que en él está reconociendo el último eslabón de una interminable cadena histórico-cultural que viene desde las Cuevas de Altamira, desde la Edad de Piedra, desde los primeros balbuceos de la civilización. La primera y bastante ingenua protesta de Oliveira es decirse: "Bueno, si la humanidad ha necesitado miles y miles y miles de años para llegar a esto que soy hoy aquí y todo lo que me rodea, y esto que soy yo aquí lo encuentro insatisfactorio, imperfecto y en general malo, ¿qué ha pasado? ¿Por qué esa evolución se ha cumplido en ese sentido y no en otros posibles sentidos?". Automáticamente empieza a poner en crisis eso que se da en llamar la civilización judeocristiana o la civilización que viene sobre todo pasando por Aristóteles y Santo Tomás hasta llegar a la ciencia y la filosofía modernas. Oliveira se dice que es posible que en algún momento de ese camino alguien haya dado un paso en falso que todo el mundo siguió en vez de detenerse, criticar y cambiar de camino para tomar otra dirección. Como es un hombre a quien le interesan mucho las filosofías orientales (a mí me interesaban personalmente en esa época), tiene suficiente inteligencia para darse cuenta de que la mentalidad humana siguió un camino bastante distinto según se proyectó hacia el Occidente o hacia el Oriente y dio por resultado dos visiones, dos sentimientos del mundo muy diferentes.

El hecho de que haya esas dos lo lleva a preguntarse si podría haber habido catorce o cinco o diecisiete. "¿Por qué estamos tan seguros de que nuestra civilización occidental es la buena? ¿Por qué estamos tan seguros del progreso?" Cada uno de ustedes se puede formular la serie de preguntas porque es fácil hacerla y seguirla: una vez que se niega algo, es posible continuar una cadena de negaciones, y es exactamente lo que él hace.

Aquí un paréntesis importante: Cualquiera que haya leído el libro sabe que Oliveira no era ningún genio; al contrario, es un hombre sumamente mediocre, él mismo lo sabe. No tiene la inteligencia que pudo tener Kant o Hegel o Jean-Paul Sartre. Lo mismo que el músico de "El perseguidor", es un hombre común que sin embargo siente que en torno a él hay cosas que no andan bien, cosas que incluso gente mucho más inteligente que él acepta y que él no está dispuesto a aceptar y se opone a la realidad tal como se la presentan diariamente. Cuando estaba escribiendo el libro y definía a Oliveira como lo que es, un hombre que no tiene una gran capacidad intelectiva sino una inteligencia común —como la del autor del libro—, muchas veces pensé en un libro que fue enormemente leído en los años treinta y cuarenta, cuya actitud es totalmente distinta y a su modo es una obra maestra: me refiero a *La montaña mágica,* de Thomas Mann, un libro profundamente filosófico y reflexivo en donde personajes —ésos sí de una enorme inteligencia, como la de Thomas Mann— discuten y barajan todos los problemas del momento y tratan de encontrar soluciones. La verdad es que en *La montaña mágica* se busca siempre dar respuestas; en el caso de *Rayuela* ni Oliveira ni el autor de Oliveira buscaron jamás dar una respuesta, pero en cambio los dos tuvieron una cierta capacidad para hacer preguntas. *Rayuela* es un libro de preguntas en el que continuamente se está preguntando por qué esto es así y no de otra manera, por qué la gente acepta que esto se dé en esta forma cuando se podría dar de otra.

Esas continuas interrogaciones que hace *Rayuela* y que de ninguna manera contienen una respuesta son quizá lo que determinó que cuando se publicó sus lectores fueran sobre todo gente joven en América Latina. Me llevé una gran sorpresa porque creía haber escrito un libro para gente de mi edad; habitualmente uno está instalado en su propia edad física y mental y piensa que está escribiendo para la gente de su generación. Pues la gente de mi generación en la Argentina y demás países de América Latina empezó sin entender *Rayuela,* hubo un gran rechazo, incluso un gran escándalo en un primer momento. Al mismo tiempo, los jóvenes, gente entre diecisiete y veinticinco o veintiséis años, inmediatamente comenzaron a leer el libro muy apasionadamente. Me di cuenta por la correspondencia: cuando comencé a recibir cartas, las verdaderamente interesantes, las que tenían un sentido para mí, fueron de gente joven. ¿Por qué? Porque en *Rayuela* no había ninguna lección magistral pero había en cambio muchas preguntas que respondían al tipo de angustia típico de una juventud que se interroga también sobre la realidad en la que está creciendo, en la que tiene que vivir y que muchas veces cuestiona, impugna y pone en tela de juicio. La respuesta de los jóvenes fue haber sentido que ahí no había ningún maestro, ningún Thomas Mann dando lecciones: había alguien que, desde su inteligencia y posibilidades medianas, los estaba poniendo en contacto con una visión más crítica, más interrogativa de la realidad que los rodea.

Ése es, si ustedes quieren, el primer nivel en el que se mueve el libro y que me preocupó cuando lo escribí: llevar hasta sus últimas consecuencias las angustias personales de los personajes, que se expresaran de la manera más franca y abierta posible y que de esa manera esas angustias, esa sed filosófica —la filosofía es siempre eso: una sed de pasar al otro lado de las cosas— llegara directamente al lector. Creo que esto lo vamos a dejar para la próxima vez, y me da un poco de pena no hacerlo ahora pero es un poco más largo; simplemente lo enuncio: el segundo nivel, que en general no se vio al principio pero que luego poco a poco fue entrando en los lectores que analizaron más a fondo el libro, es una perogrullada: si en un libro uno quiere poner en crisis y en tela de juicio muchas de las cosas que se dan por admitidas o codificadas, ¿cómo tiene que hacer ese escritor para conseguir poner eso en tela de juicio? Evidentemente tiene que escribir, su única herramienta es el idioma, pero ¿qué idioma va a usar? Ahí empieza el problema porque, si utiliza el idioma que expresa ese mundo que está atacando, el idioma lo va a traicionar. ¿Cómo va a poder denunciar algo con las herramientas que sirven al enemigo, es decir un idioma estratificado, codificado, un estilo ya con sus maestros y sus discípulos? Por eso, el segundo nivel de *Rayuela* es idiomático, un nivel de lenguaje, y sobre ése vamos a hablar un poco más en detalle la próxima vez. Luego hay un tercer nivel, y con eso ya habremos jugado a la rayuela.

Séptima clase
De *Rayuela, Libro de Manuel* y *Fantomas contra los vampiros multinacionales*

El otro día nos quedamos un poco atascados en la mitad de lo que quería decir sobre *Rayuela* y quisiera terminar hoy en la primera mitad de esta charla para dedicar la segunda a otro tema. Lo mejor será hacer una síntesis un poco apretada de lo que había empezado a decir cuando se nos vino encima la hora y suspendimos nuestro trabajo.

Dentro de lo artificial que es toda división en un libro que justamente busca abolir lo más posible las divisiones, por lo menos las convencionales, yo había encontrado de una manera muy general que un libro como este del que estamos hablando presenta tres niveles diferentes. Diría que hay en el fondo una sola intención (eso se verá al final de lo que hablaremos hoy) pero se pueden considerar tres niveles de trabajo consciente o inconsciente, deliberado o involuntario por parte del escritor. Son las cosas que uno aprende cuando ha terminado de escribir un libro. Aquellos de entre ustedes que ya conocen la práctica literaria y escriben cuentos, poemas e incluso pueden haber escrito novelas, saben muy bien que sólo más tarde —a veces mucho más tarde—, cuando uno vuelve a leer el trabajo que hizo, descubre elementos, posibles compartimentos que en el momento de escribir el libro no contaban para el autor o por lo menos no figuraban conscientemente en sus intenciones; por eso digo que esto de los tres niveles de *Rayuela* de ninguna manera hay que tomarlo como un propósito preciso que pudo tener el autor, en absoluto: yo no tuve ningún propósito preciso. Creo que el otro día les hablé de cómo ese libro nació por la mitad y luego abandoné la mitad, me fui al principio, empecé a escribir desde mucho más atrás en el tiempo, me encontré con la mitad ya escrita, seguí adelante y finalmente el libro se barajó como un juego de cartas proponiendo por lo menos dos sistemas de lectura; o sea que eso de las tres divisiones o los tres niveles no existía conscientemente en mí pero existía de otra manera, muy vivida y muy necesaria: es esa vivencia lo que quisiera comunicarles hoy porque es en realidad lo único que les puedo decir sobre ese libro.

Los críticos, que han escrito mucho sobre *Rayuela,* les pueden dar a ustedes toda la información de la que yo soy totalmente incapaz pero sobre esos tres niveles sí puedo decir algo. Del primero tuvimos tiempo de hablar un poco: es lo que hace de *Rayuela* un libro que al comienzo había calificado de "metafísico"; de eso creo tuvimos tiempo de hablar el otro día. Intenté mostrarles cómo el protagonista y los personajes que lo rodean, por lo menos algunos de ellos, es gente profundamente preocupada por problemas de tipo individual pero que tocan a la ontología y a la metafísica. Los problemas de la naturaleza humana, del destino humano, del sentido de la vida, son del campo específico de la filosofía y en mi libro se manejan de una manera muy *amateur* —porque yo no tengo nada de filósofo y por lo tanto mis personajes mucho menos—, muy existencial, muy basada en mis visiones y vivencias personales. En el personaje central, sus problemas de vida cotidiana determinan continuamente proyecciones de orden que podemos llamar metafísico: sus problemas amorosos o morales son una ocasión para que se coloque en una situación crítica de duda, de poner en tela de juicio el mundo que lo rodea y por extensión todo el proceso de la llamada civilización occidental. Creo que eso está bastante claro en *Rayuela* y que no tengo necesidad de insistir porque, además de la acción dramática en sí que explica esto, hay todo el agregado teórico de los fragmentos de ese escritor imaginario que se llama Morelli y que está un poco escribiendo la novela de la novela o haciendo la crítica de la novela desde adentro. En ese primer nivel, que como ustedes se dan cuenta era una tentativa muy ambiciosa cuando estaba escribiendo el libro, se me planteó un problema inmediato para cualquier escritor que es el que determina el segundo nivel: el problema de

216

cómo formular todo lo que hay en el primer nivel, cómo decirlo y sobre todo en qué medida la manera de decirlo establecerá un puente eventual con el lector, que no existía todavía en ese momento pero que —como todo escritor sabe— estará presente del otro lado del libro el día en que aparezca publicado, editado, distribuido. ¿Cómo transmitir ese tipo de experiencia?

El segundo nivel, que para mí fue vital mientras escribía *Rayuela* y que me produjo situaciones de tipo personal muy complicadas, fue el de la expresión, el del lenguaje, concretamente el de la escritura: Horacio Oliveira es un hombre que está poniendo en tela de juicio todo lo que ve, todo lo que escucha, todo lo que lee, todo lo que recibe, porque le parece que no tiene por qué aceptar ideas recibidas y estructuras codificadas sin primero pasarlas por su propia manera de ver el mundo y entonces aceptarlas o rechazarlas. ¿De qué manera transmitir eso al lector?

La manera directa de un escritor es la palabra, y en mi caso concreto, la lengua española. Pero ¿qué quiere decir la lengua española —o el castellano, si se quiere usar esa expresión— cuando se está buscando transmitir una serie de vivencias y de intuiciones que muchas veces van en contra de la Historia, de los valores aceptados, de las instituciones que todo el mundo acepta a grosso modo o más o menos? ¿Cuál es el problema del escritor ahí en su máquina de escribir frente a las únicas armas que tiene, que son las de la escritura, las de las palabras? El segundo nivel intentó también ser un nivel crítico: si en el primer nivel hay una crítica de la realidad tal como la recibimos a través de la Historia y de la tradición, en el segundo nivel hay una crítica de los medios por los cuales esa realidad puede ser expresada y comunicada. Tanto en Morelli —el escritor que habla un poco teóricamente— como en Oliveira —el hombre que habla en monólogos o en diálogo con los otros personajes—, los que han leído *Rayuela* saben muy bien que continuamente hay una especie de desconfianza instintiva sobre la manera como hay que decir las cosas. Oliveira es un hombre que desconfía de las palabras y a veces las insulta; releyendo (porque a veces uno se olvida de lo que ha escrito) he encontrado capítulos de *Rayuela* con verdaderos ataques que Oliveira lleva contra el idioma estándar, el que nos llega a través de la escuela y de la literatura tradicional; incluso a veces insulta a las palabras, las llama "las perras negras", las llama "las prostitutas", les da un montón de nombres despectivos y peyorativos. En algún lado dice: "¿Qué remedio queda? Están ahí, el lenguaje está ahí y es una gran maravilla y es lo que hace de nosotros seres humanos, pero ¡cuidado! antes de utilizarlo hay que tener en cuenta la posibilidad de que nos engañe, es decir que nosotros estemos convencidos de que estamos pensando por nuestra cuenta y en realidad el lenguaje esté un poco pensando por nosotros, utilizando estereotipos y fórmulas que vienen del fondo del tiempo y pueden estar completamente podridas y no tener ningún sentido en nuestra época y en nuestra manera de ser actual".

Ese segundo nivel del libro no se nota de una manera académica o formal sino sobre todo a través del sentido del humor, porque el humor es una de las formas más eficaces que Oliveira posee para desconfiar del idioma y mantenerlo a distancia hasta que acepta lo que cree positivo. Hay algunos pasajes en que Oliveira se escucha a sí mismo monologando y de golpe se descubre a sí mismo utilizando un lenguaje que ya es un lenguaje escolástico, con los adjetivos que todo el mundo pone antes de ciertos sustantivos, como siempre se dice "la India milenaria" o "la Roma eterna" como si no hubiera tantas otras civilizaciones que son tan milenarias como la India... Siempre es la pobre India que es milenaria, no se sabe por qué, y Roma es eterna como si otras civilizaciones antiguas no fueran también eternas en nuestra memoria: Babilonia es tan eterna como Roma en la memoria de la Historia, pero Roma parece tener el derecho a que le digan eterna y la India a que le digan milenaria... Ese tipo de cosas es lo que Oliveira rechaza porque tiene mucho miedo de que el lenguaje le juegue malas pasadas; que en vez de ser él quien piensa y critica, el lenguaje piense un poco por él y le imponga fórmulas estereotipadas, las fórmulas que vemos cuando abrimos el periódico todas las mañanas. (Ustedes saben muy bien cuál es el tipo de lenguaje que se utiliza en las noticias y en los telegramas e incluso es bastante divertido porque uno puede hacer listas de fórmulas perfectamente repetidas que la gente utiliza pasándolas de mano en mano y de noticia en noticia y es siempre la misma manera de decir la cosa: en el fondo no se está diciendo porque no hay dos cosas iguales de manera que, si se utiliza una fórmula que englobe montones de cosas diferentes, se están falseando todas.) Oliveira tiene suficiente conciencia de eso y se burla de él mismo cuando se sorprende hablando con un lenguaje un poco ampuloso: en la palabra ampuloso pone una hache, la escribe con hache y la convierte en una palabra ridícula. Escribe por ejemplo "hodioso Holiveira hampuloso" y pone tres haches; cuando el lector de *Rayuela* ve eso escrito así, se sonríe porque se da cuenta que ahí el lenguaje ha sido desenmascarado. Con el simple agregado de una letra que no debería estar en la palabra, se muestra hasta qué punto eso se viene abajo y pierde toda su retórica y toda su aparente elegancia. Hay un pequeño capítulo en *Rayuela* en que Oliveira se está acordando de su pasado en Buenos Aires y se pone muy nostálgico; está delante del espejo afeitándose y mientras piensa se ve a sí mismo y empieza a pensar en el pasado. La nostalgia se va dando con un lenguaje lleno de términos sentimentales, de palabras que reflejan esa nostalgia pero que poco a poco se van volviendo ampulosas, engoladas. Finalmente es una especie de discurso que él mismo se está haciendo y de golpe —eso está escrito en itálicas— se interrumpe, se corta y ha hecho un montón de jabón en el espejo y se tapa su propia cara en el reflejo porque se burla de sí mismo, se da cuenta que él mismo se ha sorprendido en el momento que se estaba dejando llevar por un falso lenguaje.

A ese segundo nivel —podríamos decir "semántico"— del libro los lectores fueron muy sensibles. Por mi propia experiencia a través de lo que ellos me han podido decir o he podido leer de ellos, fueron muy sensibles a ese ataque al lenguaje porque se dieron cuenta de que no había esa trampa demasiado fácil que consiste en proponer modificaciones fundamentales de la naturaleza humana o cuestionamientos importantes, con un repertorio de escritura o de lenguaje completamente convencional y cerrado, con lo cual se le quita fuerza y realidad a lo que verdaderamente se quiere transmitir.

Por cierto que esto que estamos diciendo del lenguaje en el caso especial de *Rayuela,* tiene para mí proyecciones muy importantes en la historia de nuestros días: Es un hecho evidente que las sociedades actuales que intentan actitudes revolucionarias y cambiar las estructuras sociales, muy pocas veces tienen una conciencia precisa de ese nivel del lenguaje y entonces los mensajes y las consignas revolucionarias son dichas, elaboradas —y desgraciadamente también pensadas— con un lenguaje que no tiene absolutamente nada de revolucionario: es un lenguaje profundamente convencional, el mismo que utilizan los adversarios ideológicos. Muchas veces entre un discurso de un líder de la derecha y uno de un líder de la izquierda en el plano del lenguaje no hay ninguna diferencia: los mismos lugares comunes, las mismas repeticiones incansables de frases estereotipadas; siempre aparece alguna India milenaria en los discursos y el resultado es que el mensaje revolucionario no llega como debería llegar. En mi experiencia de los primeros viajes que hice a Cuba recuerdo haber tenido polémicas muy fraternales pero al mismo tiempo muy violentas en el plano verbal con compañeros muy revolucionarios que cuando abrían la boca se expresaban exactamente como un escritor del siglo XIX; incluso había una especie de puritanismo del lenguaje, miedo a utilizar un vocabulario nuevo o imágenes violentas y precisas que fueran una invención. Las cosas más revolucionarias se apagaban a través del mensaje porque se expresaban de la misma manera que un maestro de escuela puede expresarse cuando trata de enseñarles a sus niños la batalla de Waterloo o alguna cosa por el estilo. Creo que esas polémicas, que fueron bastante frecuentes, tuvieron una cierta utilidad, no porque lo que yo haya podido decir haya tenido influencia sino porque no fui el único en hacerlo: muchos escritores latinoamericanos señalaron la misma cosa.

Haciendo las revoluciones hay que hacerlas en todos los planos: ya que estamos hablando de tres planos en una novela, hay que hacerlas, sí, en los hechos, en la realidad exterior; pero también hay que hacerlas en la estructura mental de la gente que va a vivir esa revolución y va a aprovecharla. Si uno se descuida, el lenguaje es una de las jaulas más terribles que nos están siempre esperando. En alguna medida podemos ser prisioneros de nuestros pensamientos por el hecho de que esos pensamientos se expresan limitados y contenidos sin ninguna libertad porque hay una sintaxis que los obliga a darse en esa forma y de alguna manera estamos heredando las mismas maneras de decirlo aunque luego cambiemos las fórmulas.

Uno de los casos más evidentes para mí es el de la Revolución soviética: En el momento en que la Revolución soviética empieza, surge un poeta como Maiakovski que destruye el idioma de la poesía y de la prosa y crea un nuevo lenguaje, que no es fácil, no era de captación inmediata y contiene imágenes muy vertiginosas y muy difíciles que sin embargo está probado que su pueblo comprendía y amaba porque Maiakovski fue el poeta más querido en la primera etapa de la Revolución soviética. Con el paso de los años se empieza a producir una lenta no evolución sino involución en materia de lenguaje; ya no hay ningún otro Maiakovski y empieza a surgir una poesía que puede ser todo lo revolucionaria que ustedes quieran pero que se expresa nuevamente con un lenguaje convencional, lleno de lugares comunes, que no tiene ya esa explosión, esa bofetada en plena cara que es el primer mensaje de Maiakovski (lo cito como una especie de ejemplo clave pero se puede aplicar a cualquier proceso de transformación de la realidad). Por cosas así, el problema de lo que quería decir y expresar lo que sentía cuando estaba escribiendo ese libro me colocó ante el lenguaje en una situación de antagonismo previo. Cuando Oliveira dice que desconfía mucho de las palabras y que toma cada una de ellas en la mano como si fueran un objeto y las mira por todos lados y las cepilla un poco para sacarles el polvo cuando es necesario y luego las usa si cree que las debe usar, no es solamente una metáfora literaria: es una higiene mental que creo indispensable tanto en un proceso revolucionario como en un proceso exclusivamente literario, un mecanismo elemental de cualquiera que quiera transmitir mensajes nuevos y comunicar experiencias que de alguna manera salgan de lo ordinario.

Esos dos primeros niveles llevan automáticamente al tercero, y el tercero es el lector porque todo lo que los personajes de la novela sienten y viven y expresan a través de ese lenguaje muy criticado tiene un destinatario que está del otro lado del puente, y es el lector anónimo que yo no podía saber quién ni cuántos iban a ser, pero que de todas maneras estaba allí como lo está siempre cuando un escritor hace su trabajo. El tercer nivel de *Rayuela* es una referencia directa al lector y de ahí sale esa noción de lo que en el libro se llama —ya aludí a ello un poco al comienzo de estas charlas— "el lector cómplice": el autor de *Rayuela* es un escritor que pide lectores cómplices; no quiere lectores pasivos, no quiere el lector que lee un libro y lo encuentra bueno o malo pero su apreciación crítica no va muy lejos y se limita simplemente a aprovechar todo lo que el libro le da o a sentirse indiferente si el libro no le gusta, pero sin tomar una participación más activa en el proceso mismo del libro.

Sé muy bien que intenté una cosa un poco desesperada, sé muy bien que es muy difícil que cuando estamos leyendo un libro nos sintamos profundamente implicados en él hasta llegar al punto de ser casi como un personaje y podamos intervenir en el mismo libro a través de nuestro criterio. Sé que eso es muy difícil y sin embargo sé que en gran medida muchos lectores de *Rayuela* fueron y son lectores cómplices. Lo sé porque están aquellos a quienes el libro no les gusta en absoluto y lo tiran por la ventana y a mí me parece perfecto: como yo he tirado por la ventana cientos y cientos, que tiren uno mío por la ventana me parece perfectamente bien, es el derecho del lector. Ha habido también el lector que no lo ha tirado por la ventana pero lo ha criticado duramente y al criticarlo se estaba criticando a sí mismo, revisando sus propios puntos de vista a la luz de lo que estaba leyendo, creando una dialéctica muy activa y muy importante entre el lector y el libro. La intención de *Rayuela* es eliminar toda pasividad en la lectura en la medida en que sea posible y colocar al lector en una situación de intervención continua, página a página o capítulo a capítulo. Para conseguirlo, lo único que tenía a mi disposición es todo lo que ya he explicado, o sea el cuestionamiento de la realidad por un lado y el cuestionamiento del idioma por otro, y en tercer lugar algunas maneras de acercarse al libro que le dieran una mayor flexibilidad. Eso es lo que explica el hecho de que se propongan dos posibilidades de lectura, algo que mucha gente no comprendió y consideraron una frivolidad o un esnobismo. ¿Para qué complicarse la vida?, ¿por qué dos maneras de leerlo?, ¿por qué es que el libro puede leerse hasta tal capítulo y después no hay que leer el resto y en cambio se puede leer de otra manera donde todo entra? E incluso se puede leer de otras maneras ya que hay gente que ha buscado otras combinaciones empezando por el final y terminando por el principio... Ha habido muchos lectores que no aceptaban eso porque no querían ser cómplices: es el lector que prefiere dejarse hipnotizar por el encanto de la literatura y leer un libro sin reaccionar personalmente salvo al final, cuando dice: "¡Sí, qué bonita novela!" o "¡Qué novela tonta!", una especie de síntesis final sin esa intervención permanente que yo buscaba y esperaba en mis lectores.

Ahora que han pasado los años y estoy un poco obligado a pensar en ese libro cuando me preguntan por él, esos tres niveles que por supuesto he resumido mucho me permiten verlo en dos aspectos diferentes: Creo que hay un lado positivo y también un lado negativo, y me gustaría mencionar las dos cosas con la máxima objetividad porque sería el colmo que, después de haber hablado tanto de poner todo en tela de juicio, no pusiera en tela de juicio mi propio libro. (Es elemental que lo haga y me gusta hacerlo con cualquier cosa que haya escrito.) Lo que para mí hubo de positivo en *Rayuela* fue el hecho de que traté de volcar hasta sus últimas consecuencias una experiencia muy existencial de alguien que está frente a la realidad y frente a la vida y no la acepta tal como quieren dársela, como quieren "vendérsela" diría un francés, expresión que usan con frecuencia: es alguien que no acepta que le vendan nada de antemano sino que, tanto si se trata de palabras como de cosas o de seres, las mira muy bien y las pesa en la mano antes de optar, elegir y seguir o no adelante. El lado positivo del libro fue que abrió todos esos cuestionamientos, hizo todas esas infinitas preguntas que se hacen a lo largo del libro y no dio ninguna respuesta; no la dio porque el autor no se sentía capaz, se sentía muy capaz de hacer preguntas pero no de dar respuestas y de alguna manera tenía la impresión de que el hecho de hacer la pregunta tenía en sí mismo un valor frente a los lectores, les daba a ellos las opciones necesarias para que buscasen las respuestas.

Les dije el otro día que justamente *Rayuela* fue escrito como una especie de anti-Thomas Mann. Con todo el respeto que me merece Thomas Mann, los suyos son libros de respuestas en donde se discuten problemas y se intenta dar soluciones y al lector no se le pide su opinión: todo está en el libro, el lector no cuenta, está ahí simplemente para leer y enterarse de la pregunta y de la respuesta. Yo me quedé del lado de las preguntas y los lectores se quedaron del lado de las preguntas y de las respuestas, y me parece que *Rayuela* tuvo sobre todo lectores jóvenes por el simple hecho de que el lector joven desde la adolescencia y en su primera juventud es un hombre angustiado frente a la realidad, un hombre que se siente amenazado por estructuras que poco a poco se le van imponiendo y que los más débiles aceptarán incluso sin darse cuenta pero que los más fuertes no aceptarán tan fácilmente y discutirán. El libro iba soltando una serie de puntos de referencia para esa clase de preguntas que a veces ellos no se habían formulado con la suficiente claridad y de golpe encontraban allí. El hecho de que esos jóvenes —y estoy hablando concretamente de jóvenes latinoamericanos, pero luego en diferentes traducciones del libro la reacción de los jóvenes fue igual prácticamente en todos los países— encontraron en ese libro algo que los exasperaba muchas veces, que los hacía incluso odiar el libro y protestar contra mucho de él, pero al mismo tiempo se sentían parte de la cosa y en los casos más positivos buscaban encontrar lo que yo mismo no había podido encontrar. Las cosas que Oliveira es incapaz de ver, muchos lectores han buscado verlas y estoy seguro que muchos las han visto. No puedo saberlo, el lector en la mayoría de los casos es un ser anónimo con el cual uno eventualmente puede tener contactos; pero con una minoría, nunca con la gran cantidad de lectores.

Quisiera cerrar esta referencia a lo positivo de *Rayuela* antes de hablar de lo negativo señalando que una de las cosas que más impresionó a los lectores fueron los textos de locos que incluí. En el libro se incluyen textos de dos o tres alienados mentales, personas que clínicamente son calificadas de alienados mentales aunque hasta hoy nadie sabe lo que es un alienado mental y quién es realmente un loco. (Quién está o no está loco es muy difícil de definir en los términos actuales de la psiquiatría. En el siglo XIX era muy fácil: en cuanto un señor no aceptaba los dictados precisos de la sociedad, instantáneamente se lo metía entre cuatro rejas, se lo calificaba de loco y el asunto estaba terminado. En nuestros tiempos la cosa es mucho más difícil y la cantidad de "locos" entre comillas que andan sueltos es desde luego millones de veces superior a los que están en asilos. La noción de alienación y de locura es actualmente muy flexible y los críticos de literatura, de música o de poesía saben muy bien cuál es el aporte que la llamada locura ha dado a las artes y a la literatura.) Cuando escribí *Rayuela* me habían llegado a las manos por casualidad algunos textos de los así llamados locos que me parecieron sumamente interesantes porque evidentemente, vistos con los criterios de la cordura, son textos de locos, pero cuando se los analiza un poco más adentro, con más profundidad, uno descubre que la diferencia entre estar loco y no estar loco es a veces una cuestión de opinión personal y no de diagnóstico médico. Eso tuvo una gran importancia en el juicio de muchos lectores porque el texto más largo que incluí en *Rayuela* es el de un uruguayo que se llamaba (no sé si vive todavía, no lo conocí, digamos que *se llama,* me gustaría que esté vivo pero ha pasado mucho tiempo...) Ceferino Piriz. Este hombre, un uruguayo de Montevideo, mandó una vez un ensayo a un concurso que hacía en París una revista de la Unesco que se publicaba en español. Alguien me pidió que leyera los ensayos que llegaban en español para ver cuáles eran los mejores y llegaron muchísimos de gente muy cuerda y entre ellos el de Ceferino Piriz, que es loco. Encontré que el ensayo de Ceferino Piriz merecía de lejos el primer premio porque era muchísimo más inventivo, muchísimo más brillante e iba mucho más allá de los ensayos de los cuerdos. Quienes recuerden ese ensayo sabrán que este hombre, este loco, presenta un plan a la Unesco para que se modifique completamente la sociedad y se organice de otra manera. Eso es muy frecuente entre los alienados mentales: tienen grandes planes para conseguir la paz mundial, la abolición de las armas atómicas, la eliminación de las enfermedades y, claro, cuando tienen que explicarlo en detalle ahí se ve lo que pasa. Ceferino Piriz no iba tan lejos: él directamente cambiaba todo, cambiaba totalmente la sociedad y la presentaba de otra manera. Cuando leí la forma en que la presentaba, aparentemente era demencial porque imaginaba un país y lo organizaba con una serie de ministerios que se ocupan de cosas específicas como nosotros en nuestra sociedad de cuerdos tenemos ministerios: Ministerio de Guerra, Ministerio de la Salud, Ministerio de la Educación. Él también tiene ministerios... *de colores:* hay el Ministerio del Blanco, el Ministerio del Negro, el Ministerio del Amarillo. El Ministerio del Blanco tiene la obligación de ocuparse de las cosas que son blancas, y hay una larga lista: el ministerio ese se va a ocupar de la nieve y de las gallinas blancas, en tanto que el Ministerio de lo Negro se va a ocupar entre otras cosas de las gallinas negras. Es absolutamente demencial: el mundo queda organizado por colores y cada ministro tiene que hacer su trabajo fundado en colores.

Cuando leí eso estaba metido en *Rayuela* cuestionando todo como hace Oliveira y me dije: "¿Y por qué no? ¿Y por qué no? Si creáramos una sociedad en que en vez de dividir los sectores según determinados criterios dividiéramos las cosas por colores, técnicamente acaso sería perfectamente posible que el mundo funcionara por ordenación según colores". Me pareció que detrás de esa locura había una incitación a ver las cosas de otra manera: aunque desde luego después no organizáramos el mundo de acuerdo a los colores, el solo hecho de esa posibilidad imaginaria tan hermosa... (Espero que ustedes estén de acuerdo en que tiene una gran belleza poética esa organización según los colores, porque también hay una organización por tamaños: hay el Ministerio de lo Grande y el Ministerio de lo Pequeño; el Ministerio de lo Grande se ocupa de los rascacielos, de las ballenas y de las jirafas, y el Ministerio de lo Pequeño se ocupa de las abejas y de los microbios. Todo está organizado por tamaños y por colores.) En ese momento me pareció que realmente, ya que los franceses no le iban a dar el primer premio —claro, no se lo dieron; se lo dieron a un ensayo muy cuerdo y muy mediocre porque los demás eran muy cuerdos y a él no le dieron nada—, entonces me llevé el texto a mi casa y como estaba trabajando en *Rayuela* dije: "Yo te voy a dar mi primer premio, te voy a poner en mi libro". Y puse a Ceferino Piriz con su ensayo. Mucha gente pensó que yo había inventado ese ensayo; aunque digo muy claramente que es de él, que no es mío, muchos pensaron que era un juego literario que yo había inventado. (Aprovecho para decirles que no, que yo tengo mi locura pero no esa de los colores y los tamaños.) Curiosamente, cuando comencé a recibir cartas sobre *Rayuela* me di cuenta que haber incluido esos textos de llamados locos respondía muy bien a algunas intenciones del libro porque muchos lectores quedaron completamente desajustados cuando llegaron a esa parte y de golpe se dieron cuenta de lo que estaba tratando de mostrarles: cómo un cerebro humano puede articular lógicamente algo que en el fondo es una locura. Lógicamente también se puede pensar que nuestra articulación de la sociedad es otra locura, lo que pasa es que no hay ahí nadie que venga y nos diga: "Ustedes están completamente locos". Puede ser que algún día en el futuro alguien demuestre que estábamos locos, que la nuestra es una sociedad de locos que podría ser diferente; yo por lo menos quisiera que fuera muy diferente porque creo que sería mejor.

Sobre *Rayuela* no les voy a decir nada más pero tengo que terminar hablando de sus aspectos negativos. Ahora, a la distancia, veo que es un libro profundamente individualista y que lleva muy fácilmente al egoísmo: el personaje central está encerrado en su propia meditación y, cuando pone en tela de juicio lo que lo rodea, no es por lo que lo rodea sino por su relación con él mismo; es un hombre que no alcanza a proyectarse más allá de sí mismo, está profundamente encerrado en su pequeño universo, que es un universo egoísta, de ego —egotista y egoísta al mismo tiempo—, y todas sus meditaciones y todas sus búsquedas se hacen con relación a su propia persona. Actualmente ese individualismo lo considero negativo en el contexto de ese libro, pero al mismo tiempo me alegro de haberlo escrito porque creo que llevé mi propia exploración de mí mismo y de lo que me rodeaba hasta donde la podía llevar, hasta los últimos límites que podía alcanzar. Lo único que me faltaba era alguna vez dar ese salto que me hiciera pasar del yo al tú y del tú al nosotros, y eso se cumplió en los años que siguieron a la publicación de *Rayuela* y alcanzó su nuevo nivel en cosas que escribí más tarde, de una de las cuales les voy a hablar en lo que nos quede de tiempo esta tarde: es otra novela que se llama *Libro de Manuel*. Antes de hablar de ese libro me gustaría que nadie se quede con alguna curiosidad sobre *Rayuela;* podemos preguntarnos y contestarnos y luego hacemos una pausa y después hablamos de *Libro de Manuel.*

Alumna: *Quisiera que hablara un poco de Jacobo Fijman porque Ceferino Piriz y el Ministerio de los Colores tiene bastante que ver con Fijman. ¿Tenía alguna influencia en los sesenta?*

Por razones de edad no me fue dado tomar contacto con Jacobo Fijman porque él ya estaba del otro lado de las rejas cuando empecé a moverme entre adultos en la Argentina. Oí hablar mucho de él a través de los escritos de hombres como Borges, como Nalé Roxlo, como muchos escritores argentinos que lo conocieron y lo admiraron. Lo único que puedo decir —y usted ve que es muy poco— es que para gente de esa generación en la Argentina como Borges, Roxlo o Macedonio Fernández, Jacobo Fijman fue una especie de genio que se quemó instantáneamente, creo que en muy pocos años. No escribió prácticamente nada pero lo que alcanzó a comunicar oralmente a la gente que lo conocía fue visto como un mensaje genial. Luego bruscamente entró en una paranoia incurable y hubo que encerrarlo porque tenía delirio de persecución y se había vuelto peligroso. Creo que vivió todavía veinte años, ya silencioso, alienado en el sentido de loco, totalmente separado en un mundo paranoico y esquizofrénico. Es todo lo que le puedo decir; no hay una obra de Jacobo Fijman, hay algunas cosas pero…

ALUMNA: *Hay algunas cosas y siempre he pensado en la relación con* Rayuela *porque la poesía de Fijman tiene mucho que ver con dividir el mundo en colores.*

La verdad es que me gustaría conocer esa poesía, porque yo no tuve alcance a ella. Sería interesante, gracias por el dato.

¿Usted quería preguntar algo?

ALUMNO: *Hay una parte en* Rayuela *donde usted menciona en inglés* a tiny bit of mescalina. *¿Qué relación hay entre la mezcalina y Oliveira, o la novela?*

¿Qué es lo que yo menciono?

ALUMNO: *La mezcalina.*

¿Yo menciono la mezcalina?

ALUMNO: *Sí:* a tiny bit of mescalina.

Sí, bueno… Es un poco como Jacobo Fijman: nunca tuve relaciones directas con la mezcalina pero indirectas sí, muchas.

En esa época en que trataba de leer lo más posible textos concernientes no directamente a las drogas sino a las aperturas mentales que ciertos estados extra-ordinarios producidos por las drogas abrían en los poetas, los músicos y los pintores, leí en primer lugar los textos de ese gran poeta francés que es Henri Michaux. Michaux hizo experimentos personales con la mezcalina bajo control médico; no sé si se inyecta, se fuma o se bebe, creo que se inyecta... Tomó mezcalina, en una palabra, y escribió sus visiones y sus experiencias. Luego pasó a otras drogas y tiene un libro que se llama *Miserable milagro* donde cuenta sus diferentes aventuras mentales con las drogas. Durante varios años Michaux fue su propio cobayo, el propio sujeto para ayudar a médicos a hacer estudios sobre los efectos de las drogas. En un momento dado...

ALUMNO: *Es que las palabras están en inglés.*

No sé por qué lo habré puesto en inglés, quizá las saqué de algún...

ALUMNO: *Algo así como una canción de jazz, parece.*

No sé si en alguna canción de jazz aparezca la palabra *mescaline.* Hay muchas palabras que se refieren a las drogas pero en general es en *slang* y *mescaline...* Puede ser. Eso ya me lo he olvidado. Lo que sé es que...

ALUMNO: *Pensé que quizá era una respuesta a la neurosis del personaje.*

No, no, no. No creo que hubiera esa intención. No creo, pero voy a buscar el pasaje y...*

---

* Las palabras corresponden a un monólogo interior de Oliveira en el capítulo 18: "Qué mamúa, padre. The doors of perception by Aldley Huxdous. Get yourself a tiny bit of mescalina, brother, the rest is bliss and diarrhoea".

ALUMNO: *No me acuerdo bien, pero recuerdo verlo.*

Es posible. La verdad es que ahora se sabe mucho más sobre las drogas pero en aquella época, en los años cincuenta, en París aparte de las drogas clásicas como la cocaína y la morfina todo ese nuevo sistema de drogas más refinadas, más sofisticadas, eran desconocidas y las experiencias de Michaux abrieron un campo de conocimiento bastante importante en ese plano. Había además un psicólogo italiano llamado Morselli que hizo experiencias con la mezcalina; yo había leído también eso y me había fascinado la posibilidad de distorsión de la realidad que producen los estados alucinatorios provocados por las drogas. Ése es quizá el sentido que tiene la cosa, y nada más.

ALUMNO: *Yo tengo una pregunta y una anotación: ¿Usted cree que después de la renovación del lenguaje de* Rayuela *no ha vuelto a veces a la lengua literaria anterior?*

Sí que lo creo; sí, sí, sí. Venga la anotación y después contesto la pregunta.

ALUMNO: *La anotación es que creo que, por la forma en que entendí el personaje de Horacio Quiroga, él cuestiona...*

Horacio Oliveira.

ALUMNO: *Horacio Oliveira, perdón. Él cuestiona el concepto de sentido común cuestionándolo a la medida en que se acepta como una cosa genética en el hombre y no como una cosa impuesta, no como una cosa, digamos, a través de la persuasión. Lo positivo de* Rayuela *es que nos demuestra que la actitud del hombre para resolver los conflictos sociales no lo puede hacer a nivel individual.*

Estoy completamente de acuerdo con la anotación. Por lo que se refiere a la pregunta, la crítica al lenguaje que intenté hacer en *Rayuela* no la llevé demasiado más adelante en los libros que escribí después; en los cuentos sobre todo, porque entiendo que el universo del cuento no da mucho campo a la experimentación a fondo en materia de lenguaje: crea una dificultad, una complicación en el lector que suprime el efecto que busca lograr. En los cuentos —que es lo que más he escrito después de *Rayuela*—, siendo el lenguaje bastante mío, bastante libre en materia de sintaxis y eliminando lo más posible lugares comunes, es de todas maneras un lenguaje de transmisión directa del pensamiento. Intenté experiencias en *Libro de Manuel;* ahí de nuevo abrí un poco el campo e hice algunos juegos semánticos porque el contenido de los capítulos en cuestión se prestaba, había incluso una incitación, una necesidad de que el lenguaje fuera diferente de lo habitual para que algo pasara.

Todos los escritores vivimos con una especie de sueño, de ideal último: a mí me gustaría tener tiempo para escribir todavía textos donde pudiera ir mucho más allá en materia de lenguaje, sin caer en los extremos a que se llega por ejemplo ahora en algunos países europeos como es el caso de Francia donde hay escuelas como lo que se llama Letrismo que consiste simplemente en dar constelaciones de palabras basadas en la eufonía y el sonido y tratar de que ese conjunto de palabras transmitan un sentido que no está contenido en ellas. Como ustedes ven, eso es muy vertiginoso y exige un tipo de lector que esté un poco en el juego, que lo acepte o no lo acepte. Me parece que es un campo que funciona en la poesía muchas veces: hay poesía letrista a base de onomatopeyas que finalmente transmiten un cierto sentido, pero nunca me quedo satisfecho porque es un sentido bastante primario; los poemas lo que más alcanzan es a dar por ejemplo un sentimiento erótico o de miedo o de música, de eufonía, pero es bastante limitado como panorama. Actualmente hay otros tipos de experimentación en el lenguaje que el estructuralismo francés está llevando bastante adelante y que consiste en romper moldes sintácticos buscando un poco lo que yo buscaba a mi manera en *Rayuela* para romper moldes mentales.

Por lo que a mí se refiere, creo haberle contestado la pregunta: he preferido en estos últimos años que lo que yo quería decir llegara sin excesivos obstáculos de naturaleza semántica o filológica.

¿Sí?

ALUMNO: *Oiga usted, la Maga era una gente primorosa. ¿Por qué no dice algo respecto de ella?*

Es una pregunta que podría haberme esperado porque todos los lectores de *Rayuela* de alguna manera me han preguntado por la Maga. No sé lo que puedo decir de ella, todo lo que podía decir de ella está en el libro, dicho o no dicho, y se puede inferir a través de los huecos que hay en la acción. Me parece que la Maga es en el libro la encarnación misma de la conciencia de Horacio Oliveira. Oliveira se siente siempre denunciado y atacado por la Maga porque la Maga, con toda su ignorancia, sus limitaciones y sus carencias intelectuales, ve intuitivamente mucho mejor que Oliveira. Eso Oliveira lo acepta muy mal; en ese sentido es profundamente machista y no le gusta nada que una mujer vea con mucha más precisión y exactitud algo que él está tratando de captar y que se le escapa por un exceso de razonamiento: la Maga va y pone el dedo ahí en una palabra.

Con mucha frecuencia los diálogos entre Oliveira y la Maga giran en torno a que Oliveira está siempre un poco a la defensiva porque la Maga, sin quererlo porque es espontáneo en ella, lo está denunciando y atacando, le está quitando máscaras. Eso es lo que creo que le dio al personaje una cierta fuerza que ha hecho que muchísimos lectores de *Rayuela* —especialmente lectores femeninos— se hayan identificado de alguna manera con el personaje de la Maga, del que se habla poco en el libro, no tiene una importancia inmediata pero es el trasfondo vital e intuitivo de toda la novela.

ALUMNA: *¿Cuál es la razón de ser de sus textos en inglés y en francés que hace que algunos lectores no tengan acceso?*

Pura pedantería, me imagino, porque en la época en que escribí *Rayuela* estaba realmente volcando una acumulación cultural de muchos años, de toda una vida. Les conté un poco mi biografía al principio y dije que, siendo joven y muy solitario, dentro de esa soledad leí un millón de libros. (Un millón es una forma de decir, en realidad es una frase de Giovanni Papini que dijo "*ho letto un milione di libri*".) No leí un millón pero debo haber leído muchos miles y acumulé una información libresca muy muy grande. Cuando me fui a vivir a Europa comencé a acumular otro tipo de experiencia que ya no era libresca sino de vida directa, que es lo que *Rayuela* trata de expresar, sobre todo en la primera mitad. Todo ese contenido libresco estaba metido en mi memoria y ustedes saben muy bien —porque es de todos nosotros— los juegos de la asociación: cuando tenemos un *background* cultural, estamos pensando en cualquier cosa y se nos aparece un verso de T. S. Eliot o la letra de un tango de Carlos Gardel, ese tipo de cosas que apoyan una reflexión y que después en un libro se convierten en una cita; eso puede venir en cualquier idioma si conocemos más de uno. Cuando estaba escribiendo *Rayuela,* junto con lo que yo mismo iba diciendo se cruzaba todo el tiempo esa acumulación de lecturas y entonces —ahí viene lo de pedante— no me frené, las dejé salir simplemente y en *Rayuela* hay una enorme acumulación de citas, se dan nombres, se habla de pintura, se acumulan montones de cosas. Hoy me parece muy pedante.

Creo que ustedes saben que no he vuelto a escribir así, pero tampoco lamento haberlo puesto en *Rayuela.* Tal vez lo que usted dice de los idiomas sí, porque como el libro estaba destinado a América Latina no estaba bien que hubiera fragmentos en inglés o en francés que algunos lectores podían no comprender. No lo pensé en ese momento pero en mi descargo diré que no hay tantos. Creo que hay sobre todo citas de textos de música de jazz; se citan textos de *blues* que en aquella época yo escuchaba mucho y que me conmovían y era absurdo que los tradujera al español. Ustedes saben qué pasa con la letra de un *blues* si se trata de traducirla al español: es un bodrio sin abuela como dirían en mi casa; hay que dejarlo tal cual, como cuando se cita a poetas franceses. Sobre todo la poesía hay que ponerla en el original y tenerle confianza al lector. Creo que no hay una cantidad abrumadora de textos en otros idiomas; no hay tantos.

Si ustedes quieren que ahora hagamos una pausa...

Entre *Rayuela* y *Libro de Manuel* pasaron aproximadamente doce años. *Libro de Manuel* fue escrito hacia 1970, terminado en el 71-72 y publicado en Buenos Aires a comienzos de 1973. Esos doce años fueron una época que viví muy intensamente porque significó lo que alcancé a decir hace un momento: un poco la transición que se da en muchos hombres —y en muchos hombres escritores además— de un mundo estetizante y sobre todo excesivamente individualista a una toma de conciencia que podemos llamar histórica y que significa simplemente descubrir que no estamos solos y que formar parte de grandes núcleos que podemos llamar sociedades o pueblos supone automáticamente una responsabilidad cuando se es un ser pensante y en algunos casos se tiene un contacto e incluso una influencia con lectores, oyentes o espectadores, según las manifestaciones artísticas o literarias de que se trate. Ese paso a veces tan difícil del yo al tú y al nosotros se fue cumpliendo en mí no de una manera sistemática ni por una especie de imperativo moral, sino simplemente por la fuerza de los hechos. Creo haberlo dicho ya en mi primera o segunda charla: si tuviera que fijar el hecho capital que determinó esa toma de conciencia, diría mi primera visita a la isla de Cuba después de su revolución, o sea en los años 61, 62, cuando *Rayuela* ya estaba escrita.

En los años que siguieron comenzó para mí una serie de experiencias muchas veces muy penosas, muy dramáticas, que consistió sobre todo en formar parte de organizaciones internacionales que hacían encuestas y recibían testimonios sobre la situación imperante en muchos países latinoamericanos y especialmente en los países del llamado Cono Sur. Formé parte de asociaciones en calidad de asesor por conocer problemas latinoamericanos que en Europa a veces no se conocen bien o también en calidad de jurado cuando se trataba de instituciones como el Tribunal Bertrand Russell II. Esas reuniones, esas lecturas y esa acumulación de información se fue sumando a los viajes que personalmente hacía a América Latina en ese tiempo en que visité diversos países que no conocía hasta ese entonces, el Perú por ejemplo, Ecuador, desde luego mi país al cual volvía cada dos años y Chile, al cual iba con mucha frecuencia. Esa acumulación de experiencia y contactos cada vez más crecientes con núcleos de gente que se oponía a las dictaduras en el Cono Sur y que luchaba por medios políticos y a veces bélicos contra esos sistemas, significó un período de diez u once años no sólo de experiencia personal sino obligadamente de reflexión y meditación que se fue traduciendo en algunos cuentos, en los primeros artículos que empecé a publicar y que no he mencionado nunca aquí porque justamente no son literatura: artículos de denuncia o información destinados a diarios y revistas franceses, ingleses, españoles, italianos y desde luego latinoamericanos.

La suma de esas experiencias culminó para mí hacia los años setenta en una especie de deseo de escribir no un libro específicamente político —porque evidentemente no he nacido para eso y además lo haría muy mal porque no soy un politólogo— pero sí en intentar un libro que, siendo literario, transmitiera al mismo tiempo por lo menos un poco de mi propia experiencia en la materia y que tuviera también alguna utilidad frente a sus eventuales lectores como ordenación de algunas ideas, presentación de algunas críticas, balance de algunas posibilidades, análisis de algunas atmósferas. En 1970 esa idea me rondaba pero no se concretaba, cosa que me sucede casi siempre y que a veces puede durar mucho tiempo, y de golpe, estando en Francia —había vuelto de la Argentina seis meses antes, la situación era relativamente estable— comencé a recibir información directa a través de amigos, e indirecta a través de los periódicos y de las agencias noticiosas, de la sistematización de la escalada de la violencia en la Argentina en el momento del gobierno del general Lanusse. (Gobierno es una palabra que todos usamos y que es una de las palabras que Oliveira me reprocharía en este momento porque creo que la palabra gobierno debería guardarse para los buenos gobiernos; cuando no son buenos habría que hablar directamente de lo que era: una de las muchas dictaduras militares de América Latina.)

La dictadura de Lanusse comenzó a montar de manera sistemática, científica —es duro usar estas palabras—, formas de intimidación y represión que determinaron las primeras grandes encuestas por torturas infligidas a prisioneros políticos en la Argentina. La tortura es una vieja institución de la historia de la humanidad, lo sabemos de sobra, pero en la Argentina había sido siempre un método aplicado esporádicamente, muchas veces arbitrariamente, pero nunca había sido sistematizado y codificado como empezó a verse a partir del año 70 cuando comenzaron a aparecer los primeros especialistas que no sólo se formaban en la Argentina sino que recibían entrenamiento en lugares tales como la República de Panamá y algunos lugares de este país y empezaron a diseminarse en diversos países de América Latina y concretamente en el mío; unos años después se instalarían también de manera definitiva del otro lado del Río de la Plata, en el Uruguay. Cuando esas noticias se convirtieron en testimonios directos que escuché durante semanas en el Tribunal Bertrand Russell II en sus sesiones de Roma y de Bruselas en que los que habían sobrevivido a las torturas, o habían asistido a torturas y a ejecuciones o habían tenido miembros inmediatos de sus familias o compañeros de militancia torturados ante sus ojos, llegaron al Tribunal y dieron su testimonio ante un jurado internacional, ahí por primera vez di ese paso enorme que significa lo que va de leer un telegrama en un periódico a estar escuchando a un hombre o una mujer que relata directamente la experiencia de lo que le ha pasado.

Esa vaga idea que tenía de escribir un libro que pudiera de alguna manera ayudar a combatir esa escalada de la violencia en la Argentina y en los otros países latinoamericanos de golpe se coaguló, se concentró en la noción de una novela que parecía muy absurda y que ha sido considerada como muy absurda por muchos lectores y que se llama *Libro de Manuel*. Es una novela que no trata en absoluto de la tortura salvo en documentos anexos; el cuerpo de la novela no se refiere en absoluto a eso y es una novela que en primer lugar no sucede en la Argentina sino que es una serie de episodios cuyos protagonistas son latinoamericanos que viven en Europa, más concretamente en la ciudad de París. Todo el libro estaba destinado a algo que dicho así puede parecer fácil, pero a través de mi experiencia de escritor es una de las cosas más difíciles que se pueden plantear: la tentativa de establecer una convergencia entre la literatura y la Historia sin que la Historia o la literatura salgan perdiendo, o sea llegar a crear un libro en que los dos elementos —la verdad factual, lo que está sucediendo, lo que sabemos que está sucediendo y lo que podemos inventar— se articulen de una manera armoniosa y que la realidad no salga perdiendo y la ficción, tampoco.

Es el viejo problema de las novelas con contenido político; ya hemos hablado de eso en alguna de las primeras charlas. En la época del realismo socialista, por ejemplo, muchos escritores consideraron ingenuamente que escribir un libro contando las hazañas de trabajo de los campesinos en Ucrania bastaba para hacer literatura. Resulta que finalmente el resultado de los libros en general era sumamente mediocre; un buen ensayo sobre el trabajo de los campesinos en Ucrania era muchísimo más positivo, tenía más hechos y respondía mejor al interés del lector que una novela donde se estaba hablando de eso pero donde en realidad no sucedía nada que tuviera una verdadera belleza literaria que creara ese salto que como lectores damos cuando leemos un libro que vale la pena leer y nos saca de nuestras casillas. Tenía muy en cuenta esa experiencia y la verdad es que ataqué la tentativa de escribir el libro con bastante miedo.

Se seguían acumulando sobre mi mesa los telegramas, los recortes de prensa de lo que estaba sucediendo en la Argentina, en el Brasil, en Bolivia, en el Paraguay, en los primeros meses del año 1970, y al mismo tiempo, cuando comencé a escribir la acción dramática de la novela imaginé una serie de personajes y comencé a hacerlos hablar entre ellos y a moverlos en torno a una pequeña anécdota de la que voy a hablar después. De golpe me di cuenta que era una tontería tratar de introducir los elementos de información política dentro del cuerpo de la novela porque eso evidentemente enfriaba el contenido dramático directo: los personajes pueden hacer comentarios en una novela sobre lo que está sucediendo en la realidad vivida pero el centro de la novela no puede ser eso porque —vuelvo a decirlo— si el elemento histórico se superpone a lo literario, lo literario sale perdiendo, y viceversa. Se me ocurrió una cosa que es bastante infantil en el fondo pero que me pareció que podía crear esa convergencia: fue simplemente imaginar algo que no era tan imaginario, imaginar que los personajes del libro eran gente que leía el periódico igual que yo, o sea que cuando yo estaba escribiendo un capítulo de la novela en marzo de 1970, la acción sucedía en marzo de 1970 y por lo tanto yo podía imaginar que los personajes podían haber leído los periódicos de marzo de 1970: lo que yo leía por la mañana lo podían leer los personajes de mi libro. Lo que hice fue incorporar como documentos facsimilares las noticias que me interesaba poner en el libro. Recorté las noticias y los telegramas y el impresor se ocupó de colocarlas; el texto va alrededor.

Si alguno de ustedes ha visto el libro sabe que a veces hay una columna con noticias sacadas del diario *La Opinión,* de Buenos Aires, reproducidas facsimilarmente con la fecha y con indicación de la agencia noticiosa reproducida fotográficamente; luego la novela sigue funcionando en la otra columna, a veces es un pequeño recuadro, a veces es toda una página, y al final hay un apéndice más completo y más amplio. Como lector de ese libro cualquiera de nosotros lo abre y en un momento dado en la página de la izquierda se encuentra con una noticia de Río de Janeiro en que la Agencia Reuters anuncia que el llamado Escuadrón de la Muerte es acusado de haber asesinado a Fulano de Tal en la noche tal —la noticia está sacada directamente del periódico y es facsimilar— y en la columna de al lado la acción de la novela muestra a los personajes que también están leyendo la noticia y la comentan: "¿Leíste lo que pasó con tal y tal cosa?", comenta el personaje brasileño a quien le interesan las noticias de Brasil. Eso permitía crear una relación de empatía, de contacto más directo del lector con el libro porque el lector estaba leyendo la noticia de la misma manera que el personaje y el autor del libro; se creaba una especie de sociedad, de unión triple que me pareció que de alguna manera resolvía por lo menos aproximadamente ese problema de incorporar la realidad histórica y política a una acción de tipo novelesco.

En cuanto a la novela en sí misma, puesto que el elemento histórico iba a ser dado directa y brutalmente por las noticias a través de la prensa y sin ningún comentario de mi parte —los comentarios los harían los personajes, por supuesto que yo los inventaba pero eran ellos los que estaban hablando—, pensé que podía ser una verdadera novela, es decir un relato con acción dramática en que suceden diferentes cosas y en la que los personajes tienen problemas entre ellos. En conjunto, para que fuese una novela como a mí me gusta, tenía que ser escrita con mucho humor aunque fuera negro —muchas veces su humor es ése—, con mucho sentido de juego, mucho absurdo, sin énfasis melodramático porque el énfasis y el melodrama estaban desgraciada y perfectamente contenidos en cualquiera de las noticias que acompañaban la acción, de modo que no era necesario que lo subrayase demasiado.

Inventé una historia que me resultó divertida y que es totalmente absurda desde el punto de vista de la realidad inmediata: En París hay un grupo de latinoamericanos, un brasileño, algunos argentinos, algunos amigos franceses, hombres y mujeres que organizan entre ellos una especie de comando para secuestrar a un personaje que llaman "el Vip" (pronunciado a la argentina, o sea un Vi Ai Pi), un personaje muy importante que saben que es el jefe de los mecanismos de represión de los comandos militares en el Cono Sur. Este hombre está en París con su guardia o su escolta tratando de hacer negocios de compras de armas y hacer quedar bien a los gobiernos del Cono Sur frente al gobierno francés. Deciden secuestrarlo y a cambio del secuestro obtener la libertad de una cantidad de prisioneros políticos en la Argentina y en el Brasil. Como ustedes ven, esto no tiene absolutamente nada de original porque los secuestros para obtener liberación de prisioneros son una práctica que en los últimos quince años se ha vuelto no diré cotidiana pero sí muy muy frecuente en muchísimos países del mundo; la diferencia era que esa operación de secuestro para obtener el rescate de prisioneros políticos no está contada de una manera realista: el lector inteligente y sensible se da cuenta en seguida que es una especie de juego, que en el fondo esa operación no está demasiado destinada a triunfar, no está bien hecha, hay una serie de fallas internas que se derivan de la personalidad de los protagonistas.

Lo que me interesaba era el estudio de los caracteres humanos de algunos de los protagonistas frente a los problemas del momento, su manera de entender la actividad revolucionaria, de criticar sus éxitos y triunfos, lo que ellos eran en el presente y lo que se podría esperar de ellos si triunfaran, qué serían en el futuro, todo eso metido dentro de una acción dramática —lo repito— con bastante humor y bastante juego para que se pueda seguir sin mayores dificultades. Presenté así a lo largo del libro algunos personajes que me interesaban porque eran un poco los portavoces de inquietudes personales mías frente al hecho revolucionario mismo, personajes que se plantean el problema de qué va a suceder si en algún momento se da vuelta el juego y cae una dictadura y es sustituida por un gobierno de tipo popular, qué va a suceder en ese momento cuando ellos que han sido los opositores, los que han estado luchando por ese triunfo, se vean en la mesa del poder frente a la decisión de tener que dirigir lo que han conseguido y conquistado. El libro contiene muchas reflexiones, muchos diálogos, muchas conversaciones que reflejan un poco mi propio tipo de diálogos y conversaciones con compañeros cubanos, argentinos, chilenos; en ese sentido ahí no hay ningún juego, se está hablando muy en serio de los valores de la revolución y de las responsabilidades, pero la acción misma de la novela es liviana porque eso permite que justamente se resalte con más claridad lo que quería que se viera y se leyera y se sintiera a fondo.

Es curioso lo que pasó con la novela. Yo lo sabía ya por adelantado y la primera frase del pequeño prólogo dice que probablemente *Libro de Manuel* será muy mal recibido por la línea política derechista y por la izquierdista. Pensé que en general la línea política derechista —que se puede interesar por lo que alguien como yo escribe en el plano de la ficción— se iba a ofender y a molestar porque metiera la política en el libro, porque mi política era contraria a la de ellos y por lo tanto no podía resultarles agradable; no tiene nada de agradable leer a un escritor al cual uno le tiene aprecio intelectual que de golpe le está diciendo con bastante fuerza ideas absolutamente contrarias a las propias. A su vez me sospechaba que mis propios compañeros tampoco la iban a recibir muy bien por la simple razón de que iban a pensar que un tema tan grave y tan importante como es cualquier actividad de ese tipo no puede ser tratado con el grado de broma y juego con que es tratado en la novela. De manera que sabía muy bien que los palos me iban a llover por los dos lados de la cabeza, y así fue exactamente: una buena parte de gentes de la izquierda en la Argentina encontraron que el libro no tenía la seriedad suficiente y los demás, en cambio, me hicieron el reproche de estar malgastando mis posibles calidades literarias metiendo la política dentro de un libro. Era un juego que valía la pena jugar y yo lo jugué y estoy muy contento de haberlo hecho porque los años pasaron y poco a poco la situación evolucionó de tal manera que se crearon nuevas visiones de algunos problemas y el libro comenzó a tener algunas críticas y algunos enfoques que mostraron que mi idea al intentar esa convergencia no había sido totalmente descabellada, totalmente descaminada.

Al final del libro, después que todo el tema novelesco termina y culmina, agregué como apéndice algo que era muy penoso de hacer pero que había que hacer: cuatro páginas documentales en dos columnas; en una de ellas hay las declaraciones testimoniales de prisioneros y prisioneras políticos en la Argentina que habían sufrido las más espantosas torturas a partir del año 70, y en la segunda columna había fragmentos del libro de un periodista norteamericano que se llama Mark Lane y había entrevistado a soldados y suboficiales norteamericanos de vuelta de Vietnam y conseguido que le confesaran las monstruosas torturas aplicadas a los prisioneros vietnamitas durante la guerra. Me pareció que era de estricta justicia —para los hipócritas y para los mentirosos sobre todo— que en dos columnas se viera lo que puede significar la degradación humana aplicada en diferentes contextos políticos cuando el envilecimiento y el sadismo pueden llegar hasta ese punto. La lectura, que es bastante insoportable porque es muy dura, tiene un paralelismo: se puede pasar con los ojos de la parte argentina a la parte norteamericana y volver a la parte argentina y se está hablando siempre de lo mismo, son las mismas cosas, los mismos procedimientos, el mismo desprecio por la vida humana, la misma defensa de valores que no se sabe en el fondo cuáles son; el que los defiende no sabe verdaderamente qué está defendiendo. Me pareció mi deber agregarlo porque en la Argentina no se conocía el libro de Mark Lane; salvo gente que pudiera leer inglés y lo hubiera conseguido, no se conocía porque es el tipo de información que, por supuesto, las agencias noticiosas norteamericanas no comunican al exterior, de la misma manera que las agencias noticiosas sudamericanas tampoco comunican al exterior la otra columna. Entendí una vez más hasta qué punto la literatura puede reemplazar la falta de comunicación periodística mostrando dentro de un libro lo que no llega por otros conductos. Hubo muchas sorpresas porque mucha gente de buena fe me admitió personalmente que no habían tenido la menor idea de que eso hubiera podido ser posible ni en un país ni en el otro y los documentos estaban allí a la vista, no era una invención novelesca.

Por todos esos motivos me alegro de haber escrito *Libro de Manuel,* un libro sumamente imperfecto porque además lo escribí contrarreloj; tenía que terminarlo en un momento determinado para que se publicase inmediatamente en la Argentina, pudiera ser conocido y ayudara a los movimientos de protesta contra la escalada de la violencia. La verdad es que no estoy acostumbrado a trabajar así porque ya les dije que soy muy perezoso y doy muchas vueltas y me lleva mucho tiempo escribir una novela. Eso fue escrito de día en día casi como un trabajo periodístico, y se nota, vaya si se nota. Es un libro muy flojo desde el punto de vista de la escritura, pero aun así estoy contento de haberlo hecho.

Quisiera terminar este tema —ustedes ya ven que nos estamos saliendo mucho de la literatura; yo no lo lamento, espero que ustedes tampoco— haciendo referencia a otra oportunidad que tuve de mostrar cómo un escritor puede ayudar a la lucha de liberación de nuestros pueblos en América Latina. Hace cinco años un amigo me mandó desde México —tal vez hice una alusión aquí— una tira cómica cuyo personaje era Fantomas —creo haber hablado, no estoy muy seguro—. Fantomas es un personaje de tira cómica en México; en realidad, Fantomas es un personaje francés pero los mexicanos lo colonizaron y lo convirtieron en una especie de Superman mexicano que aparece todas las semanas en los quioscos de revistas de tiras cómicas y es muy leído por el pueblo mexicano. Es una tira cómica perfectamente inmunda como todas esas tiras cómicas que defienden los valores y un tipo de moral basada siempre en el triunfo del bien y la caída del mal, sin explicar muy bien dónde está el bien y dónde el mal. Alguien me envió uno de esos capítulos de Fantomas porque resulta que yo era un personaje. Cuando lo abrí me quedé muy asombrado porque yo aparecía dibujado dentro de la tira cómica y entonces me vi en la obligación de leerla.

La historia se llamaba *La cultura en llamas* y era muy de Fantomas, muy de Superman, en que de golpe se empiezan a incendiar las grandes bibliotecas del mundo: arde la biblioteca de Tokio y creen que es un accidente, luego arde la de Londres, después arde la de... la de Berkeley espero que no... y ya es el

244

pánico. Algunos escritores están desesperados porque se dan cuenta que hay un loco que está tratando de destruir la cultura y para eso está destruyendo con una especie de láser las bibliotecas y nadie lo encuentra y lo arresta. En una de ésas arde la Biblioteca Central de Washington, la del Congreso, y entonces ya es el pánico total. Los escritores deciden muy inteligentemente llamar a Fantomas porque Fantomas, claro... ¿Y quienés son los escritores que llaman a Fantomas? Alberto Moravia, Italo Calvino, Susan Sontag y yo, con una notita al pie que dice "Conocido escritor de tal y tal lugar" para que el lector se entere. (Nos habían dibujado muy bien, por cierto.) Estamos todos en el teléfono. Octavio Paz también, que dice: "Fantomas, tienes que venir en seguida, están quemando los libros". Yo mismo lo llamo: "Fantomas, tú eres nuestro amigo, ven". No se sabe por qué somos amigos de Fantomas, pero viene y hablamos con él. Dice: "No hay que preocuparse", y naturalmente abre las alas, se tira por la ventana y vuela. Va a París, hace una serie de investigaciones y descubre que en efecto hay un loco que odia la cultura y tiene un rayo poderoso. Fantomas se mete por la otra ventana y aniquila al individuo. ¡Gran alegría, la cultura está salvada! Todos le damos las gracias y termina la historieta.

Yo recibí esto como su *cassette* y cuando lo leí me quedé pensando y dije: "Caramba, ya que me meten como personaje sin pedirme autorización —lo cual en principio no está demasiado bien— yo también podría aprovechar ahora esta historieta sin la autorización de los editores y hacer mi propia versión de la cosa". Con una tijera comencé a cortar las partes que me interesaban e hice una especie de *collage* en la que escribí un texto que fui colocando en diferentes páginas de la historieta eliminando lo que no me interesaba y le cambié completamente el sentido; es decir, toda la primera parte es igual pero cuando Fantomas vuelve triunfante diciéndole a Octavio Paz o a mí "he destruido al monstruo, pueden seguir escribiendo tranquilos", nosotros, inteligentes, le decimos: "No, Fantomas, te equivocas. Crees que has destruido al monstruo, pero no lo has destruido: no hay solamente un monstruo. Mira, léete aquí las conclusiones del Tribunal Bertrand Russell sobre el genocidio cultural en América Latina. Esto tú no lo conoces y en México no lo conocen. Léete estas páginas". Y están las páginas. "Léete lo que se dice sobre la aniquilación de las culturas indígenas en la Amazonia, por ejemplo. Léete lo que pasa con indios mexicanos en algunos estados de predominancia indígena, lee todo lo que se está haciendo para destruir la cultura de un continente y crearles falsos valores sin necesidad de quemar la Biblioteca del Congreso." Fantomas se queda sumamente avergonzado y la historia termina también muy bien porque dice: "Querido Octavio Paz, desde ahora dedicaré toda mi fuerza a luchar contra las empresas multinacionales y contra todas las formas negativas del imperialismo".

Insistí en que lo editaran en forma de tira cómica y que se vendiera en los quioscos y se vendió en México por cientos de miles de ejemplares. Mucha gente lo compró creyendo que era una aventura de Fantomas de las otras y cuando se metió a leerlo se interesó y lo leyó hasta el final —lo supe porque el editor hizo un sondaje— y se enteraron de montones de cosas de las que realmente no habían tenido ninguna idea. Les cuento esto en el plano anecdótico porque sigo creyendo que nuestra tarea de escritores latinoamericanos puede ir a veces mucho más allá que escribir cuentos y novelas, aunque también es importante seguir escribiendo cuentos y novelas.

No sé lo que vamos a hacer el próximo jueves. No tengo ganas de hacer absolutamente nada porque la última clase, la última charla, es siempre un poco triste y deberíamos divertirnos. Tal vez ustedes tienen muchas preguntas que hacerme que se pueden referir a cosas de las primeras charlas o recapitulaciones. No tengo ganas de hablar de ningún tema específico de mis cosas porque ya creo haberlos cansado bastante. Más bien sería interesante que llenásemos huecos con preguntas y respuestas. Si prefieren otra cosa, díganmelo ahora mismo. Estoy perfectamente dispuesto, qué sé yo, a leerles un cuento y que lo comentemos. No sé, estoy un poco desconcertado y ustedes también. Hay una gran solución: no vengamos.

ALUMNOS: *¡Nooo!*

Pero vendremos; creo que vendremos de todos modos. Bueno, piénsenlo. Por mi parte, si encuentro dos o tres textos de los que no he hablado aquí, de lectura corta y que puede ser útil comentar después, los traigo y los leemos. Pero piensen en la posibilidad de hacerme preguntas, no me dejen ir dejando curiosidades insatisfechas. Y gracias.

Octava clase
Erotismo y literatura

Tal vez ustedes se acuerden de que la primera o segunda vez que charlamos aquí —o la tercera o la cuarta, ya no interesa— les leí un texto que se llamaba "Los viajes de los cronopios". Ese texto y la realidad son la misma cosa porque a mí me toca viajar una vez más como un cronopio: el barco que tengo que tomar para volver a Francia estaba ayer en Oakland; hoy no está, se fue anoche pero yo tengo que tomarlo porque las maletas de Carol y las mías están ya a bordo, las llevamos ayer y nosotros nos quedamos porque hoy tenía que despedirme de ustedes. Entonces esta clase no va a durar hasta las cuatro: la vamos a hacer toda seguida sin interrupción y a las tres y media ustedes tendrán la gentileza de dejarme ir porque, como en las películas de James Bond, de aquí tenemos que saltar a un auto que nos lleva al aeropuerto de Oakland donde tenemos que saltar a un avión que nos lleva a Los Ángeles donde un amigo nos espera con un auto para llevarnos al barco que ya nos espera a bordo... Así es como viajan los cronopios y, bueno, es así. Esto tiene desgraciadamente una referencia de tipo práctico con la cuestión de los *papers* que ustedes tenían que presentar teniendo como hora límite las cuatro. No sé si alguien de la secretaría ya les pidió que sea a las tres y media. Como supongo que nadie está escribiendo el *paper*, técnicamente saben que sería muy bueno que a las tres y media en punto, cuando nos digamos "Hasta siempre", pueda yo tener mi paquetito en la mano para llevármelo.

El otro día, cuando nos despedimos en la última charla, les anuncié ya que esto de hoy no sabía qué iba a ser, pero una clase en todo caso no. Creo que es una gran reunión de amigos en la que todavía durante una hora y media vamos a poder hablar sin demasiado método de algunas cosas que quizá se nos quedaron un poco colgadas en el camino. Confieso que no he tenido tiempo para organizar un método en estos días y creo que no importa. Hace dos o tres días, pensando en todo lo que habíamos hablado y en todas las preguntas que ustedes me habían hecho, me di cuenta de que había un tema que nunca tocamos de manera específica aunque hubo algunas referencias marginales. Es un tema que constituye un problema grave, muy importante en mi opinión en la literatura en general y especialmente en la que nos interesa aquí que es la latinoamericana: es el tratamiento literario del erotismo, un tema muy espinoso por razones simplemente históricas que no voy a trazar aquí porque tampoco tenemos tiempo. En grandes líneas quisiera recordarles que cuando uno lee la literatura clásica puede comprobar muy fácilmente lo siguiente: En la literatura del llamado paganismo —es decir, las literaturas que preceden al momento en que el cristianismo domina el mundo occidental, la literatura griega y la latina o romana fundamentalmente— el erotismo no constituye nunca uno de esos temas que hay que manejar con cuidado, uno de esos vocabularios que antes de escribir hay que reflexionar. Para los pensamientos griego y latino, la actividad erótica humana se situaba exactamente en el mismo nivel que cualquiera de las otras actividades, formaba parte de la integralidad del ser humano; con diferencias de matices, fundamentalmente no había ningún retaceo, ninguna puesta entre paréntesis, ningún tabú, ninguna prohibición muy manifiesta. Basta leer a Teócrito o a Anacreonte, basta sobre todo leer al gran Petronio, leer *El Satiricón,* para darse cuenta hasta qué punto en materia erótica los griegos y los romanos estaban, como decimos, en su casa: manejaban ese tema con la misma naturalidad y soltura con que luego manejaban temas históricos, mitológicos, de la sentimentalidad o la inteligencia humanas.

Aparece entonces el cristianismo como una fuerza dominante que concluye con esa etapa de la humanidad y es evidente que el cristianismo —y aquí estoy abreviando mucho—

impone un código moral que no tenían los paganos, en donde la noción del alma y el cuerpo, el espíritu y la carne, toma valores morales. Hay desde muy pronto la tendencia a situar todo lo que es erótico no diré exactamente en el plano del mal —aunque a veces se llega hasta eso en algunos Padres de la Iglesia— pero de todas maneras es un territorio que hay que manejar con mucho cuidado y sobre el cual no se puede escribir de ninguna manera con la soltura y la tranquilidad con la que escribían griegos y romanos. Esto se nota a lo largo de toda la Edad Media y llega a veces de manera directa y a veces inconsciente hasta nuestros días: hay un sistema, un código moral que viene por la vía religiosa, por la vía cristiana —tanto en su línea católica como en la protestante, con diferentes matices—, que hace que todo lo que se refiere al erotismo como una de nuestras actividades humanas sea puesto entre paréntesis cuando llega el momento de escribir.

Aquí entran en juego también elementos morales bastante sospechosos y contra los cuales me he rebelado siempre; hay una gran hipocresía en este plano porque todo el mundo sabe —y los latinoamericanos lo sabemos muy bien— hasta qué punto el lenguaje oral erótico es suelto y desenfadado. Cuando estamos entre amigos hacemos referencias a situaciones eróticas sin considerar nunca que estamos faltando a leyes elementales de la moral; todo depende del grado de cultura de la persona y del vocabulario que emplee pero entre amigos nuestras referencias de tipo erótico se hacen con toda soltura. Otra cosa sucede cuando llega el momento de escribir: cuando muchos escritores de una novela o un cuento entran en una etapa donde hay episodios de tipo erótico, se crea una especie de bloqueo mental que viene del pasado, de la noción de tabú, de prohibición; en el fondo, de la noción del mal. No hay más que pensar —y no es muy atrás en el tiempo— en lo que sucedió en Inglaterra cuando D. H. Lawrence publicó sus primeras novelas en donde utilizó un lenguaje erótico muy desenfadado. Cuando publicó *El amante de Lady Chatterley*, el libro estuvo prohibido en Inglaterra y aquí durante años y años y años. Inútil es señalar también lo que sucedió aquí, en Estados Unidos, cuando alguien como Henry Miller escribió sus *Trópicos,* el de Cáncer y el de Capricornio: prohibición absoluta; cosas que la misma gente que prohibía esos libros conversaba con sus amigos o con sus familias sin ningún inconveniente ni ninguna traba excesiva, en el momento de entrar en la escritura se convertían en un terreno resbaladizo y peligroso.

En América Latina el problema del erotismo en la literatura ha sido muy dramático porque se puede decir que hasta —creo— 1950 las situaciones eróticas en las novelas y en los cuentos se han expresado siempre de manera metafórica, con imágenes perfectamente claras que no dejan ninguna duda sobre lo que se está describiendo o hablando pero que de todas maneras suponen el hecho de tener que disimularlo con un sistema de imágenes o de metáforas. Hasta por lo menos 1950 aun en los escritores nuestros más liberados y más capaces de tomar de frente ese tipo de temas, se nota que cuando llegan a los pasajes eróticos se sienten incómodos; aunque hacen el esfuerzo de forzar la situación y no tener miedo de describir o decir ciertas cosas, uno se da cuenta de que eso constituye un momento un poco diferente del resto del libro: las situaciones eróticas son tratadas siempre de una manera un poco excepcional y eso está revelando muy claramente hasta qué punto el peso de los tabúes y las represiones del pasado se sigue manifestando todavía. Es interesante poder agregar que de 1950 en adelante el salto ha sido enorme y, personalmente creo yo, muy positivo.

Quisiera que quede bien claro en aquellos que podrían tener dudas de vocabulario: cuando me refiero al erotismo en la literatura no estoy haciendo la menor referencia a aquello que se puede llamar pornografía. Entre erotismo y pornografía hay una diferencia capital: la pornografía en la literatura es siempre negativa y despreciable en el sentido de que son libros, o situaciones de libros, escritos deliberadamente para crear situaciones eróticas que provoquen en el lector una determinada excitación o una determinada tendencia; en cambio, el erotismo en la literatura significa el hecho de que la vida erótica del hombre es tan importante y tan fundamental como su vida mental, intelectual y sentimental. Cuando hablo de erotismo en la literatura me refiero al tratamiento de algo que es profundamente nuestro, de cada uno de los que estamos en este momento en esta sala, mientras que la pornografía apunta siempre de alguna manera a lo comercial, a crear sensaciones de tipo carnal que nada tienen que ver con el verdadero erotismo. Esta distinción me parece bastante importante porque los censores —tan frecuentes en el cine, en el teatro, en la literatura, en la pintura— tienen la tendencia de mezclar pornografía y erotismo. He visto en mi país hace muchos años un álbum de fotografías de desnudos censurado y calificado de pornográfico cuando no tenía absolutamente nada de pornográfico: eran fotografías de desnudos de una enorme belleza en las que lo que interesaba era transmitir esa belleza como la de las estatuas de Fidias, que están desnudas, y las de Praxíteles, que están desnudas, y realmente habría que ser muy hipócrita o muy imbécil para calificarlas de pornográficas. Sin embargo libros así han sido censurados muchas veces en nuestros países, y lo mismo en el campo de la literatura: se han censurado novelas y cuentos calificados de pornográficos cuando lo que había en ellos era una gran franqueza erótica, simplemente el tratamiento del tema en el mismo nivel que otros temas y me permito subrayar que para mí el erotismo en la literatura significa uno de los muchos elementos, pero ni más ni menos; no es excepcional, ni superior ni inferior. En el plano de la novela, si hay una situación erótica de un personaje y el mismo personaje después, meditando sobre temas intelectuales, no significa que una situación sea más excepcional que la otra; todos nosotros estamos haciendo eso en nuestra vida cotidiana: pasamos por fases, según las circunstancias y nuestras motivaciones, en que en determinados momentos lo importante es una situación erótica y antes o después cualquier otra de las situaciones intelectuales, de estudios, de trabajos o de viajes que forman nuestra vida.

Hacia 1950 y para mi gran alegría los escritores latinoamericanos empezaron a liberarse de ese tabú y de ese bloqueo. En las obras más significativas de esos años ya se empieza a sentir que el escritor se acerca a los momentos eróticos de su libro con una mayor soltura y no está bloqueado. Es una victoria y una conquista muy difícil, y personalmente les puedo decir que para mí también ha sido y es todavía muy difícil porque llevamos encima no sé cuántos años de códigos y de prohibiciones en ese terreno, lo que hace que haya determinadas situaciones y determinados vocabularios que directamente no se pueden escribir porque detrás está la idea que no se deben escribir. En *Rayuela*, para citar un libro que yo escribí hacia los años cincuenta, sesenta, hay con alguna frecuencia situaciones eróticas pero ninguna está tomada de frente. En la mayoría de los casos me sentía muy bloqueado y muy preocupado cuando llegaba a esos momentos y —sé que ustedes conocen muy bien el libro— en la mayoría de los casos utilizo sistemas metafóricos, diversas imágenes que el lector comprende pero que de todas maneras son imágenes que no utilizo en otros momentos del libro que no son eróticos: mi lenguaje cambia, en ese momento soy consciente del tabú y lo acepto. Eso me molestaba, me preocupaba y me dolía pero no era capaz de salir de ahí en ese momento.

Los años pasaron y ya muchos otros escritores que estaban en el mismo camino estaban haciendo el mismo esfuerzo para naturalizar ese terreno considerado excepcional dentro de la literatura. Cuando llegó el día en que escribí *Libro de Manuel* también me encontré con un terreno erótico que necesitaba tratar, porque formaba parte de la vida de los personajes y en muchos casos era vital porque definía sus conductas: cierto tipo de relaciones personales y sentimentales entre ellos condicionaba sus conductas incluso políticas. Me vi de nuevo frente a ese problema y decidí que ya no era posible seguir así, que había que tener el coraje de afrontar los malentendidos y hay en *Libro de Manuel* unas cuantas escenas eróticas que como era natural provocaron grandísimos ataques por parte de los biempensantes de este mundo, empezando por los de mi propio país, todo el resto de América Latina e incluso en el caso de algunas traducciones. Lo que no se quiso ver era que, si las situaciones eróticas eran necesarias porque formaban parte de la vida de los personajes, mi intención era doble: por un lado ponerlas porque tenían que estar —si las hubiera escamoteado, hubiera estado escribiendo como un hipócrita, negando lo que no tenía derecho de negar porque eso formaba parte de la mentalidad, de la psiquis y de la libido de cada uno de los personajes del libro—, pero mi segunda intención, y era una intención expresa, está contenida en varios diálogos de *Libro de Manuel* en donde se habla una vez más de ese tema que hemos tratado bastante en estas charlas: el tema del lenguaje y la escritura frente a los problemas de nuestra liberación como pueblos, el hecho de que no podemos seguir utilizando un lenguaje obsoleto, muerto, que arrastra el peso de los tabúes y que precisamente en el terreno erótico es donde se nota más. Mi intención al escribir esos pasajes era por un lado que tenía que escribirlos porque eran un momento de la vida de los personajes, pero la segunda intención era llevar al ánimo del lector la noción de que a él también le está dado liberarse de tabúes mentales en todos los planos, no sólo en el político o en el histórico sino también en el más íntimo y más personal, porque si no se libera de esos tabúes no habrá hombre nuevo.

Lo digo una vez más aunque se me vuelva un lugar común: Si la revolución no se hace de adentro hacia afuera, se hará quizá de afuera hacia adentro pero los resultados serán malos porque de nada servirá una revolución con hombres viejos que sigan continuando los mecanismos caducos y sin fuerza del lenguaje, del pensamiento y de la expresión. Creo desde luego que no soy el único en haber hecho eso; en este momento se leen con mucha frecuencia cuentos y novelas de América Latina que son obras de gente que ya se ha dado perfecta cuenta de que el terreno erótico entra en un momento dado en el relato sin la menor diferencia con lo que precede y con lo que sigue: los hechos que se narran allí son tan absolutamente legítimos y naturales como los que se cuentan en otros planos y en otras dimensiones.

En *Último round* hay un texto que hoy no puedo leer porque es largo pero que si a ustedes les interesa este tema, como me gustaría que les interesara porque, tanto para los que de ustedes van a escribir (espero que sean muchos, yo ya sé que son muchos; ya lo sé por mis métodos especiales) como para los que van a desempeñar otras actividades en la vida, creo que es uno de los temas más importantes a los que hemos hecho referencia porque toca profundamente a los puritanismos, las hipocresías, las pudibunderías tanto de las derechas como de las izquierdas políticas, porque aquí realmente no hay diferencia: las derechas políticas suelen ser hipócritas y mojigatas por razones meramente tradicionales. La derecha acepta la tradición, si no no sería la derecha, pero la izquierda que no la acepta o la critica suele aceptar también de una manera sumamente mojigata y sumamente puritana esos tabúes cuando se refieren a la sexualidad y al erotismo, tanto en la vida como en la escritura.

Ahora nos quedamos solamente en la escritura y es ahí donde me interesa atacar porque con esa clase de prejuicios de la derecha no se puede hacer gran cosa, pero sí con los de la izquierda porque la gente de la izquierda está perfectamente capacitada para reflexionar y darse cuenta de hasta qué punto muchas veces, al criticar o escandalizarse frente a lo que considera pornográfico y no lo es, está tomando la actitud más derechista que se pueda imaginar en el plano mental, una actitud absolutamente reaccionaria. Por eso este texto de *Último round* —que es muy largo, y que me gustaría que si tienen oportunidad lo leyeran íntegramente porque les va a completar lo que estoy diciendo hoy y que sólo doy en pedazos— se llama "/ que sepa abrir la puerta para ir a jugar". (Viene de una canción infantil que cantan los niños en la Argentina y que viene de España como casi todas nuestras canciones infantiles, los *nursery rhymes,* y dice: "Arroz con leche, me quiero casar con una señorita de este lugar, que sepa coser, que sepa bordar, que sepa abrir la puerta para ir a jugar". Desde luego los niños argentinos, que son muy pícaros, los dos últimos versos siempre los interpretan a su manera, cosa que sus madres no sospechan.) El texto se llama "/ que sepa abrir la puerta para ir a jugar" porque es simplemente una invitación al gran juego de la literatura pero con las puertas abiertas. Les leo un pequeño fragmento que les dará una idea más concentrada de esto. Dice:

> la colonización, la miseria y el gorilato también nos mutilan estéticamente; pretenderse dueño de un lenguaje erótico cuando ni siquiera se ha ganado la soberanía política es ilusión de adolescente que a la hora de la siesta hojea con la mano que le queda libre un número de *Playboy*. Y una pregunta higiénica...

Sí, esto que les estoy leyendo es erótico.

> ... una pregunta higiénica: ¿Será *necesario* eso que llamamos lenguaje erótico cuando la literatura es capaz de transmitir cualquier experiencia, aun la más indescriptible, sin caer en manos de municipalidad atenta buenas costumbres en ciudad letras? Una transposición feliz, afortunada, ¿no será incluso más intensa que una mostración desnuda de las cosas? Respuesta: No sea hipócrita, se trata de dos cosas diferentes. Por ejemplo en este libro algunos textos como "Tu más profunda piel" y "Naufragios en la isla" buscan transponer poéticamente instancias eróticas particulares y quizá lo consigan; pero en un contexto voluntariamente narrativo, es decir no poético, ¿por qué *solamente* el territorio erótico ha de calzarse la máscara de la imagen y el circunloquio o, *mutatis mutandis,* caer en un realismo de ojo de cerradura? No se concibe a alguien como Céline...

Me refiero a Ferdinand Céline, el novelista francés que es un maestro en literatura erótica.

> ... no se concibe a Céline tratando de diferente manera verbal un trámite burocrático o un coito en la cocina, para él como para Henry Miller no hay co(i)tos vedados...

"Cotos" está escrito con un paréntesis en el medio para que sea "cotos" en el sentido de prohibición y "coitos"...

... nuestro subdesarrollo...

Y ahora estoy hablando de América Latina.

... nuestro subdesarrollo nos impone la peor de las prohibiciones, la parálisis de la *escritura,* ya que en materia oral no nos sentimos tan responsables como lo sabe cualquiera que frecuente tertulias de españoles o argentinos después de la tercera copa. América Latina sigue buscando desde hace rato un camino: Lezama Lima, Carlos Fuentes, Vargas Llosa, dos o tres más, han empezado a abrir picadas a machete limpio. Escritores más jóvenes y sobre todo más bastos (talento natural aparte) tratan hoy de desflorar el idioma, pero en la mayoría de los casos no hacen más que violarlo previa estrangulación, lo que como acto erótico es bastante grueso; el tremendismo no da nada en ese terreno como no sea algún espasmo más sádico que otra cosa, y la mayoría de las tentativas cubanas, colombianas o rioplatenses sólo han eruptado productos de un estilo que me permitiré llamar peludo.

Este texto, que como ustedes ven es bastante duro y bastante irónico, fue escrito ya hace casi diez años. Me alegra decir hoy que se ha ganado un terreno enorme en América Latina. La literatura escrita por mujeres por ejemplo es asombrosa en este momento: novelistas y cuentistas argentinas, chilenas, uruguayas, colombianas, hay muchísimas excelentes —no muy conocidas pero no importa— que ya están en su cuarto o quinto libro y me parece absolutamente admirable cómo hacen frente al terreno erótico en sus libros con gracia, belleza y al mismo tiempo con esa sinceridad, esa falta de hipocresía que faltaba en la literatura anterior. Los escritores hombres siguen también por ese camino que había empezado en los años cincuenta y creo que en ese terreno nos estamos liberando de tabúes y de muchas hipocresías.

Les pido que lo tengan en cuenta cuando nos leen a los latinoamericanos y que no se escandalicen fácilmente frente a ciertas situaciones de las novelas; que traten, por el contrario, de ver si esas situaciones se articulan legítimamente con el resto del libro. Si no se articulan eso es pornografía, pero si forman parte vital del libro, si son un elemento de la misma calidad y con la misma necesidad que lo demás, es erotismo perfectamente legítimo y es el camino por el cual creo que vamos saliendo un poco adelante.

Bueno, me he quitado un peso de encima porque el otro día descubrí que no habíamos hablado de esto en clase y me hubiera parecido hipócrita no hacerlo; me lo hubiera reprochado si me hubiese acordado más tarde.

Varios estudiantes me han pedido referencias a temas; no voy a tener tiempo de hacerlo pero sí hay quizá uno que les interesa a todos: alguien me preguntó —me pidió, más bien— si no podía hacer una referencia conectada con la literatura latinoamericana y hablar del folclor musical. La importancia que doy al folclor musical —que naturalmente es también literatura puesto que en su gran mayoría es música cantada, o sea música que contiene un texto que es un poema bueno, malo, mediano, bien hecho o menos bien hecho, pero un elemento literario— me pareció una pregunta interesante tanto para los estudiantes norteamericanos como para los de los múltiples países latinoamericanos que están aquí conmigo, porque el folclor es un elemento que no puede ser dejado de lado en ningún estudio literario.

Empezaría por decirles: cuidado con los folcloristas porque son unos seres temibles. Yo les tengo naturalmente un gran respeto porque algunos de ellos se han pasado la vida investigando por ejemplo el itinerario de la zamba argentina o del corrido mexicano, tienen muchos libros y una especialidad perfectamente erudita en el tema, pero con los folcloristas sucede a veces que cuando tienen que presentar el folclor y comunicarlo se les olvida eso que tiene el humilde guitarrista o cantor analfabeto que no tiene ninguna ficha bibliotecológica en su casa pero que transmite directamente la fuerza del folclor. Hay a veces una tendencia a considerar el folclor como una especie de producto del pueblo y a separarlo un poco del pueblo y disecarlo además de idolatrarlo; ése es otro peligro. Yo he conocido un folclorista en la Argentina que sostenía fríamente que una baguala —o sea una melodía del norte argentino— valía más que cualquier cuarteto de Beethoven. Cuando uno oye barbaridades así realmente no vale la pena seguir hablando; me hace acordar de una anécdota que le atribuyen a Borges en que un indigenista —o sea un folclorista metido a fondo con los problemas indígenas— le dijo un día a Borges que había que luchar contra el idioma español porque era un idioma de colonización y de conquista y que había que volver a las lenguas indígenas. Entonces Borges le dijo: "Muy bien, pero usted ha escrito tres libros; en vez de escribirlos debió haber hecho quipus" (los cordeles con nudos que eran la única escritura de los incas). Aunque la respuesta de Borges es muy malvada, de todas maneras le contestaba a ese indigenista que había perdido completamente la noción de los valores.

Creo que el folclor en América Latina —como también aquí en América del Norte— es la forma que tienen nuestros pueblos de comunicar lo que son casi siempre incapaces de comunicar por escrito en forma de cuentos o novelas. Esto no es una noción de más o menos calidades, es simplemente un territorio diferente: el folclor está traduciendo lo que luego no siempre un escritor va a alcanzar a captar. Cuántas veces cuando me ha tocado enfrentar un personaje provinciano he pensado largamente en la música de su provincia, en las bagualas, las chacareras, las zambas o los malambos, porque es a través de eso que llegan las pulsiones profundas de la raza: una especie de lenguaje que tiene un valor tan rico como pueden tenerlo un poema, un cuento o una novela en ese plano.

Pero además hay otra cosa y es que en estos últimos años —quizá siempre, pero especialmente en estos últimos años de una manera muy concreta— el folclor ha tomado un carácter cada vez más abiertamente político; en ese sentido, sin perder sus cualidades intrínsecas está comunicando mensajes que no siempre le pueden llegar al pueblo a través de la literatura más elaborada, más "culta" para usar la palabra. Tal vez ustedes hayan oído las canciones de Atahualpa Yupanqui, un cantor nuestro de la provincia de Salta, un hombre que refleja la conciencia de los indios salteños. En el texto de sus canciones ha ido poniendo una protesta social, una conciencia de la injusticia de la opresión en que viven los indios frente a los patrones, dicha bellamente en versos muy hermosos y con una música igualmente hermosa que él compone y canta. No es el único, en la Argentina hay muchos músicos que hacen un folclor que tiene un contenido ideológico: es la voz de un pueblo cansado al término de inacabables injusticias y que se expresa de la manera más espontánea que tiene: cantando.

Aquí en Estados Unidos ya es un tópico hacer referencia a los *blues* nacidos en el sur. No hay más que escuchar las palabras de muchos de esos *blues:* son un continuo canto de queja que contienen también una protesta frente al grado de sometimiento, que naturalmente en la época de la esclavitud era total pero que posteriormente se mantuvo en el plano económico. Los *blues* son un folclor de protesta en este país; hoy ya no creo, probablemente, aunque no soy especialista en la materia. A lo largo de todos los países latinoamericanos, cada país tiene su folclor con un contenido político. No soy especialista en corridos mexicanos (aquí en esta sala sé que hay muchos que los conocen admirablemente bien) pero he escuchado los suficientes como para darme cuenta de que en muchos de ellos el pueblo mexicano está contando su propia historia tal como la vivió y la sintió, y también sus aspiraciones, sus desencantos, sus desilusiones y sus esperanzas. Y así, sucesivamente, el folclor es una de las fuentes de la literatura porque nos acerca a los escritores un repertorio a la vez artístico y temático que nos conecta mucho más con la voz profunda de nuestros pueblos.

Les quiero dejar tiempo ahora a ustedes para que pregunten si tienen cosas que preguntarme. Había pensado leerles un texto para que nos divirtiéramos, pero lo podemos hacer al final. No sé si alguien pensó preguntas.

ALUMNO: *¿Por qué no...?*

Una de las tuyas, ya te conozco. A ver.

ALUMNO: *¿Por qué no hablas de Heberto Padilla? ¿Te acuerdas que en la primera sesión se planteaba? Creo que sería interesante.*

Nunca es tarde cuando la dicha es buena, decía mi abuelita. Cómo no, es verdad, tú me lo habías dicho, sí. No voy a hablar mucho porque es muy gracioso hablar de...

ALUMNO: *Disculpa que te interrumpa, creo que es interesante. Hiciste un poema maravilloso en que respondías a Cuba y creo que eso sería lo interesante; hablabas de policrítica, etcétera.*

Sí, chico, pero no lo tengo aquí el poema...

ALUMNO: *¿No te lo sabes de memoria?*

¡No, qué va! Yo de memoria no sé ni el número de mi teléfono. Y es cierto, además, es cierto... Lo que te puedo decir es lo siguiente: realmente hablar hoy de lo que se llamó el Caso Padilla sería como si alguien se levantara y con gran inquietud me pidiera noticias de Juana de Arco: "¿Qué pasa con esa chica que metieron presa en la ciudad de Rouen? ¿La van a quemar o no la van a quemar?". De verdad, es un asunto total y definitivamente liquidado que fue muy triste porque sucedió en un momento de gran tensión interna en Cuba, eso que después los politólogos calificaron de sectarismo; podemos aceptar la palabra: evidentemente era un momento en que había mucho sectarismo, la gente desconfiaba y había una enorme tensión frente al bloqueo que amenazaba diariamente a la Revolución cubana. No había pasado mucho tiempo del episodio de la Bahía de Cochinos y había un estado de ánimo que favorecía situaciones como ésa.

Heberto Padilla cometió equivocaciones y creo que el gobierno cubano las cometió también: él hizo todo lo necesario para que el gobierno cubano lo considerara un elemento de perturbación en un momento en que eso no lo podían admitir, y el gobierno cubano hizo todo lo necesario para convertirlo en una especie de mártir cuando no había absolutamente ninguna necesidad de meterlo preso. Estuvo preso un mes, salió y lo invitaron a hacer su autocrítica, que era otra tontería porque esas autocríticas traen recuerdos muy penosos a la memoria de todos nosotros, ciertas autocríticas que de *auto* no tenían nada y de *crítica* mucho menos: una autocrítica con una pistola apuntando desde lejos no es una autocrítica. Todo eso fueron torpezas de ese momento que finalmente terminaron como tenían que terminar: Heberto Padilla recuperó la libertad, su empleo y no se volvió a hablar más de él. Lo extraordinario es que cada vez que yo iba a Cuba, dos, cuatro, seis años después, me daba cuenta que el caso Padilla era un caso totalmente liquidado pero en Europa, donde yo estaba viviendo entretanto, todo el mundo me hacía tu pregunta, me preguntaban por Juana de Arco en alguna medida. Bueno, es todo lo que te puedo decir y puedo agregar que si de algo estoy seguro es que las condiciones internas que generaron el caso Padilla no existen ya en Cuba y no habrá otros casos Padilla. Esto parece una profecía y yo no soy profeta pero, bueno, John Keats dijo: "Hay que hacer profecías, después ellas se encargan de cumplirse".

ALUMNO: *Un comentario, más que una pregunta, basado en la plática, la charla tuya del lunes.* La relación entre la crítica*

---

* "Realidad y literatura. Con algunas inversiones necesarias de valores" fue la segunda conferencia abierta dictada por Cortázar en Berkeley el 17 de noviembre. Se reproduce

263

y la literatura puede ser muy importante. En Latinoamérica mencio-
nabas que el escritor tiene grandes problemas para cumplir por sus
condiciones sociales, económicas y culturales; el crítico se encuentra
en situaciones quizá tan difíciles o más: las bibliotecas, los centros
de estudio, las escuelas carecen casi por completo de revistas especia-
lizadas en algunos centros urbanos principales. Esto crea toda una
serie de problemas. ¿Cómo afecta a la literatura en su desarrollo
por la dependencia económica y cultural que tenemos de Estados
Unidos? Ésa es una parte de la pregunta, la otra es que en este país
se hace mucha crítica pero es crítica de técnicos: hay muchos bi-
bliógrafos y gente que maneja bibliografía o lee la última moda de
crítica literaria que muchas veces no tiene importancia. ¿Hasta qué
punto afectan a la misma creación literaria las tesis de literatura
que se hacen aquí por cientos y que muchas veces no son sensibles a
los problemas que tú señalabas?

Si entiendo bien, quizá tus dos preguntas se fundirían en
una; es decir, cuál es la relación o el grado de incidencia que tiene sobre la actividad literaria la crítica tal y como se practica en
este país o como no se puede practicar a veces en nuestros países. La pregunta es no sólo muy buena sino muy importante,
capital. No me siento demasiado capacitado para contestarla en
poco tiempo; puedo decirte de una manera un poco intuitiva
mis reacciones personales frente a eso: en América Latina, para
empezar, tenemos una carencia de crítica considerable. No sé
si estás de acuerdo en este primer punto: carecemos de críticos.
América Latina ha tenido algunos maestros de la crítica y ahora
naturalmente hay gente de una gran calidad en diferentes países o en el extranjero haciendo trabajo crítico pero representan
un número insignificante para la totalidad bibliográfica de lo
que se está haciendo en América Latina. Un verdadero crítico
no da abasto ni siquiera para ocuparse de su especialidad, sea
novela, poesía o cuento. Se está escribiendo y publicando tanto

en el Apéndice junto con la primera, "La literatura latinoamericana de nuestro tiempo",
pronunciada en octubre.

en América Latina que necesitaríamos tribunas críticas, revistas críticas, periódicos con grandes secciones críticas y lo que tenemos son reseñas en general, es decir un señor que a veces se califica de crítico y simplemente dice que ha leído la novela de la señorita Susana Fernández, que es una novela en la que se cuentan las aventuras de tal y tal cosa y sucede tal otra cosa y está muy bien escrita y punto final; no hay absolutamente ninguna crítica de fondo. Es una reseña y es útil porque si el lector lee eso y le interesa lo que se reseña, va a ir a buscar el libro, pero está muy lejos de ser una crítica, y lo mismo sucede en materia de cine y de música.

Lo que yo entiendo por un crítico es un hombre que haga un análisis cortical y profundo de una obra literaria, que la desmenuce, la diseque y al mismo tiempo no la mate, lo cual es muy difícil porque en realidad, aunque todos estamos en contra de la vivisección, en el único terreno en que se puede permitir es en la crítica literaria; incluso hay que buscarla porque el verdadero crítico literario tiene que analizar las obras vivas, no las puede analizar muertas como hacen la mayoría de las reseñas.

Eso crea un doble inconveniente en América Latina: uno, que el lector está muy poco informado; los lectores se manejan muchas veces por una especie de antenas intuitivas o por lo que se enteran a través de amigos pero no tienen una información crítica como la tiene un lector francés o un lector inglés y supongo que también en este país donde hay muchas revistas de crítica literaria. Ése es el primer problema; el segundo, igualmente grave, es que los escritores avanzan en su trabajo muchas veces sin conocer la valoración de verdaderos grandes críticos. Sólo cuando un escritor es muy conocido —¡ah, entonces sí!— le caen encima como un ladrillo: todos los críticos empiezan a escribir y se hacen tesis y libros a tal punto que en mi opinión se escribe demasiado sobre todos nosotros. Ya hay temas mucho más interesantes que escribir sobre los más conocidos en América Latina, pero los que no son muy conocidos no tienen absolutamente ninguna crítica y pasan muchos años sin que reciban el aliento de un crítico o que un crítico les señale sus defectos, lo cual también es un aliento porque si ese hombre tiene cualidades los va a superar.

Ahora, en cuanto el panorama aquí, en América del Norte, realmente no lo conozco como para contestarte; cómo es la dialéctica del crítico y el escritor aquí, no lo sé.

ALUMNO: *Creo que se gastan millones de dólares para producir un doctorado en español. Por otra parte y en el contexto en que estamos en este país, donde hay muchos hispanohablantes y no se levanta un dedo para preservar la lengua, son contradicciones y entonces se crean técnicos de la literatura. Lo que tú hablabas es muy importante porque no hay críticos, ideas, gente de valor que señale estos puntos. Creo que has sido un rayo que has traído para nosotros.*

Bueno, te agradezco que me lo digas. Me gustaría que ese contacto, fuera de todo *scholarship* que he traído aquí entre ustedes, se repita con suma frecuencia en este Departamento porque creo en efecto y sin ninguna falsa modestia que un escritor puede comunicar su experiencia personal y con vitalidad e intuición crear un contacto al que no se llega de segunda mano a través de la crítica. La crítica más erudita y académica puede dar una información muy grande, muy buena, muy preciosa, pero desde luego desprovista de ese contacto más directo y personal. Ojalá. Bueno, lo que me dices te lo agradezco mucho y creo además que es cierto.

ALUMNO: *Te voy a dar una opinión a cambio de otra. Cada uno de los que están aquí te felicitaría por algún aspecto en particular. Yo lo hago por uno y es el ataque frontal y honesto que hiciste a lo que se ha dado en llamar el realismo social. En relación con eso, y ahora te pido tu opinión para remachar el clavo, ¿vos cómo ves esa lucha contra esas formas del realismo social?*

¿Concretamente en Cuba?

ALUMNO: *No, de Cuba vos ya diste una respuesta, la principal. Deben quedar muchas cosas…*

No sigo de cerca la literatura soviética, no he leído más que obras que me parecen muy excepcionales en estos últimos años; en traducción, naturalmente. No la sigo de cerca de modo que no estoy capacitado para contestar pero, a través de comentarios de amigos que conocen eso un poco más que yo, se diría que en el lugar preciso donde nació el realismo socialista como escuela literaria, allí mismo está, si no abandonado, reducido a una actividad cada vez más secundaria. En los últimos años —y repito opiniones— los poemas, las novelas, los cuentos y el teatro en la Unión Soviética se dan con una carga imaginativa infinitamente mayor que la del período estalinista, momento en que el realismo socialista era la ley del país. Si eso sucede en la propia Unión Soviética, te podés imaginar en países que no tienen directamente su influencia o no tienen ninguna.

Creo que en América Latina en este momento no hay nada que se pueda calificar de realismo socialista, como no sean libros ingenuos, y eso incluso tiene su lado encantador: a mí de vez en cuando me llegan libros que me mandan jóvenes escritores guatemaltecos, salvadoreños o argentinos y es un muchacho o muchacha que frente a los problemas de liberación de su país y la lucha que su pueblo está llevando adelante y de la cual él o ella participan, escribe un libro lleno de buenas intenciones contando por ejemplo las experiencias cotidianas de una preparación ideológica o de problemas de trabajo o de dificultades en cualquier campo y lo hacen casi como si escribieran una carta a su familia; simplemente dan la información, transmiten los hechos, y eso da ese tono gris y sin ningún relieve que caracteriza al realismo socialista, ese estilo que jamás o muy pocas veces se levanta, que no tiene levadura; es una masa completamente aplastada, prosaica en el mal sentido de la palabra prosaico.

Eso no es un peligro para América Latina, al contrario: tendríamos que tener cuidado en América Latina con el exceso de imaginación, nos vamos a caer completamente del otro lado.

Alejo Carpentier tenía su famosa teoría de que toda América Latina era barroca y que la literatura latinoamericana que vale la pena es barroca. El Barroco —ustedes lo conocen por la pintura, la escultura y la música sobre todo— es justamente un arte desmesurado, de volutas y grandes movimientos, un arte que le tiene miedo al vacío, que cuando hay un vacío lo llena en seguida con flores. La escultura y la música barrocas son así, desarrollos para invadir el vacío y llenarlo. Es un peligro nuestro en América Latina porque a veces somos muy frondosos, escribimos todavía a veces con demasiado floripondio y demasiado adorno. Pero al menos eso nos defiende del realismo socialista, y si hay que elegir yo me quedo con el Barroco.

ALUMNA: *Una pregunta un poco trivial pero usted es bastante alto para ser un argentino y me gustaría saber de qué parte eran sus antepasados.*

No me sospechaba que este último día en vez de estar aquí con ustedes iba a estar en el consultorio del médico, que lo primero que hace es medirle a uno y preguntarle cuánto pesa. Bueno, te contesto, sí: En mi familia hay un gran porcentaje de gente muy alta; a mi abuelo no lo conocí pero sé que era muy alto, a mi padre lo vi —yo tenía seis años cuando él se fue de mi casa— y era un hombre que medía un poco menos que yo pero tenía un metro ochenta y cinco o por ahí, era muy alto, muy bello hombre. De modo que lo que se hereda no se hurta.

ALUMNA: *Me preguntaba si era inglés, que son más altos en general.*

¿Inglés? ¡Pero yo no tengo nada de inglés! Mi ascendencia es... (Bueno, estamos perdiendo el tiempo pero ya dijimos que nos íbamos a divertir; hoy no hay que ser serios.) Como todo argentino que se respeta, yo soy una especie de cóctel genético porque ya lo dijimos en esta clase, ¿no?: ¿De dónde vienen los mexicanos? Vienen de los aztecas. ¿Y de dónde vienen los peruanos? Vienen de los incas. ¿Y de dónde vienen los argentinos? Vienen de los barcos.

Nosotros venimos de barcos llenos de españoles en primer lugar, italianos en segundo lugar y luego muchos alemanes, franceses, ucranianos, polacos, ingleses, sirio-libaneses, turcos, griegos... Ese cóctel inmigratorio fue creando las sucesivas generaciones. Mi cóctel es por el lado paterno de vascos, vascos españoles, y ésa es una línea muy pura hasta donde se puede saber (no hay ninguna genealogía pura); del lado materno hay franceses y alemanes hasta donde yo he podido saber, pero no hay ingleses.

ALUMNA: *Yo soy brasileña y me gustaría mucho saber su opinión sobre la posición de nuestra literatura.*

Lo que usted acaba de preguntarme me despierta una enorme culpabilidad y me alegro de que me haga esa pregunta porque a todos los brasileños aquí presentes quiero pedirles disculpas por el hecho de que hablando de América Latina tal vez eventualmente he citado al Brasil pero nunca lo he citado de manera directa. Sé muy bien que los brasileños suelen quejarse —pero se quejan con una tal bondad y una tal generosidad que para mí todavía es peor— de que nosotros, los países latinoamericanos de lengua española, los dejamos demasiado de lado en materias culturales simplemente por una cuestión de tipo idiomático. Esto es cierto en principio: sucede que nosotros, argentinos, uruguayos, colombianos, no hablamos portugués y sobre todo no leemos portugués; eso crea la terrible división idiomática que puede separar una cultura o una civilización de otra.

Al mismo tiempo, cada vez que he ido al Brasil —y he ido unas cuantas veces y tengo muchos amigos en el Brasil— me he dado cuenta de que los brasileños son mucho más generosos con nosotros que nosotros con ellos porque cualquier estudiante universitario brasileño —y no hablemos de escritores, músicos o críticos— lee perfectamente bien el español; suelen leernos en español, no necesitan traducciones aunque también nos traducen muchísimo: yo me acuerdo de seis libros míos traducidos al portugués y publicados en el Brasil y también tengo muchos amigos que han leído en español mis cosas, o las de Asturias o las de García Márquez, y las comprenden y las gozan perfectamente. Nosotros no devolvemos esa generosidad como deberíamos y no incluimos suficientemente al Brasil en nuestros análisis. El Brasil forma por supuesto parte de América Latina y la lucha de su pueblo es la lucha de nuestros pueblos, bien que lo sabemos y sobre todo en los últimos quince años.

Esto es una autocrítica, un pedido de disculpas, pero quiero que sepa además que en el terreno político, cuando hemos luchado por los pueblos de América Latina sometidos a opresiones y a dictaduras, el Brasil ha estado siempre incluido en nuestra preocupación. El Tribunal Bertrand Russell del que yo fui jurado se ocupó del Brasil con tanto interés y tanto cuidado como se ocupó de Chile, de la Argentina y del Uruguay. Discúlpenos a todos nosotros, latinoamericanos.

ALUMNO: *Julio, me imagino tu respuesta pero creo que vale la pena que tú la matices: ¿Qué posición asumirás en caso de que un ejército yanqui invada El Salvador o Nicaragua? Se ve bastante cercano...*

Puedes tener la seguridad de que no voy a estar esperándolos con un ramo de flores, y todo lo demás ya se descuenta, por supuesto. Creo que toda intervención armada norteamericana en un país latinoamericano es absoluta y totalmente injustificada, cualquiera que sea la situación, sea la de El Salvador o de cualquier otro país. La época en que eso se llevaba a cabo con toda desenvoltura y sin tan siquiera molestarse en dar argumentos de peso, la época en que el señor Theodore Roosevelt mandaba a sus marines por todos lados, ésa es una época que nosotros consideramos como terminada y si los Estados Unidos por cualquier motivo intentaran reanudarla, creo saber desde ya cuál va a ser la respuesta latinoamericana y, lo que es más, la respuesta mundial: eso va a ir mucho más allá de América Latina.

Bueno, basta de preguntas.

ALUMNA: *Dentro de estas tres categorías en que tú has clasificado tu obra —ética, metafísica y realista—, ¿cómo clasificarías este libro de Carlos Fuentes que tengo aquí,* Nuestra tierra?

Terra Nostra...

ALUMNA: Terra Nostra, *perdón. ¿Cómo la entenderías?*

Me parecería una equivocación querer ajustar a Carlos Fuentes a mis categorías, en primer lugar...

ALUMNA: *Sí, sí, sí; ya sé eso...*

Ahora, si me preguntas cómo podría calificar el libro de Fuentes, puedo tratar de pensar en voz alta y decir en primer lugar —quienes de ustedes lo hayan leído lo sabrán— que es un libro de una enorme riqueza, sumamente extenso, que supone un trabajo enorme de investigación y de reconstrucción histórica. Es una larguísima novela a la vez fabulosa y realista e histórica que se cumple por un lado en la España de Felipe II y por otro lado en el México apenas conquistado por Cortés. Es una novela que trata de mostrar al mismo tiempo la naturaleza del Nuevo Mundo y la decadencia y la podredumbre del Viejo Mundo encarnado en la lentísima agonía de Felipe II en El Escorial. Todo eso está escrito de mano maestra y si tuviera que clasificar el libro de algún modo te diría que responde a la noción del Barroco de Alejo Carpentier: es un libro tratado con un gran lujo de escritura, con un gran lujo descriptivo.

Hay algunas partes en donde el tema son las herejías en España, todas las diferentes herejías que surgían en la época en que se sitúa la novela: gracias a él aprendí que había algo así como cincuenta y dos herejías cuando yo creía que había

271

solamente dos o tres; resulta que la Iglesia Católica, Apostólica y Romana se encontró con un montón de herejías que trataban de socavarle el suelo. Eso no está contado de manera erudita sino de manera muy vivida. Lo mismo te diría de la visión maravillosa que hay de la selva y de la vida en la parte más tropical de México a través de las andanzas de los personajes. Es un gran libro barroco.

ALUMNO: *¿Y Luis Buñuel? No ha hablado nada de Buñuel.*

Mira, la lista de las personas de quienes no he hablado parecería la guía de teléfonos de Oakland. Claro, Buñuel... Vi que en el campus dan estos días *La edad de oro.*

ALUMNO: *Esta noche.*

¿Esta noche? Ojalá estuviera yo aquí esta noche porque creo que la volvería a ver por décima o vigésima vez. Es una de las películas que más veces he visto porque es uno de los grandes momentos del cine. Es la primera gran obra maestra de Buñuel que luego sería sucedida por otras más. *La edad de oro* viene —si mis recuerdos son buenos— después de *Un perro andaluz,* que hizo con Salvador Dalí, y es una película muy corta, de inspiración surrealista, una tremenda película porque su sistema de metáforas y de imágenes visuales es de una agresividad y una provocación tremendas. *La edad de oro* es una película más desarrollada pero igualmente provocativa, muy difícil de comprender por momentos. Cuando yo le he preguntado a Buñuel "qué diablos quisiste decir en aquella escena en que...", Buñuel se te queda mirando y te dice: "Bueno..."; un poco como Lezama Lima cuando le pedía que me explicara alguna de sus metáforas y decía: "Bueno, lo que yo quería decir es lo que tú entendiste". Después de eso, ya no se podía hablar más.

El problema del cine es que envejece mucho por razones técnicas. *La edad de oro* debe ser de 1920 o por ahí, no sé si tú eres buñuelista...

ALUMNO: *30.*

¡No, el 30 ya es mucho! ¿Del 30, sí? Ah, bueno. Aun así, fíjate, estamos en el 80: son muchos años para el celuloide. Está técnicamente vieja pero es una película tan llena de creación... Me parece que de ella sale mucho del cine más vanguardista y experimental de la época. Creo que del cine entre los años 20 y 30 las dos grandes figuras creadoras, y esto se extiende después a todas las artes y a las letras, son por un lado Eisenstein en la Unión Soviética y por otro lado Luis Buñuel en España; son los grandes creadores del cine tal como lo queremos, o tal como lo quisiéramos porque hay una buena parte del cine que es muy conformista y que finalmente no tiene demasiado interés.

Ya me preguntaste por mi estatura, ahora...

ALUMNA: *Quería preguntar por qué la mayoría de los autores latinoamericanos que están exiliados están en Europa y no en otros lugares latinoamericanos. ¿Porque es más cómodo Europa o qué es lo que pasa? ¿No es un poco lo que hacían antes los elitistas que se iban a Europa para educarse mejor y después les gustaba estar ahí y se quedaban?*

En mi experiencia en lo que he visto estos últimos años, la gente que se va al exilio no tiene tiempo de pensar en educación: la gente que se va al exilio se va profundamente traumatizada por lo que ha sucedido o está sucediendo en su país, busca un lugar de exilio y en la medida en que puede elegirlo una gran cantidad de uruguayos, argentinos y chilenos ha tratado y trata de ir a España por una razón obvia, una razón de idioma. Con respecto a Europa tratan de ir a España más que a Francia o a Suecia, y en cuanto a América Latina los países de asilo para nuestros exilados son muy pocos, en realidad ha habido dos países fundamentalmente de asilo que son Venezuela y México y en los otros hay muy pequeñas cuotas porque no tienen admisión para más o hay sistemas de gobierno a quienes no les interesa demasiado la llegada de exilados. De modo que

—como dije la otra noche en ese discurso donde citaba a un poeta inglés— muy pocos exilados son los capitanes de su alma, es decir los que pueden dirigir su propio destino: ahí se salta a un avión o a un barco, cuando se puede saltar porque a veces no hay ni siquiera tiempo.

Y hablando de tiempo, son exactamente las tres y veinte y yo les dije a ustedes que me iba a ir a las tres y media, pero no me quiero ir sin...

ALUMNA: *Señor Cortázar...*

Hágame la pregunta. No me iba a ir inmediatamente, todavía iba a hablar un rato con ustedes...

ALUMNA: *Es que con la mirada que me dio... La pregunta: En* Rayuela *y en alguno de sus cuentos se menciona mucho a Jerry Roll Morton, a Earl Hines, a Bessie Smith... ¿Todavía le gusta escuchar jazz de esa época?*

Vaya, claro que me gusta. Bueno, esta compañera me está citando nombres de músicos del jazz tradicional. ¿Recuerdan que un día les leí aquel capítulo de *Lucas* y cité especialmente a Earl Hines? Es para mí uno de los más grandes pianistas negros de jazz y tiene ahora ya casi ochenta años, o sea que me refiero a músicos muy viejos, muchos de ellos muertos como Bessie Smith que acabas de citar tú. El jazz de ese tiempo, su primera etapa, sigue siendo el más entrañable para mí. Puedo admirar la mayor calidad estética, el don de improvisación y la técnica de músicos modernos, sobre todo a partir de Charlie Parker —él, el primero— y John Coltrane después y Eric Dolphy después y la lista es larga, pero en mi corazón —cuando digo mi corazón es respecto a mi sentimiento frente a la música— son los viejos músicos que acabas de citar. Una cantante como Bessie Smith, cantante de *blues* (¡Está bien que cuando se habla de *blues* se apague un poco la luz, je!), y músicos como Louis Armstrong, como Earl Hines y como esa increíble pléyade de músicos que afortunadamente nos han dejado su arte gracias a un señor que se llamó Thomas Alva Edison, del cual la otra noche vi una documental en una de las cadenas de televisión, muy mal hecha por lo demás porque no se dan cuenta del genio que fue Edison: Edison inventó el disco fonográfico, el milagro más grande del siglo XX. No sé si todo el mundo lo piensa pero es gracias al disco fonográfico que se conserva la voz y el sonido de los artistas muertos. Gracias al disco, todo ese jazz cuyos intérpretes han muerto —algunos de ellos hace muchos muchos años— lo tenemos en *Rasputin* al alcance de la mano.

Sí, el jazz es una música que sigo queriendo mucho; también el tango es para mí una música muy hermosa.

Bueno, ahora sí quiero decirles lo que les quería decir: que no tengo el sentimiento de irme; tengo la impresión de que el jueves que viene nos veremos de nuevo. De alguna manera pienso que va a ser así porque con muchos de ustedes nos escribiremos, yo sé que voy a recibir cosas que muchos de ustedes me mandarán a medida que las hagan o tengan ganas de hacerlas. Los que ya están escribiendo —y yo conozco ya ejemplos muy hermosos— espero que sigan en contacto conmigo en su trabajo futuro.

En cuanto a mí, yo les mandaré las únicas cartas que puedo escribir por falta de tiempo que son mis libros, así que cada nuevo libro que salga de mí tómenlo por favor como si fuera una carta que yo le dirijo a cada uno de ustedes. Quiero decirles que les agradezco profundamente la fidelidad y la atención con que han seguido esto que no era un curso, que era algo más creo yo: un diálogo, un contacto. Creo que somos todos muy amigos. Yo los quiero mucho y les doy las gracias. Y ahora sí, ahora ya.

Apéndice

La literatura latinoamericana de nuestro tiempo[*]

Amigos, he pasado ya algunas semanas hablando de literatura latinoamericana con un grupo de estudiantes de esta universidad, y me alegra decir hoy ante ustedes, estudiantes o público en general, que el diálogo que he tenido y que sigo teniendo en cada una de nuestras reuniones va mucho más allá de lo que hubiera podido imaginar antes de llegar aquí. Contrariamente a lo que algunos pensarían e incluso a lo que desearían por razones estrictamente académicas, mi diálogo con los estudiantes ha tenido una amplitud que va mucho más allá de esa simple curiosidad literaria, que en otros centros de estudios es simplemente una curiosidad libresca o erudita que pretende entender una literatura moderna con los mismos criterios que se aplican para entender la poesía isabelina, el Neoclasicismo alemán o el Romanticismo francés. Confieso que al principio tuve miedo de que los estudiantes esperaran de mí algo parecido, pero bastó muy poco tiempo para que ellos y yo nos encontráramos en un terreno común, el de una literatura viviente y actual, una literatura que se sigue haciendo mientras hablamos de ella y que cambia y evoluciona dentro de un contexto histórico igualmente cambiante. Lo que quisiera decir hoy aquí responde a ese contacto cada día más estrecho entre lo que se escribe y lo que está sucediendo en América Latina. Frente a la interacción e interfusión de la realidad histórica con nuestra producción literaria, mi deber como latinoamericano escritor es el de poner el acento en esos puntos de contacto, tantas veces dejados de lado por quienes siguen pensando que una novela,

---

[*] Conferencia publicada con variantes en *Argentina: años de alambradas culturales*, Barcelona, Muchnik Editores, 1984.

un cuento o un poema, por el solo hecho de haber sido impresos e incorporados a las bibliotecas, valen por lo que son y solamente así como obra de creación imaginativa. Esto ni siquiera es cierto cuando se habla de los grandes clásicos, ya que los más minuciosos análisis estilísticos de su contenido tienen sólo un valor académico si dejan de lado las circunstancias y las razones que llevaron a un Virgilio, a un Shakespeare o a un Cervantes a escribir lo que escribieron; y no hablo solamente de sus motivaciones personales sino de las fuerzas que actuaron en torno de ellos en su tiempo volviéndolos parte de un inmenso todo, de una realidad que su genio habría de traducir e incluso modificar como sólo puede hacerlo la más alta creación literaria y artística.

Más que nunca, en estas últimas décadas, un escritor latinoamericano responsable tiene el deber elemental de hablar de su propia obra y de la de sus contemporáneos sin separarlas del contexto social e histórico que las fundamenta y les da su más íntima razón de ser. En todo caso yo no estaría hoy aquí si tuviera que limitarme a comentar los productos literarios como entidades aisladas, nacidas tan sólo del mero y hermoso placer de la creación estética. Otros podrían hacerlo tanto mejor que yo, y además es bueno y necesario que lo hagan, porque la literatura es un diamante de múltiples facetas y cada una de ellas refleja un momento y una gama de la luz de la realidad exterior e interior, física y mental, política y psicológica. Pero los que escribimos hoy con un sentimiento de participación activa en lo que nos rodea, eso que algunos llamarán compromiso y otros ideología, y que yo prefiero llamar responsabilidad frente a nuestros pueblos, esos escritores no pueden ni quieren hablar solamente de libros sino también de lo que está ocurriendo antes, durante y después de los libros en cualquiera de nuestros países. Si ningún hombre es una isla, para decirlo con las palabras de John Donne, los libros que cuentan en nuestro tiempo tampoco son islas, y es precisamente por eso que cuentan para sus lectores, que no tardan en distinguirlos de la literatura más convencional o más prescindente. Por eso, en lo que quiero decirles hoy, mi visión de la literatura latinoamericana de nuestros días será la de alguien para quien un libro es solamente una de las múltiples modalidades que asumen nuestros pueblos para expresarse, para interrogarse, para buscarse en el torbellino de una historia sin piedad, de un drama en el que el subdesarrollo, la dependencia y la opresión se coaligan para acallar las voces que nacen aquí y allá en forma de poemas, canciones, teatro, cine, pinturas, novelas y cuentos. Entre nosotros esas voces nacen muy pocas veces de la felicidad, en esas voces hay más de grito que de canto. Hablar de nuestra literatura dentro de esta perspectiva es una manera de escuchar esas voces, de entender su sentido y también —por lo menos es mi deseo como escritor— de sumarse a ellas en una lucha común por el presente y el futuro de América Latina.

Desde luego algunos pensarán que aproximar tan estrechamente la noción de realidad y de literatura es una perogrullada, en la medida en que toda literatura es siempre una expresión directa o indirecta de algún aspecto de la realidad. El solo hecho de que cualquier libro esté escrito en un idioma determinado, lo coloca automáticamente en un contexto preciso a la vez que lo separa de otras zonas culturales, y tanto la temática como las ideas y los sentimientos del autor, contribuyen a localizar todavía más este contacto inevitable entre la obra escrita y su realidad circundante. Sin embargo, cuando se trata de obras de ficción como la novela o el cuento, los lectores tienden muchas veces a tomar los libros como quien admira o huele una flor sin preocuparse demasiado por la planta de la cual ha sido cortada esa flor. Incluso si nos interesamos por la biografía del autor y si el tema nos atrae como reflejo de un medio ambiente determinado, casi siempre ponemos el acento en la invención novelesca y en el estilo del escritor, es decir en sus rasgos específicamente literarios. Leemos por placer, y ya se sabe que el placer no tiene buena memoria y casi en seguida busca renovarse en una nueva experiencia placentera igualmente fugitiva. Es perfectamente legítimo que en general los lectores abran un libro para gozar de su contenido y no para tratar de adivinar lo que sucedía en torno al libro mientras su autor lo estaba escribiendo. Pero los problemas son muy diferentes en el caso de ese tipo de lectores que no solamente saborean el contenido de un libro sino que a partir de ese contenido se plantean diversas cuestiones que los preocupan más allá del placer literario. Ese tipo de lectores es cada vez más frecuente en los países latinoamericanos, y responde a las características dominantes de nuestro tiempo en materia de comunicación. Vivimos una época en la que los medios informativos nos proyectan continuamente más allá de nuestros contextos locales para situarnos en una estructura más compleja, más variada y más digna de nuestras posibilidades actuales de cultura. Abrir un periódico o la pantalla de la televisión significa entrar en dimensiones que se expanden en diagonal, iluminando sucesivamente diferentes zonas de la actualidad, con lo cual los hechos aparentemente más aislados terminan por ser vistos y apreciados dentro de un conjunto infinitamente variado que puede ayudar a comprenderlos mejor; y esto, ustedes lo saben, es evidente en materia de política mundial, de economía, de relaciones internacionales, de tecnologías. Y si es así, ¿por qué habría de escapar la literatura a esta ansiedad, a este deseo de abarcar no solamente los hechos sino sus interrelaciones? El libro que hoy llega a mis manos nació hace cinco o seis años en Guatemala o Perú o la Argentina. Es obvio que puedo leerlo sin preocuparme por las circunstancias que lo motivaron o lo condicionaron, pero también es obvio que cada vez hay más lectores para quienes una obra literaria sigue siendo lo que es, un hecho estético que se basta a sí mismo, pero que al propio tiempo lo sienten como una emanación de fuerzas, tensiones y situaciones, que la llevaron a ser como es y no de otra manera. Este tipo de lector cada día más frecuente en nuestros países, goza como cualquier otro con el contenido literario de un cuento o una novela, pero a la vez se asoma a ese contenido con una actitud interrogante; para él los libros que escribimos son siempre literatura, pero además son proyecciones *sui generis* de la historia, son como las flores de una planta que ya no puede ser ignorada puesto que esa planta se llama tierra, nación, pueblo, razón de ser y destino.

Es así como a lo largo de las últimas décadas la noción de literatura ha asumido un matiz diferente tanto para la mayoría de los autores como de los lectores latinoamericanos. Para empezar, en esas décadas se ha producido la gran eclosión de una literatura resueltamente orientada hacia una búsqueda de nuestras raíces auténticas y de nuestra verdadera identidad en todos los planos, desde el económico hasta el político y el cultural. Si la ficción sigue siendo ficción, si las novelas y los cuentos continúan dándonos universos más o menos imaginarios como corresponde a esos géneros, es más que evidente que en la segunda mitad del siglo los escritores latinoamericanos han entrado en una madurez histórica que antes sólo se daba excepcionalmente. En vez de imitar modelos extranjeros, en vez de basarse en estéticas o en "ismos" importados, los mejores de entre ellos han ido despertando poco a poco a la conciencia de que la realidad que los rodeaba era *su* realidad, y que esa realidad seguía estando en gran parte virgen de toda indagación, de toda exploración por las vías creadoras de la lengua y la escritura, de la poesía y de la invención ficcional. Sin aislarse, abiertos a la cultura del mundo, empezaron a mirar en torno y comprendieron con pavor y maravilla que mucho de lo nuestro no era todavía nuestro porque no había sido realmente asumido, recreado o explicado por las vías de la palabra escrita. Quizá uno de los ejemplos más admirables lo haya dado en este campo la poesía de Pablo Neruda cuando después de un comienzo semejante al de tantos otros poetas de su época, inicia una lenta, obstinada, obsesionante exploración de lo que lo rodeaba geográficamente, el mar, las piedras, los árboles, los sonidos, las nubes, los vientos. Y de ahí, avanzando paso a paso como el naturalista que estudia el paisaje y sus criaturas, la visión poética de Neruda ingresa en los hombres, en el pueblo tan ignorado por la poesía llamada culta, en su historia desde antes de la Conquista española, todo eso que dará el paso prodigioso que va de *Residencia en la tierra* al *Canto general.*

Paralelamente a este avance de la poesía en una realidad casi siempre sustituida hasta entonces por nostalgias de lo extranjero o conceptos estereotipados, los novelistas y los cuentistas cumplieron derroteros similares, y podría decirse que el conjunto de los mejores libros en esta segunda mitad del siglo es como un gran inventario de la realidad latinoamericana, que abarca desde los conflictos históricos y geopolíticos hasta los procesos sociológicos, la evolución de las costumbres y los sentimientos, y la búsqueda de respuestas válidas a las grandes preguntas conscientes o inconscientes de nuestros pueblos: ¿Qué somos, quiénes somos, hacia dónde vamos?

Siempre he pensado que la literatura no nació para dar respuestas, tarea que constituye la finalidad específica de la ciencia y de la filosofía, sino más bien para hacer preguntas, para inquietar, para abrir la inteligencia y la sensibilidad a nuevas perspectivas de lo real. Pero toda pregunta de ese tipo es siempre más que una pregunta, está probando una carencia, una ansiedad por llenar un hueco intelectual o psicológico, y hay muchas veces en que el hecho de encontrar una respuesta es menos importante que el de haber sido capaz de vivir a fondo la pregunta, de avanzar ansiosamente por las pistas que tiende a abrir en nosotros. Desde ese punto de vista la literatura latinoamericana actual es la más formidable preguntona de que tengamos memoria entre nosotros, y ustedes, los lectores jóvenes, lo saben bien y si asisten a conferencias y lecturas literarias es para hacer preguntas a los autores en vez de solamente escucharlos como las generaciones anteriores escuchaban a sus maestros.

Leer un libro latinoamericano es casi siempre entrar en un terreno de ansiedad interior, de expectativa y a veces de frustración frente a tantos interrogantes explícitos o tácitos. Todo nos salta a la cara y muchas veces quisiéramos pasar al otro lado de las páginas impresas para estar más cerca de lo que el autor buscó decirnos o mostrarnos. En todo caso ésa es mi reacción personal cuando leo a García Márquez, a Asturias, a Vargas Llosa, a Lezama Lima, a Fuentes, a Roa Bastos, y conste que sólo cito nombres mayores sobre los cuales todos podemos entendernos, pero mi reacción es la misma frente a novelas, cuentos o poemas de escritores más jóvenes y menos conocidos, que por suerte abundan en nuestros países.

Si los lectores que viven lejos de América Latina comparten cada vez más este deseo de valerse de nuestra literatura como una de las posibilidades de conocernos mejor en muy diversos planos, fácil les será imaginar a ustedes hasta qué punto los lectores latinoamericanos, en cuya propia casa nacen todos estos libros, estarán ansiosos de interrogar y de interrogarse. Es aquí que una nueva noción, yo diría un nuevo sentimiento de la realidad, se abre paso en el campo literario, tanto del lado de los escritores como de sus lectores, que finalmente son una sola imagen que se contempla en el espejo de la palabra escrita y establece un maravilloso, infinito puente entre ambos lados. El producto de este contacto cada día más profundo y crítico de lo literario con lo real, del libro con el contexto en que es imaginado y llevado a término, está teniendo consecuencias de una extraordinaria importancia en ese plano que, sin dejar de ser cultural e incluso lúdico, participa cada vez con mayor responsabilidad en los procesos geopolíticos de nuestros pueblos. Dicho de otra manera, si en otro tiempo la literatura representaba de algún modo unas vacaciones que el lector se concedía en su cotidianeidad real, hoy en día en América Latina es una manera directa de explorar lo que nos ocurre, interrogarnos sobre las causas por las cuales nos ocurre, y muchas veces encontrar caminos que nos ayuden a seguir adelante cuando nos sentimos frenados por circunstancias o factores negativos.

Hubo una larga época en nuestros países en que ser político era algo así como una profesión exclusiva que pocas veces hubiera tentado a un escritor literario, que prefería delegar los problemas históricos o sociales en esos profesionales y mantenerse en su universo eminentemente estético y espiritual. Pero esta distribución de tareas ha cambiado en las últimas décadas, muy especialmente en los países latinoamericanos, y eso se advierte sobre todo en el nivel de la juventud. Cada vez que me ha tocado hablar ante estudiantes universitarios o jóvenes en general, sea en los Estados Unidos, en Europa o en un país latinoamericano, sus preguntas sobre lo que podríamos llamar literatura pura se ven siempre desbordadas por las que me hacen sobre cuestiones tales como el compromiso del escritor, los problemas intelectuales en los países sometidos a regímenes dictatoriales, y otras preocupaciones en las cuales el hecho de escribir y leer libros literarios es visto dentro de un contexto que lo precede y lo desborda. Podemos decirlo sin ironía ni falta de respeto: para hablar exclusivamente de literatura latinoamericana hay que crear un ambiente bastante parecido al de una sala de operaciones, con especialistas que rodean al paciente tendido en la camilla, y ese paciente se llama novela o cuento o poema. Cada vez que me ha tocado estar en uno de esos quirófanos en calidad de espectador o de paciente, he salido a la calle con un enorme deseo de beber vino en un bar y mirar a las muchachas en los autobuses. Y cada día que pasa me parece más lógico y más necesario que vayamos a la literatura —seamos autores o lectores— como se va a los encuentros más esenciales de la existencia, como se va al amor y a veces a la muerte, sabiendo que forman parte indisoluble de un todo, y que un libro empieza y termina mucho antes y mucho después de su primera y de su última página.

Nuestra realidad latinoamericana, sobre la cual se ha ido creando cada vez más nuestra literatura actual, es una realidad casi siempre convulsa y atormentada, que con pocas y hermosas excepciones supone un máximo de factores negativos, de situaciones de opresión y de oprobio, de injusticia y de crueldad, de sometimiento de pueblos enteros a fuerzas implacables que los mantienen en el analfabetismo, en el atraso económico y político. Estoy hablando de procesos más que conocidos, en los que las minorías dominantes, con una permanente complicidad de naciones que, como bien lo saben los Estados Unidos, encuentran en nuestras tierras el campo ideal para su expansión imperialista, persisten en aplastar a los muchos en provecho de los pocos. Es en ese dominio manchado de sangre, de torturas, de cárceles, de demagogias envilecedoras, que nuestra literatura libra sus batallas como en otros terrenos los libran los políticos visionarios y los militantes que tantas veces dan sus vidas por una causa que para muchos parecería utópica y que sin embargo no lo es, como acaba de demostrarlo con un ejemplo admirable ese pequeño pueblo inquebrantable que es el pueblo de Nicaragua, y como está ocurriendo, en este momento en El Salvador y continuará mañana en otros países de nuestro continente.

Por eso hay que subrayarlo muy claramente: Si por fortuna es cierto que en algunos países latinoamericanos la literatura no solamente puede darse en un clima de mayor libertad sino incluso apoyar resueltamente las mejores líneas conductoras de sus gobernantes, hay en cambio otros en los que la literatura es como cuando alguien canta en una celda, rodeado de odio y de desconfianza. Cada vez que un lector abre uno de los libros escritos dentro o fuera de esos países donde el pensamiento crítico y hasta la mera imaginación son vistos como un crimen, debería leerlo como si recibiera el mensaje de una de esas botellas que legendariamente se echaban al mar para que llevaran lo más lejos posible un mensaje o una esperanza. Si la literatura contiene la realidad, hay realidades que hacen todo lo posible por expulsar la literatura; y es entonces que ella, lo mejor de ella, la que no es cómplice o escriba o beneficiaria de ese estado de cosas, recoge el desafío y denuncia esa realidad al describirla, y su mensaje termina, siempre, por llegar a destino; las botellas son recogidas y abiertas por lectores que no solamente comprenderán sino que muchas veces tomarán posición, harán de esa literatura algo más que un placer estético o una hora de descanso.

A esta altura creo que un viaje que podemos hacer todos nosotros a lo concreto valdrá más que seguir acumulando ideas generales. Cabría por ejemplo hablar de realidad y literatura en la Argentina, sin olvidar que esta particularización admite por desgracia una gran cantidad de extrapolaciones igualmente válidas en diversos países de América Latina, para empezar los vecinos del mío en eso que se da en llamar el Cono Sur, es decir Chile, Uruguay, Paraguay y Bolivia. Mi país, desde el punto de vista de la realidad histórica, ofrece hoy una imagen tan ambigua que, en manos de los profesionales de la política y de la información al servicio de las peores causas, es mostrada con frecuencia como un ejemplo positivo que muchas veces puede engañar a cualquiera que no conozca las cosas desde más cerca y desde más hondo.

Voy a resumir muy brevemente esa realidad. Después de un período turbulento y confuso, en el que la actual junta militar argentina desató una represión implacable contra diversas tendencias liberadoras nacidas de la época igualmente confusa del peronismo, se ha entrado en una etapa de calma superficial, en la cual se está asentando y consolidando un plan económico que suele ser presentado con la etiqueta de "modelo argentino". Frente a las espectaculares realizaciones de este modelo, no solamente muchos argentinos mal informados o dispuestos a aprovechar de la situación, sino también una parte considerable de la opinión pública internacional, consideran que se ha entrado en un período positivo y estable de la vida material e institucional del país. Por un lado, comisiones investigadoras como la de la Organización de los Estados Americanos han comprobado el terrible panorama que presenta una nación en la que solamente las personas desaparecidas alcanzan a quince mil, y en la que desde hace más de cinco años toda oposición teórica o activa ha sido aplastada en condiciones de violencia y de salvajismo que van más allá de cualquier imaginación. Por otro lado, cumplida esta liquidación masiva de los opositores, con cientos de miles de argentinos exilados en Europa y en el resto de América Latina, y una incontable cantidad de muertos, desaparecidos y encarcelados, el aparato del poder ha puesto en marcha el llamado "modelo argentino" que simbólica e irónicamente comienza con un triunfo, el de la Copa Mundial de

Fútbol, y se continúa, ahora en el campo de la industria pesada y el dominio de la energía nuclear.

Con la total falta de escrúpulos morales que caracteriza a las inversiones económicas destinadas a producir enormes ganancias, países como los Estados Unidos, Canadá, la Unión Soviética, Alemania Federal, Francia y Austria entre otras, están concediendo importantes créditos y exportando complicadas tecnologías para la construcción de represas, plantas nucleares, fabricación de automóviles, sin hablar de la venta de materiales bélicos. Los informes y las conclusiones de las encuestas sobre la violación de los más elementales derechos humanos no modifican en nada esta afluencia destinada a convertir a la Argentina en una de las grandes potencias industriales y nucleares del continente. Una realidad diferente y deformante toma cuerpo, se alza como un escenario montado rápidamente y que oculta la base sobre la cual se asienta, una base de sometimiento y miseria de las clases trabajadoras, una base de desprecio hacia toda libertad de pensamiento y de expresión, una base cínica y pragmática que maneja un lenguaje patriótico y chovinista siempre eficaz en esos casos.

Por todo esto se comprenderá mejor que la literatura argentina, como la chilena y la uruguaya cuya situación es igualmente desesperada, sea una literatura que oscila hoy entre el exilio y el silencio forzoso, entre la distancia y la muerte. Muchos de los mejores escritores argentinos están viviendo en el extranjero, pero algunos de entre los mejores no alcanzaron siquiera a salir del país y fueron secuestrados o muertos por las fuerzas de la represión; los nombres de Rodolfo Walsh, de Haroldo Conti, de Francisco Urondo están en nuestra memoria como una denuncia de ese estado de cosas que hoy se pretende hacer pasar como un modelo de presente y de futuro para nuestro pueblo. Y sin embargo, en estas condiciones que es imposible imaginar peores, la producción literaria argentina mantiene un alto nivel cualitativo y cuantitativo; es más que evidente que sus autores y también sus lectores saben que si escribir o leer significa siempre interrogar y analizar la realidad, también significa luchar para cambiarla desde adentro, desde el pensamiento y la conciencia de los que escriben y de los que leen. Así, aquellos que trabajan en el interior del país hacen lo posible para que su mensaje se abra paso frente a la censura y la amenaza, y los que escribimos y hablamos fuera de nuestro país lo hacemos para que cosas como las que estoy diciendo hoy aquí lleguen también a nuestro pueblo por vías abiertas o clandestinas y contrarresten en lo posible la propaganda del poder.

Creo que basta haber dicho esto para que incluso el menos informado de los oyentes se dé clara cuenta de lo que representa hoy el exilio dentro del panorama de la literatura latinoamericana, un exilio que abarca a millares de escritores, artistas y científicos de países como el mío, Chile, Uruguay, Paraguay, Bolivia y El Salvador. Cuando se lee la producción literaria actual de estos países, es bueno que el lector empiece por preguntarse dónde está viviendo el autor de la novela o los relatos que tiene entre las manos, y en qué condiciones sigue cumpliendo su trabajo. Si lo que está leyendo le parece bueno, si su interés por nuestra literatura se mantiene vivo, su deber de lector es meditar sobre las circunstancias casi siempre negativas en que se está cumpliendo ese trabajo, esa lucha cotidiana contra la frustración, el desarraigo, las amenazas, la incertidumbre del presente y del futuro. Comprenderá entonces mejor lo que he querido decir hoy aquí: que si la literatura latinoamericana sigue creciendo, no sólo en aquellos países donde hay un terreno favorable para su desarrollo sino en cualquier rincón del planeta donde el huracán del odio y la opresión ha expulsado a tantos escritores, ello es la prueba definitiva de que esa literatura forma parte integrante de nuestra realidad actual más profunda, y que en sus mejores manifestaciones se da como una respuesta activa y beligerante a las fuerzas negativas que quisieran aplastarla a través del exilio o convertirla en un mero pasatiempo que disimule o esconda lo que sucede en tantos países de América. No es forzoso ni obligatorio que esa literatura del exilio tenga un contenido político y que se presente como una actividad principalmente ideológica. Cuando un escritor responsable da el máximo de sí como creador, todo lo que escriba será un arma en este duro combate que libramos día a día. Un poema de amor, un relato puramente imaginario, son la más hermosa prueba de que no hay dictadura ni represión que detenga ya ese profundo enlace que existe entre nuestros mejores escritores y la realidad de sus pueblos, esa realidad que necesita la belleza como necesita la verdad y la justicia.

Por eso quisiera terminar estas simples reflexiones subrayando algo que espero haya asomado en lo que llevo dicho. Pienso que ahora está claro que esa dialéctica inevitable que se da siempre entre realidad y literatura ha evolucionado profundamente en muchos de nuestros países por la fuerza de las circunstancias. Lo que empezó como una gran toma de conciencia sobre las raíces de nuestros pueblos, sobre la auténtica fisonomía de nuestros suelos y de nuestras naturalezas, es hoy en muchos países latinoamericanos un choque abierto contra las fuerzas negativas que buscan precisamente falsear, ahogar y corromper nuestra manera de ser más auténtica. En todos los casos, positivos o negativos, de esa relación entre realidad y literatura, de lo que se trata en el fondo es de llegar a la verdad por las vías de la imaginación, de la intuición, de esa capacidad de establecer relaciones mentales y sensibles que hacen surgir las evidencias y las revelaciones que pasarán a formar parte de una novela o de un cuento o de un poema. Más que nunca el escritor y el lector saben que lo literario es un factor histórico, una fuerza social, y que la grande y hermosa paradoja está en que cuanto más literaria es la literatura, si puedo decirlo así, más histórica y más operante se vuelve. Por eso me alegro de que ustedes encuentren en nuestra literatura el suficiente interés y fascinación como para estudiarla, interrogarla y gozar de ella; creo que en eso está la prueba de que a pesar del amargo panorama que la rodea en muchas regiones de nuestro continente, esa literatura sigue siendo fiel a su destino, que es el de dar belleza, y a la vez a su deber, que es el de mostrar la verdad en esa belleza.

Muchas gracias.

Realidad y literatura.
Con algunas inversiones necesarias de valores*

Hubo un tiempo entre nosotros, a la vez lejano y cercano como todo en nuestra breve cronología latinoamericana, un tiempo más feliz o más inocente en el que los poetas y los narradores subían a las tribunas para hablar exclusivamente de literatura; nadie esperaba otra cosa de ellos, empezando por ellos mismos, y sólo unos pocos escritores fueron aquí y allá la excepción de la regla. En ese mismo tiempo los historiadores se concentraban en su especialidad, al igual que los filósofos o los sociólogos; lo que hoy se da en llamar ciencias diagonales, esa invasión e interpenetración de disciplinas que buscan iluminarse recíprocamente, no existían en nuestra realidad intelectual cómoda y agradablemente compartimentada.

Ese panorama que en alguna medida podríamos llamar humanístico se vio trastornado por síntomas de dislocación y desconcierto que se volvieron acuciantes e imperiosos hacia el término de la Segunda Guerra Mundial; a partir de eso sólo las mentalidades estrictamente académicas y también las estrictamente hipócritas se obstinaron en mantener sus territorios, sus etiquetas y sus especificidades. Hacia los años cincuenta esta sacudida sísmica en el *establishment* de lo intelectual se hizo claramente perceptible en el campo de la narrativa latinoamericana; los cambios fueron incluso espectaculares, en la medida en que entrañaban una resuelta toma de posición en el terreno geopolítico, más que un avance formal o estilístico; como el

---

* Conferencia publicada con variantes y con el título "De gladiadores y niños arrojados al río" en *Obras completas*, vol. VI, Barcelona, Galaxia Gutenberg-Círculo de Lectores, 2006. Al no disponer de la grabación, transcribimos la copia mecanográfica en español que se conserva con esta nota en la primera página: "Jalapa, 1980. Berkeley, 1980 (en inglés). Dar a *Les Temps Modernes* (enero 81)".

viejo marinero de Coleridge, muchos escritores latinoamericanos despertaron "más sabios y más tristes" en esos años, porque ese despertar representaba una confrontación directa y deliberada con la realidad extraliteraria de nuestros países.

Los ejemplos de esta toma de posición son inmediatos y múltiples en esa década, pero cabría decir que ya estaban condensados proféticamente en la obra de dos grandes poetas cuyo salto hacia adentro, por decirlo así, surge inequívocamente cuando se mide, en César Vallejo, lo que va de *Los heraldos negros* a *Trilce* y los *Poemas humanos,* y en Pablo Neruda cuando se pasa de *Residencia en la tierra* al *Canto general.* Por su parte la narrativa, que anunciaba ya esa nueva latitud de la creación a través de la obra de Mariano Azuela, Ciro Alegría y Jorge Icaza entre otros, se perfila cada vez más como un método estético de exploración de la realidad latinoamericana, una búsqueda a la vez intuitiva y constructiva de nuestras raíces propias y de nuestra identidad profunda. A partir de ese momento ningún novelista o cuentista que no sea un mandarín de las letras subirá a una tribuna para circunscribir su exposición a lo estrictamente literario, como todavía hoy puede hacerlo en buena medida un escritor francés o norteamericano. Desde luego y por razones obvias y necesarias, esto es aún relativamente posible en la enseñanza universitaria (aunque también ahí los territorios se han trizado como un espejo), pero esa compartimentación no puede hacerse ya frente a un público de lectores u oyentes que se apasionan por nuestra literatura en la medida en que la sienten parte y partícipe de un proceso de definición y recuperación de lo propio, de esa esencia de lo latinoamericano tantas veces escamoteada o vestida con trapos ajenos.

Sé que aquí, como en tantos otros auditorios de nuestros países, estoy frente a ese público; por eso lo que pueda decirle hoy nace de la conciencia angustiada, hostigada, pero siempre llena de esperanza de un escritor que trabaja inmerso en un contexto que rebasa la mera literatura pero sin el cual su trabajo más específico sería —repitamos los versos célebres— "como un cuento dicho por un idiota / lleno de ruido y de furia / y sin sentido alguno".

Esa invasión despiadada de una realidad que no nos da cuartel es tan perceptible para los lectores como para los escritores conscientes de América Latina, y casi no necesito enumerar sus elementos más evidentes. Hoy y aquí, leer o escribir literatura supone la presencia irrenunciable del contexto histórico y geopolítico dentro del cual se cumplen esa lectura o esa escritura; supone la trágica diáspora de una parte más que importante de sus productores y de sus consumidores; supone el exilio como condicionante forzoso de casi toda la producción significativa de los intelectuales, artistas y científicos de Chile, Argentina y Uruguay entre muchos otros países. Vivimos la paradoja cotidiana de que una parte no desdeñable de nuestra literatura nace hoy en Estocolmo, en Milán, en Berlín, en Nueva York, y que dentro de América Latina los países de asilo como México o Venezuela ven aparecer casi diariamente en sus propias editoriales muchas obras que en distintas circunstancias les hubieran llegado de Buenos Aires, de Santiago o de Asunción. Todo un sistema de referencias, de seguridades intelectuales se ha venido abajo para ser sustituido por juegos aleatorios imprevisibles e ingobernables. Casi nadie ha podido ser capitán de su exilio y escoger el puerto más favorable para seguir trabajando y viviendo. A medida que pasa el tiempo el contenido y la óptica de muchas obras literarias empiezan a reflejar las condiciones y los contextos dentro de los cuales han sido escritas; pero lo que podía haber representado una opción, como tantas veces lo fue en nuestra tradición literaria, es ahora el resultado de una compulsión. Todos estos factores relativamente nuevos pero que hoy se vuelven agobiadores, están presentes en la memoria y en la conciencia de cualquier escritor que trate de ver claro en su oficio; de todas estas cosas es necesario hablar, porque sólo así estaremos hablando verdaderamente de nuestra realidad y de nuestra literatura.*

* En la versión que leyó en inglés, Cortázar añadió en este punto respecto a la versión castellana leída en la Universidad de Veracruz, Jalapa, el 4 de septiembre de 1980: "And

Detrás y antes del exilio, por supuesto, está la fuerza bruta de los regímenes que aplastan toda libertad y toda dignidad en mi propio país y en tantos otros del continente. Gabriel García Márquez afirmó que no volvería a publicar obras literarias hasta que no cayera Pinochet; creo que afortunadamente está cambiando de opinión, porque precisamente para que caiga Pinochet es preciso entre otras cosas que sigamos escribiendo y leyendo literatura, y eso sencillamente porque la literatura más significativa en este momento es la que se suma a las diversas acciones morales, políticas y físicas que luchan contra esas fuerzas de las tinieblas que intentan una vez más la supremacía de Arimán frente a Ormuz. Y cuando hablo de la literatura más significativa quisiera que se me entienda bien, porque de ninguna manera estoy privilegiando la literatura calificada de "comprometida", palabra muy justa y muy bella cuando se la usa bien pero que suele encerrar tantos malentendidos y tantas ambigüedades como la palabra democracia e incluso, muchas veces, la palabra revolución. Hablo de una literatura por todo lo alto, como diría un español, una literatura en su máxima tensión de exigencia, de experimentación, de osadía y de aventura, pero al mismo tiempo nacida de hombres y mujeres cuya conducta personal, cuya responsabilidad frente a su pueblo los muestra presentes en ese combate que se libra en América Latina desde tantos frentes y con tan diversas armas. Sé de sobra hasta qué punto este auténtico compromiso del intelectual suele ser mal visto en sectores preponderantemente pragmáticos, para quienes la literatura cuenta sobre todo como instrumento de comunicación sociopolítica y en último extremo de propaganda. Me ha tocado, en la época en que escribí *Libro de Manuel,* soportar el peor y el más amargo de los ataques, el de muchos de mis compañeros de combate, para quienes esa denuncia por vía literaria del cruento régimen del general Lanusse en la Argentina no tenía para ellos la seriedad y la documentación de sus

---

I know all too well that these factors are frequently neglected in academic research and literary criticism".

panfletos y sus artículos. Me cito porque el tiempo, encarnado en aquellos lectores que compartían mi noción del verdadero compromiso del intelectual, dio todo su sentido y su razón de ser a esa tentativa de convergencia de la historia y la literatura, como la dará siempre a los escritores que no sacrifiquen la verdad a la belleza ni la belleza a la verdad.

No hay que dudar en reconocer, frente a nosotros mismos y sobre todo frente a nuestros lectores, que muchos escritores de un vasto sector de América Latina sometido al caos de la explotación y la violencia de enemigos internos y externos, despertamos diariamente en nuestro país o en el exilio bajo el peso de un presente que nos agobia y nos llena de mala conciencia. A la vista de lo que está ocurriendo en países como el mío, a la vista de esos enormes campos de concentración disimulados con carnavales hidroeléctricos y campeonatos mundiales de fútbol, toda actividad básicamente intelectual parecería tener algo de irrisorio y hasta de gratuito; toda labor literaria y artística entraña una lucha permanente contra un sentimiento, una sospecha de lujo, de *surplus,* de evasión de una responsabilidad más inmediata y concreta. No es así, muy al contrario, pero muchas veces lo sentimos así. Tenemos que hacer lo que hacemos, pero nos duele en el acto de hacerlo. En muchos de nosotros el ejercicio de la más auténtica vocación se ve como agredida por la mala conciencia; y si esto se advierte en intelectuales de muchos países, países en donde cada uno tiene el derecho y los medios de dar a conocer abiertamente sus puntos de vista, sus aceptaciones y sus rechazos, ¿cómo describir el estado de ánimo de un intelectual chileno, boliviano, uruguayo o salvadoreño, que se esfuerza por seguir cumpliendo su trabajo específico en el interior o en el destierro, con las limitaciones y los problemas de toda naturaleza que ello le plantea?

Es entonces, cuando en mitad de una página me asalta como a tantos otros ese sentimiento de desánimo y de abandono, cuando me siento no sólo física sino culturalmente exiliado de mi país, es precisamente entonces que mi reacción tiene algo de perfectamente lógico si se mira a la luz de cualquier criterio razonable. Nunca lo sentí más claramente que el día en que me enteré de que un libro mío no podría ser publicado en la Argentina, como los de tantos otros escritores desterrados; simultáneamente con la amarga realización de que entre mis compatriotas y yo acababa de cortarse el puente que nos había unido invisiblemente durante tantos años y tantas distancias, y que el verdadero, el más insoportable exilio empezaba en ese momento, en esa soledad de la doble incomunicación del lector y el escritor, en ese mismo instante me ganó un sentimiento totalmente opuesto, algo que era como un impulso, un llamado, una convicción casi demencial de que todo eso sólo sería cierto si yo lo aceptaba, si yo entraba estúpidamente en las reglas del juego del enemigo, si me pegaba a mí mismo la etiqueta del exiliado crónico, si buscaba reconvertir mi vida hacia otros destinos. Sentí que mi obligación era la de hacer todo lo contrario, es decir multiplicar mi trabajo de escritor, exigirle mucho más de lo que le había exigido hasta entonces, y sobre todo proponer de todas las maneras posibles a mis compatriotas latinoamericanos, como seguiré haciendo mientras me queden fuerzas, una noción positiva y eficaz del exilio, una actitud y una responsabilidad totalmente opuestas a lo que quisieran aquellos que nos expulsan física y culturalmente de nuestros países y que esperan con ello no solamente neutralizarnos como opositores a sus dictaduras sino hundirnos lentamente en la melancolía y la nostalgia y finalmente en el silencio, que es lo único que aprecian en nosotros.

No me estoy saliendo del terreno de la literatura, muy al contrario. Voy a buscarlo allí donde hoy en día están naciendo tantos de sus productos, trato de mostrar los posibles valores que pueden resultar de la literatura del exilio, en vez de inclinarme ante el exilio de la literatura como lo quisiera el enemigo. Esa actitud positiva, esa determinación de asumir afirmativamente lo que por atavismo y hasta por romanticismo se tiende a ver a priori como pura negatividad, exige poner en tela de juicio muchos lugares comunes, exige el valor de autocriticarse en circunstancias en que lo más inmediato y comprensible es la autocompasión. Hace unos días se me acercó un señor que se presentó con estas palabras: "Yo soy un exiliado argentino". En mi fuero interno lamenté la prioridad que daba a su condición de exiliado, porque me pareció como tantas otras veces un reconocimiento sin duda inconsciente de la derrota, de la expulsión de una patria que de alguna manera pasaba a segundo plano en su presentación. Esto que parece psicología callejera no lo es cuando asume formas más complejas, cuando, por ejemplo, se convierte en un obsesivo tema literario. También aquí la usual noción negativa del exilio tiende a volverse poema, canción, cuento o novela, que en definitiva no pasan de ser alimento de la nostalgia propia y ajena. Recuerdo una frase de Eduardo Galeano sobre el exilio: "La nostalgia es buena, pero la esperanza es mejor". Claro que la nostalgia es buena, en la literatura y en la vida, puesto que es la melancólica fidelidad a lo ausente; pero lo ausente nuestro no está muerto, lejos de ello, y es ahí donde la esperanza puede cambiar el signo del exilio, sacarlo de lo negativo para darle un valor dinámico, unirnos a todos en el esfuerzo por reconquistar el territorio de la nostalgia en vez de quedarnos en la mera nostalgia del territorio.

Si un día logramos esto, si lo estamos logrando ya poco a poco como me parece comprobarlo en una parte de la literatura que nace hoy fuera de nuestros países, el peso de sus factores positivos aportará una contribución capital al conjunto de nuestras letras, que es decir también de nuestros pueblos. Una cosa es la cultura internacional adquirida dentro de cada país o en el curso de viajes de perfeccionamiento, y otra muy diferente la vivencia forzada y cotidiana de realidades ajenas que pueden ser favorables u hostiles pero que para el exiliado son siempre traumáticas porque no responden a su libre elección. Es entonces cuando conviene recordar que los traumatismos de todo tipo han sido siempre una de las razones capitales de la literatura, y que superarlas mediante una transmutación en obra creadora es lo propio del escritor de verdad. En estos últimos años he visto el efecto a veces destructor del desarraigo violento en hombres y mujeres que llevaban ya realizada una obra valiosa en sus países de origen. Pero a diferencia de ellos están los que han sido capaces de llevar a cabo esa alquimia psicológica y moral capaz de potenciar y enriquecer la experiencia creadora, los que han tenido la fuerza de hundirse hasta el fondo de la trágica noche del exilio y volver a salir con algo que jamás les habría dado el mero viaje de placer a París, la visita cultural a Madrid o a Londres. Y eso empieza a reflejarse ya en lo que se escribe lejos de la patria, y es una primera y difícil y hermosa victoria.

Hermosa precisamente porque su dificultad parece por momentos insuperable. Pienso en mis compañeros argentinos perdidos en tantos rincones de esta América y de Europa, en esos escritores cuyo trabajo empecinado representa fundamentalmente una batalla contra la muerte, quiero decir esa batalla que muchos libramos diariamente en nosotros mismos para seguir adelante mientras a nuestro lado, leyendo sobre nuestros hombros, hablándonos con sus voces de sombra, los que sucumbieron por escribir y decir la verdad nos impulsan y a la vez nos paralizan, nos instan a volcar en la vida y el combate todo lo que ellos no alcanzaron a completar como hubieran querido, y a la vez nos traban con el peso del dolor y de la desgracia. Yo ya no sé escribir como antes, hacia dondequiera que me vuelva encuentro la imagen de Haroldo Conti, los ojos de Rodolfo Walsh, la sonrisa bonachona de Paco Urondo, la silueta fugitiva de Miguel Ángel Bustos. Y no estoy haciendo una selección elitista, no son solamente ellos los que me acosan fraternalmente, pero un escritor vive de otras escrituras y siente, si no es el habitante anacrónico de las torres de marfil del liberalismo y del escapismo intelectual, que esas muertes injustas e infames son el albatros que cuelga de su cuello, la cotidiana obligación de volverlas otra vez vida, de negarlas afirmándolas, de escupirles en la cara de esa otra muerte, esa que Pablo Neruda viera proféticamente "vestida de almirante".

Si todo eso no se refleja un día de una u otra manera en la obra de los escritores latinoamericanos exiliados, los Videla y los Pinochet y los Stroessner habrán triunfado más allá de su momentáneo triunfo material, mal que les pese a los que siguen creyendo que al enemigo hay que enfrentarlo culturalmente con su mismo vocabulario superficial, dialogando de alguna manera con él, reconociéndolo como un interlocutor válido en la medida en que no se sale del nivel de los panfletos y las consignas partidarias y las temáticas estrictamente ajustadas a la realidad política. Si no somos capaces de cambiar esencialmente la negatividad que busca envolvernos y aplastarnos, habremos fracasado en nuestra misión y nuestra posibilidad específicas, seremos solamente los escritores desterrados que se consuelan con novelas y poemas, los mismos que continuarán presentándose ante el mundo como "exiliados argentinos" o "exiliados paraguayos", para recibir como respuesta una sonrisa comprensiva o un asilo más. Creo que no es así, vivo en una ciudad donde diariamente recibo lo que se escribe en tantas otras, y sé que cuando llegue la hora de que los críticos y los especialistas tracen el panorama de la literatura latinoamericana de nuestros días, la creación cumplida en el exilio será un capítulo con características propias pero en plena ligazón con nuestra entera realidad, y que ese capítulo mostrará el nacimiento y el desarrollo de nuevas fuerzas, de rumbos diferentes y fecundos, de aportaciones acaso vertiginosas a la fuente común de nuestra identidad. Será como si una nación espiritual hubiera nacido de nuestras naciones devastadas por la opresión y la violencia y el desprecio, será como si el vientre torturado de nuestro Cono Sur hubiera parido una criatura que contiene y preserva la verdad y la justicia, el niño del futuro que, como en tantas mitologías y tantos cuentos de hadas es arrojado a las fieras o abandonado a la corriente de un río pero que volverá, llegado el día, para unirse definitivamente a su pueblo, tal como la historia vio un día a José Martí, tal como yo soñé un día a mi pequeño Manuel.

No tengo ya dudas de que la literatura de esta otra nación latinoamericana que es la nación del exilio continuará dándonos productos culturales que al sumarse a los que se originan en aquellos países cuyos intelectuales pueden trabajar dentro de su contexto propio, nos harán avanzar globalmente en tanto que lectores y escritores, quiero decir como pueblos. Ese avance abarcará las dimensiones más extremas y osadas de esa invención verbal que se abre paso en las conciencias y las subconciencias como una extraña, indefinible levadura que enriquece las potencias mentales y morales de los hombres. Es ahí, en esa oscura operación sin nombre pero claramente perceptible en el decurso de todas las civilizaciones, que lo literario nacido en esas condiciones tendrá un máximo valor político aunque no entre forzosamente en la dialéctica ideológica como tema o como pretexto. Es ahí que la experiencia que transmitirá esa literatura nacida hoy tantas veces de la peor angustia, de la exasperación y el desgarramiento, nos hará adelantar por ese camino que ella ha andado solitaria pero que quiere compartir con todos los suyos, el camino hacia nuestra identidad profunda, esa identidad que nos mostrará por fin nuestro destino histórico como continente, como bloque idiomático, como diversidad llena de similitudes amigas, para repetir el verso de Valéry.

En ese sentido la literatura más lúcida en estas décadas, venga del interior o del exterior de nuestros países, coincide en mostrar a través de ensayos, cuentos, novelas y poemas que incluso la más libre de nuestras naciones está muy lejos de ser auténtica y profundamente libre, y que prácticamente todos los escritores latinoamericanos, vivamos o no en nuestra casa, somos escritores exiliados. Todavía me asombra que haya entre nosotros intelectuales que dan la impresión de sentirse definitivamente seguros del terreno geopolítico que pisan, o que comparativamente se estiman en suelo firme porque los otros suelos tiemblan y se resquebrajan. Es el mismo tipo de intelectual que habla de los lectores, por ejemplo, como una realidad positiva en términos de tiradas de libros o de galardones literarios, y para quien ser editado y comentado es prueba suficiente de deber cumplido. Desde el punto de vista de nuestra realidad continental —hablo sobre todo del Cono Sur, pero esto se aplica a muchos otros de nuestros países— los intelectuales seguimos siendo un sector privado de toda estabilidad, de toda garantía. El poder nos controla ya sea de una manera salvaje o con arreglo a códigos en los que no hemos intervenido para nada, nos frena, nos censura o nos expulsa, y en estos últimos años directamente nos mata si nuestra voz disuena en el coro de los conformismos o de las críticas cautelosas. Vuelvo a citar a Rodolfo Walsh, eliminado cínicamente porque había osado decirle la verdad en plena cara al general Videla; y pienso en hombres como Marcelo Quiroga Santa Cruz, asesinado en Bolivia porque su mera sombra era para los militares golpistas lo que el espectro de Banquo para la conciencia de Macbeth. ¿Qué literatura puede ser la nuestra en estas condiciones, tanto la del exilio como la que se cumple en el interior de países menos atormentados, si no nos obstinamos en romper ese círculo de ignominia? Un ejercicio de la inteligencia por la inteligencia misma, como los que se ven hoy en algunos países de Europa, pero sin el derecho secularmente conquistado de los europeos a gozar más que nosotros de los puros placeres de la escritura; un triste autoengaño para tantos lectores y escritores que confunden cultura minoritaria con dignidad popular; un juego elitista, no porque nuestros escritores honestos acepten el elitismo sino porque las circunstancias exteriores a ellos les imponen un circuito cerrado, un circo donde todo aquel que ha podido pagar la entrada aplaude a los gladiadores o a los payasos mientras afuera los pretorianos contienen a la inmensa muchedumbre privada a la vez del pan y del circo. Digo con imágenes algo que siento y que vivo con mi propia sangre; me avergüenza como si yo mismo fuera el responsable cada vez que leo entrevistas en las que se habla de grandes tiradas de libros como si constituyeran la prueba de una alta densidad cultural; me avergüenza que entre nosotros haya intelectuales que todavía escamotean el hecho desnudo y monstruoso de que vivimos rodeados por millones de analfabetos cuya conquista cultural más importante se reduce a las tiras cómicas y a las telenovelas cuando son lo bastante afortunados para llegar a ellas. Detrás de todo eso, y es más que obvio decirlo, está la política de "patio de atrás" del imperialismo norteamericano y la complicidad de todos aquellos poderes nacionales que protegen a las oligarquías dispuestas a cualquier cosa —como en El Salvador, para dar un solo ejemplo— antes de perder sus privilegios. ¿De qué podemos jactarnos los escritores en este panorama en el que sólo brillan unos pocos, aislados y admirables fuegos de vivac? Nuestros libros son botellas al mar, mensajes lanzados en la inmensidad de la ignorancia y la miseria; pero ocurre que ciertas botellas terminan por llegar a destino, y es entonces que esos mensajes deben mostrar su sentido y su razón de ser, deben llevar lucidez y esperanza a quienes los están leyendo o los leerán un día. Nada podemos hacer directamente contra lo que nos separa de millones de lectores potenciales; no somos alfabetizadores ni asistentes sociales, no tenemos tierras para distribuir a los desposeídos ni medicinas para curar a los enfermos; pero en cambio nos está dado atacar de otra manera esa coalición de los intereses foráneos y sus homólogos internos que genera y perpetúa el *statu quo*, o mejor aún el *stand by* latinoamericano. Lo digo una vez más para terminar: no estoy hablando tan sólo del combate que todo intelectual puede librar en el terreno político, sino que hablo también y sobre todo de literatura, hablo de la conciencia del que escribe y del que lee, hablo de ese enlace a veces indefinible pero siempre inequívoco que se da entre una literatura que no escamotea la realidad de su contorno y aquellos que se reconocen en ella como lectores a la vez que son llevados por ella más allá de sí mismos en el plano de la conciencia, de la visión histórica, de la política y de la estética. Sólo cuando un escritor es capaz de operar ese enlace, que es su verdadero compromiso y yo diría su razón de ser en nuestros días, sólo entonces su trabajo puramente intelectual tendrá también sentido, en la medida en que sus experiencias más vertiginosas serán recibidas con una voluntad de asimilación, de incorporación a la sensibilidad y a la cultura de quienes le han dado previamente su confianza. Y por eso creo que aquellos que optan por los puros juegos intelectuales en plena catástrofe y evaden así ese enlace y esa participación con lo que diariamente está llamando a sus puertas, ésos son escritores latinoamericanos como podrían serlo belgas o dinamarqueses; están entre nosotros por un azar genético pero no por una elección profunda. Entre nosotros y en estos años lo que cuenta no es ser un escritor latinoamericano sino ser, por sobre todo, un latinoamericano escritor.

Índice de personas citadas

Alegría, Ciro: 294.

Allen, Woody: 158, 159.

Álvarez Garriga, Carles: 14.

Anacreonte: 250.

Anderson, Sherwood: 48.

Aramburu, Pedro Eugenio: 120.

Aristóteles: 26, 210.

Arlt, Roberto: 18, 48, 49.

Armstrong, Louis: 178, 274.

Arvanitas, Georges: 157.

Asturias, Miguel Ángel: 25, 270, 285.

Atahualpa Yupanqui: 261.

Azorín: 156.

Azuela, Mariano: 294.

Backhaus, Wilhelm: 157.

Batista, Fulgencio: 23.

Baudelaire, Charles: 176.

Bernárdez, Aurora: 12.

Bierce, Ambrose: 52, 53.

Bioy Casares, Adolfo: 47.

Bonaparte, Napoléon: 112, 118.

Borges, Jorge Luis: 9, 18, 38, 47, 51, 52, 179, 180, 228, 229, 260.

Brailowsky, Alexander: 157.

Brâncuşi, Constantin: 75.

Breton, André: 176.

Buñuel, Luis: 272, 273.

Bustos, Miguel Ángel: 300.

Calvino, Italo: 9, 245.

Câmara, Hélder: 120.

Camus, Albert: 204.

Cardenal, Ernesto: 110-114.

Carpentier, Alejo: 195, 268, 271.

Cartier-Bresson, Henri: 30.

Castillo, Oscar: 111.

Castro, Fidel: 36, 119, 202, 203.

Castro, Raúl: 36.

Céline, Louis-Ferdinand: 257.

Cervantes Saavedra, Miguel de: 280.

Chéjov, Anton: 134.

Christie, John: 124.

Cienfuegos, Camilo: 36.

Coleridge, Samuel Taylor: 294.

Coltrane, John: 274.

Conrad, Joseph: 32.

Conti, Haroldo: 289, 300.

Coronel, Luis: 111, 112.

Coronel Urtecho, José: 111, 112.

Dalí, Salvador: 176, 272.

Dalton, Roque: 109, 111, 116, 118-120.

Darío, Rubén: 150.

Dolphy, Eric: 274.

Donne, John: 280.

Dunlop, Carol: 11, 249.

Dunne, John William: 51.

Durand, José (Pepe): 10, 25.

Echeverría, Esteban: 44.

Eco, Umberto: 29.

Edison, Thomas Alva: 275.
Einstein, Albert: 51, 68.
Eisenstein, Serguéi: 273.
Eliot, Thomas Stearns: 234.
Esopo: 191.
Evans, Timothy John: 124.
Felipe II de Austria: 127, 271.
Fernández, Macedonio: 161, 162, 180.
Fernández, Margarita: 157.
Fernández Retamar, Roberto: 35.
Fidias: 253.
Fijman, Jacobo: 228, 229.
Freud, Sigmund: 145, 146.
Fuentes, Carlos: 13, 258, 271, 285.
Galeano, Eduardo: 299.
García Márquez, Gabriel: 13, 25, 122, 270, 285.
Gardel, Carlos: 156, 234.
Gide, André: 194, 195.
Gieseking, Walter: 157.
Gómez de la Serna, Ramón: 175-177.
Góngora y Argote, Luis de: 198, 200.
Grande, Félix: 11.
Guevara, Ernesto (Che): 35, 36, 196.
Gulda, Friedrich: 157.
Haas, Monique: 157.
Haebler, Ingrid: 157.
Hampton, Lionel (Hamp): 60, 61.
Harvey, William Fryer: 73.
Haskil, Clara: 157.
Hegel, Georg Wilhelm Friedrich: 211.
Heisenberg, Werner Karl: 67-69.

Heráclito de Éfeso: 50, 201.
Herrera y Reissig, Julio: 150.
Hines, Earl Kenneth: 157, 158, 274.
Hugo, Victor: 72.
Huxley, Aldous: 230.
Icaza, Jorge: 294.
Jack the Ripper (Jack el destripador): 124.
Jesús de Nazaret: 113, 120.
Jonquières, Eduardo: 208.
Joyce, James: 203.
Juan Manuel, Infante don: 27.
Juana de Arco: 262, 263.
Kafka, Franz: 29, 39, 123-125, 132.
Kant, Immanuel: 51, 211.
Keats, John: 263.
Kerr, Lucille: 11.
Lane, Mark: 243.
Lanusse, Alejandro Agustín: 121, 237, 296.
Lawrence, David Herbert: 28, 251.
Levingston, Roberto Marcelo: 121.
Lewis, Jerry: 158, 159.
Lezama Lima, José: 200-202, 258, 272, 285.
Lipatti, Dinu: 157.
London, Jack: 196.
Lope de Vega y Carpio, Félix: 198.
Lugones, Leopoldo: 47.
Lynch, Benito: 47.
Maiakovski, Vladímir: 221.
Mann, Thomas: 211, 212, 224.
Mansfield, Katherine: 28.
Martí, José: 301.

Martínez Rivas, Carlos: 111.
Maugham, William Somerset: 41.
Maupassant, Guy de: 27, 39, 134.
Mauriac, François: 195.
McPartland, Marian: 157.
Mérimée, Prosper: 27.
Michaux, Henri: 230, 231.
Miller, Henry: 252, 257.
Monk, Thelonious Sphere: 13, 158.
Moravia, Alberto: 245.
Morselli, Giovanni Enrico: 231.
Morton, Jelly Roll: 157, 274.
Mozart, Wolfgang Amadeus: 36, 114, 158, 201.
Nabókov, Vladímir Vladímirovich: 9.
Nalé Roxlo, Conrado: 228, 229.
Naranjo, Carmen: 110.
Neruda, Pablo: 283, 294, 300.
Ocampo, Silvina: 48.
O'Hara, John: 72.
Onetti, Juan Carlos: 28, 32.
Onganía, Juan Carlos: 121.
Oppenheimer, Julius Robert: 68.
Ortega y Gasset, José: 18.
Padilla, Heberto: 262, 263.
Papini, Giovanni: 234.
Parker, Charlie: 19, 57, 63, 274.
Parménides de Elea: 39.
Payró, Roberto Jorge: 47, 180.
Paz, Octavio: 208, 245.
Perec, Georges: 199.
Pérez de Ayala, Ramón: 177.
Petronio Árbitro, Cayo: 250.
Piana, Sebastián: 157.
Picon Garfield, Evelyn: 203.

Pinochet, Augusto: 296, 300.
Piriz, Ceferino: 225-228.
Poe, Edgar Allan: 31, 198.
Pollini, Maurizio: 157.
Powell, Bud: 157.
Praxíteles: 253.
Quevedo y Villegas, Francisco de: 198.
Quiroga, Horacio: 47, 49, 134, 231.
Quiroga Santa Cruz, Marcelo: 303.
Rama, Ángel: 205.
Ramírez, Sergio: 110, 111, 113.
Reyes, Alfonso: 14.
Rilke, Rainer Maria: 176.
Roa Bastos, Augusto: 179, 285.
Romero Galdámez, Monseñor Oscar Arnulfo: 120.
Roosevelt, Theodore: 270.
Rovinski, Samuel: 110, 114.
Rovinski, Sara (Sarita): 114.
Rubinstein, Arthur: 157.
Sabato, Ernesto: 179.
San Pedro: 110.
Sartre, Jean-Paul: 204, 211.
Schavelzon, Guillermo: 12.
Schnabel, Artur: 157.
Scott, Ronnie: 158.
Shakespeare, William: 280.
Shepp, Archie: 142, 143.
Sinatra, Frank: 187.
Smith, Bessie: 274.
Soler Serrano, Joaquín: 12.
Solomon (Solomon Cutner): 158.
Somoza, Anastasio (Tacho): 75, 110.
Sontag, Susan: 245.
Sosnowski, Saúl: 157.

Stein, Gertrude: 111.
Stieglitz, Alfred: 30.
Stravinsky, Igor: 195.
Stroessner, Alfredo: 300.
Teócrito de Siracusa: 250.
Tomás de Aquino: 210.
Unamuno, Miguel de: 9.
Urondo, Francisco (Paco): 289, 300.
Valéry, Paul: 302.
Vallejo, César: 294.
Vargas Llosa, Mario: 25, 41, 103, 154, 258, 285.

Verne, Jules: 49.
Vian, Boris: 177-179.
Videla, Jorge Rafael: 300, 303.
Villiers de l'Isle-Adam, Auguste: 27.
Virgilio: 280.
Vivaldi, Antonio: 195.
Voltaire: 27, 201.
Wagner, Wilhelm Richard: 201.
Walsh, Rodolfo: 289, 300, 303.
Wells, Herbert George: 49.
Wilde, Eduardo: 47.
Wilde, Oscar: 82, 176.

Índice de obras citadas

Alguien que anda por ahí: 134, 298.

"Algunos aspectos del cuento": 12.

"Apocalipsis de Solentiname": 109-118, 120-122, 135, 136.

Argentina: años de alambradas culturales: 279.

Bestiario: 38.

"Botella al mar. Epílogo a un cuento": 11.

"Casa tomada": 64, 65.

"Comercio": 187-189.

"Con legítimo orgullo": 125-133.

"Cóndor y cronopio": 191, 192.

"Conservación de los recuerdos": 187.

"Continuidad de los parques": 84-87.

"De gladiadores y niños arrojados al río": 293.

"Del cuento breve y sus alrededores": 12.

Deshoras: 11.

"Después del almuerzo": 35.

"El ídolo de las Cícladas": 75-82.

"El perseguidor": 19-21, 57-64, 87, 88, 156, 205.

"Fama y eucalipto": 192, 193.

Fantomas contra los vampiros multinacionales: 244-246.

"Flor y cronopio": 192.

"Grave problema argentino: querido amigo, estimado, o el nombre a secas": 166-169.

"Historia": 189.

Historias de cronopios y de famas: 13, 39, 40, 174, 183-197.

"Instrucciones para subir una escalera": 162-164.

"La autopista del sur": 88-102.

"La isla a mediodía": 53-56.

"La literatura latinoamericana de nuestro tiempo": 264, 279-292.

"La noche boca arriba": 64-67.

La vuelta al día en ochenta mundos: 40, 49, 124, 125.

"Las babas del diablo": 35, 110.

"Las buenas inversiones": 164-166.

"León y cronopio": 191.

Libro de Manuel: 175, 235-244, 254, 255, 296, 301.

"Lo particular y lo universal": 193, 194.

"Los buenos servicios": 138-141.

"Los caminos de un escritor": 15.

"Los exploradores": 189, 190.

Los premios: 20, 21.

"Lucas, sus hospitales": 172-174.

"Lucas, sus pianistas": 157, 158, 274.

"Lugar llamado Kindberg": 141-145.

Manual de instrucciones: 162.

"Música": 150.

"Naufragios en la isla": 257.

"Policrítica en la hora de los chacales": 262.

Presencia: 150.

"/ que sepa abrir la puerta para ir a jugar": 256-258.

Rayuela: 13, 20-22, 67-69, 88, 156, 160, 169, 170, 203-235.

"Realidad y literatura. Con algunas inversiones necesarias de valores": 263, 293-305.

"Reunión": 32, 35, 36.

"Segunda vez": 135-138.

"Telegramas": 190, 191.

Teoría del túnel: 12.

"Torito": 102, 103.

"Tortugas y cronopios": 193.

"Tu más profunda piel": 257.

Último round: 40, 255, 256.

"Un pequeño paraíso": 170-172.

Un tal Lucas: 40, 172, 274.

"Viajes": 186, 187, 249.